ここから始める！

柴崎直孝の「数的推理」

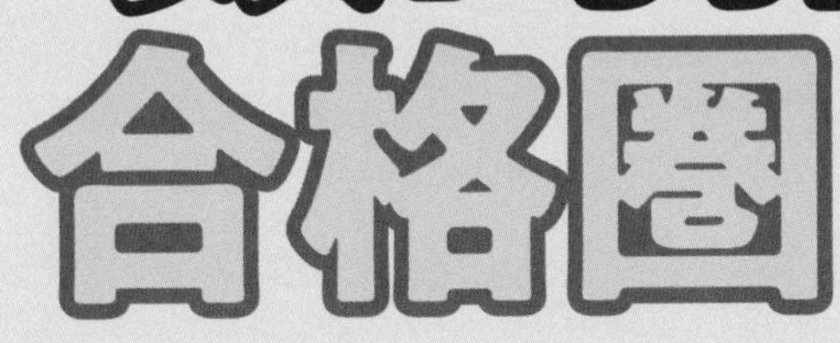

柴崎 直孝 著

エクシア出版

はじめに

「鉄は熱いうちに叩け。覚えた解法はすぐに類題を解いて定着させよ。」

これが本書のコンセプト、テーマになります。

申し遅れました。わたくし公務員試験の数的処理を教えています【柴崎直孝】と申します。20年近く講師をさせてもらっています。

20年もやっていると、多くの合格者を送り出す一方で、数的処理が苦手な受験生と接する機会もあります。苦手な原因は計算が苦手、論理的に考えるのが苦手など受験生によってまちまちですが、

「問題集の使い方が下手」

この原因だけは全員に共通してありました。

公務員試験は過去に出題された問題と同じようなものが出題されるので、過去問を繰り返し解いて知識を覚えてしまうのが最も効果的な対策方法です。しかし、問題集の使い方が下手な受験生は、問題集を繰り返し解いても知識が定着できない印象にあります。なぜか？

まず、数的処理の問題は「パターン問題（何度も出題されている有名問題）」と「非パターン問題（見たこともないような問題）」に大別できます。コストパフォーマンスの観点からも、当然、「パターン問題」から対策していくことになります。パターン問題を覚えるには、覚えた知識を繰り返し解いて定着させるしかありません。皆さんも子供の頃に漢字や英単語を覚えるために繰り返し書き取りをしたことがあると思います。また、スポーツでも野球の素振りやバスケットボールのシュート練習など反復して技術を身につけます。数的処理でも同じように例題を解いた後に類題を反復して解くことで解法パターンを身につけます。しかし、問題集の使い方が下手な受験生は例題のあとに類題を解きません。漢字の書き取りで例えるなら、本来なら1つの漢字を10回繰り返して書いて覚えるところを、10個の漢字を1回ずつ書いてしまう感じです。当然それでは覚えられません。類題を集中して解かないで、漫

然と問題集を解いてしまっているので知識が定着できない、これが「下手な問題集の使い方」です。

これは市販の問題集にも原因があります。多くの問題集は色んなパターン（非パターン問題も含む）を網羅しているため、そもそも類題を載せていません。載せていても紹介していないので自分で探すしかありません。網羅性があるのは利点にもなりますが、煩雑すぎて解法パターンを集中して解けない欠点にもなります。数的処理が得意な受験生であればこのような問題集でもお構いなしに知識を習得し、自分で類題を探せるのですが、苦手な人はそうはいきません。

問題集の構造に改革を起こしたい！ 苦手な受験生でも成長が実感できる問題集を作りたい！ とずっと思っていました。そこで本書では、１つのセクションに「合格するために必要な重要パターン問題」と「その類題」をセットにして掲載しました。みなさんは順番に解いていくだけで「パターン習得→定着」ができるように設計しました。これが本書の最大の特徴で、他の問題集にはありそうでなかった本書の強みです。本書を解いていくことで、「この知識、以前解いた問題で出てきた！ 覚えている！」、「自分の力で問題を解けた！」という達成感が得られます。１つの達成感がモチベーションを生み、徐々に数的処理が好きになり自信がついてさらに問題が解けるようになります。本書が皆さんにとって数的処理のはじめの一歩として役立つことを確信しております。

最後に、このような機会を与えてくださったエクシア出版の畑中先生に感謝を申し上げます。また、編集の小山さんにはチェック、修正だけでなく本書がより良くなるためのアドバイスを多数いただきました。本当に有難うございます。この場を借りて御礼申し上げます。

令和６年　２月吉日

柴﨑　直孝

目次

章ごとの「ポイント講義」動画は、各章の扉に掲載されている
QR コードからアクセスしてください。

How to Use & Study

学び方解説動画は
こちら

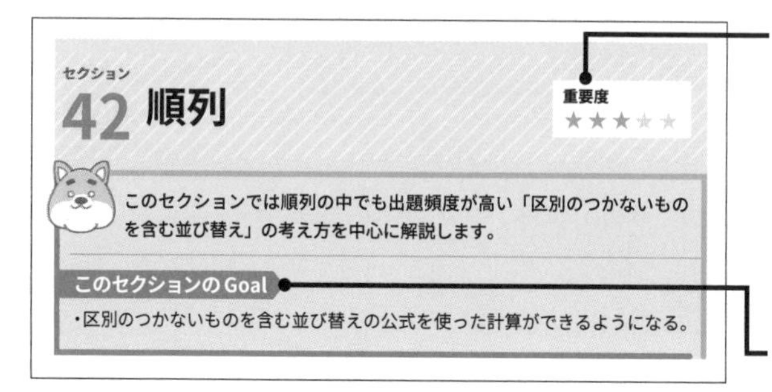

重要度
★5つまでの5段階。出題頻度だけでなく、他セクションへの前提知識や応用など、汎用性の高いものは高い重要度になっています。★3つ以上は最低限学習しましょう。

このセクションのGoal
このセクションで一番習得してほしいものを挙げています。やみくもに問題を解くのではなく目的意識を持つためにも必ず意識しましょう。

公式・基礎知識

【順列とは】
　複数の区別がつくものからいくつかを選び、さらに選んだものの位置や順番を決める場合の数のことを順列と言います。次のセクションで学習する組合せと混同しないように気をつけましょう。

公式・基礎知識
問題を解くための公式を載せています。ただ丸暗記するのではなく、解説を参考にしながら使いどころを学習しましょう。

例題 42　東京都Ⅰ類A 2022　難易度▸★★★

　NIPPONという6文字から任意の3文字を選んで横一列に並べるとき、3文字の並べ方は何通りあるか。

例題
有名なパターン問題を集めました。類題と合わせて繰り返し解いて解き方を焼き付けてください。

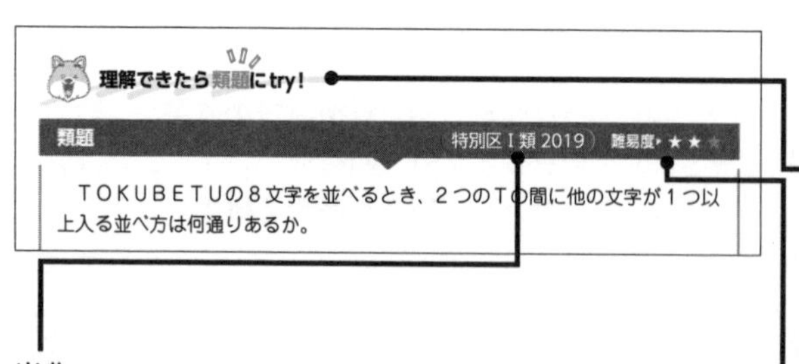

類題
例題を解いたらすぐに取り掛かりましょう。「この解き方、例題でやった！」と思えたら合格です。

出典
本書の問題は良問ファーストで厳選しています。警察官、高卒程度なども掲載していますが、大卒程度の行政系でも出題される良問ですので気にせず解いてください。逆に警察官志望の受験生は臆せず行政系の問題にチャレンジしてください。なお、警視庁：警視庁警察官Ⅰ類、東京消防庁：東京消防庁消防官（特に記載がないものはⅠ類）です。

難易度
★3つまでの3段階。★★★（3つ）は後回しにしてもらって構いません。★を完璧にこなし、★★を6割解けるようになれば十分です。

第1章

数の性質

セクション1　倍数の性質①
セクション2　倍数の性質②
セクション3　倍数の見分け方
セクション4　素因数分解
セクション5　約数の個数
セクション6　最大公約数
セクション7　最小公倍数

ポイント講義は
こちら

セクション

1 倍数の性質①

重要度
★★★★★

「数的推理＝数学」と勘違いしている受験生ほど、式を立てて計算することに固執しがちですが、数的推理はそればかりではありません。中には判断推理のように場合を分けて試行錯誤する問題もあります。倍数の問題にはそのようなケースが多いのも特徴です。

このセクションのGoal

・倍数の問題に対して、とりあえず候補を書き上げて検討できるようになる。

例題 1

市役所 2010　難易度▶★★★

2 桁の整数 a, b（$a > b$）がある。$a + b$, $a - b$ の値はいずれも 10 で割り切れる。また、a は 7 で割り切れ、b は 3 で割り切れるが 2 で割り切れない。このとき、b の値の各位の数字の和として正しいのはどれか。

1. 4　　2. 6　　3. 8　　4. 10　　5. 12

条件「a + b, $a - b$ の値はいずれも 10 で割り切れる」とは a, b がいずれも 5 の倍数であることを示しています（例えば $a = 49$, $b = 21$ だと足せば 10 で割り切れますが、引いたときは不適です。こうならないためにはともに 5 の倍数である必要があります）。

これより、a は 5 の倍数かつ 7 の倍数ですので、その候補として、

このように場合分けをして検討したほうが速く解けます。

$$a = 35 \quad \text{or} \quad 70$$

が挙げられます。それぞれ場合を分けて検討しましょう。

① a = 35 のとき

条件「$a > b$」、「3 で割り切れるが 2 で割り切れない」を満たしつつ、5 の倍数となるには $b = 15$ しかあり得ません。

② $a = 70$ のとき

①と同様に考えたとき、条件を満たす数は存在しません（$b = 15$，45 では $a + b$，$a - b$ ともに 10 で割り切ることができません）。

したがって、①より $b = 15$ が妥当だとわかりますので、各位の和は 1 ＋ 5 ＝ 6 となります。

よって、正解は肢 2 となります。

正解 2

理解できたら類題にtry！

類題　国家総合職教養区分 2018　難易度▸ ★★★

Ａ～Ｇの７人の生徒について、ある 100 点満点のテストの点数を調べた。次のことが分かっているとき、Ａ～Ｇのテストの点数の中央値はいくらか。

ただし、テストの結果は、点数が低い方からＡ，Ｂ，Ｃ，Ｄ，Ｅ，Ｆ，Ｇの順番であったものとする。

○　Ａ～Ｇの点数は、互いに異なり、かつ正の整数であった。
○　Ｃの点数は、Ｂの点数の３倍と等しかった。
○　Ｄの点数は、Ａの点数とＧの点数の和の半分と等しかった。
○　Ｅの点数は、Ａの点数とＢの点数の和の３倍と等しかった。
○　Ｆの点数は、８の倍数で、Ｃの点数の２倍と等しかった。
○　Ｇの点数は、Ａの点数とＢの点数の積と等しかった。

1．44　　2．46　　3．48　　4．50　　5．52

まず、中央値とは真ん中の値を指します。本問の場合は真ん中の順位のＤに当たります。

２番目の条件「Ｃの点数は、Ｂの点数の３倍と等しかった」より、Ｃは３の倍数です。また、５番目の条件「Ｆの点数は、８の倍数で、Ｃの点数の２倍と等しかった」より、Ｃは８÷２＝４の倍数でもあります。つまり、Ｃは３，４の公倍数である 12 の倍数となります。ここで考えられるＣの点数を全て挙げます。

	A	B	C	D	E	F	G
①		4	12			24	
②		8	24			48	
③		12	36			72	
④		16	48			96	

ここで、Aについて検討します。

ケース1：①の場合

「点数が低い方からA，B，C，D，E，F，Gの順番」より、AはBより小さい値ですから点数は1，2，3点のいずれかとなります。しかし、最後の条件「Gの点数は、Aの点数とBの点数の積と等しかった」より、A×B＝Gの値は明らかにFより小さくなってしまいます。したがって①の場合は不適となります。

ケース2：②の場合

A×B＝GがFより大きくなるにはA＝7点でG＝7×8＝56（点）とするしかありません。しかし、3番目の条件「Dの点数は、Aの点数とGの点数の和の半分と等しかった」より、$D=\frac{7+56}{2}=31.5$（点）と整数ではない値になってしまうので不適です。

ケース3：③の場合

B＝12点より小さく、G＝A×BがFより大きくなるにはA＝7，8（点）が考えられます（A＝9点だとGが100点を超えてしまう）。しかしA＝7点だとすると、G＝7×12＝84（点），$D=\frac{7+84}{2}=45.5$（点）となってしまうので不適です。したがってA＝8点が妥当で、これより、

G＝8×12＝96（点）

$D=\frac{8+96}{2}=52$（点）

E＝3×(8＋12)＝60（点）（4番目の条件より）

となります。

	A	B	C	D	E	F	G
③	8	12	36	52	60	72	96

ケース 4：④の場合

Bより小さく、G＝A×BがFより大きくなおかつ 100 以下となるようなAは存在しないので不適です。

以上より、ケース 3 の場合が妥当です。中央値はD＝52 点ですので正解は肢 5 となります。

正解 5

セクション

2 倍数の性質②

重要度 ★★★☆☆

セクション２では、本格的に倍数の性質を用いて問題を解いていきます。

このセクションのGoal

・倍数を数式で表現できるようになる。

公式・基礎知識

【倍数表現】

「○○の倍数」とは「○○×整数」で表すことができる数のことを指します。例えば「7の倍数」は「$7n$（nは整数）」と文字を用いて表すことができます。また、言い換えれば、「○○の倍数」でないのであれば「○○×整数」と表すことはできません。

例題 2

地方上級 2010　難易度▶★★☆

異なる２桁の正の整数 a，b（$a > b$）がある。aは6で割り切れるが、a^2は8で割り切れず、bは13で割り切れ、$a \times b$は40で割り切れる。このとき、$a - b$の値として正しいのはどれか。

1．8　　2．14　　3．24　　4．28　　5．38

STEP 1 bの候補を挙げよう

「bは13で割り切れ」より、bは13の倍数です。

bの候補：13，26，39，52，65，78，91

STEP 2 aの候補を挙げよう

続いてaを考えます。ここで「aは4の倍数」と仮定してみます。4の倍数なので$a = 4m$（mは整数）と表すことができます。

「aは6で割り切れ」より、aは6の倍数だけど、さすがに候補が多すぎるので全部書くのは大変です。そこで、視点を変えて推理します。

$$a = 4m$$
$$\Rightarrow a^2 = 16m^2$$
$$\Rightarrow a^2 = 8 \times 2m^2$$

しかし、これではa^2が8の倍数になってしまい「a^2は8で割り切れず」に反してしまいます。したがってaは6の倍数だけど4の倍数ではない数ということになります。候補は次のとおりです。

aの候補：18，30，42，54，66，78，90

STEP 3 a，bを特定しよう

「$a \times b$は40で割りきれる」より、$a \times b$は40の倍数ですので、$a \times b = 40n$（nは整数）と表すことができます。

$$a \times b = 40n = 2 \times 2 \times 2 \times 5 \times n$$

この2，2，2，5がa，bのいずれかに振り分けられます。

ここで「2 × 2 × 2」に注目してください。「2」が3つありますがaは4の倍数ではないので「2」が2つ以上あったらいけません。したがって3つある「2」のうち2つはbのものだとわかります。

$$\underbrace{2}_{a} \times \underbrace{2 \times 2}_{b}$$

したがってbは$2 \times 2 = 4$の倍数とわかります。bの候補の中で4の倍数なのは52のみですので$b = 52$と確定します。

続いて$a \times b = 2 \times 2 \times 2 \times 5$より、$a \times b$は5の倍数ですが、$b = 52$は5の倍数ではないので$a$が5の倍数となります。候補のうち5の倍数なのは30と90ですが、条件$a > b$より$a = 90$と確定します。

以上より、$a - b = 90 - 52 = 38$となりますので正解は肢5となります。

正解 5

第1章 数の性質

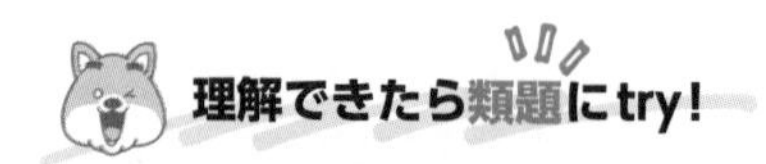

類題

特別区Ⅰ類 2015　難易度▶★★★

3けたの自然数 a，b がある。a は15で割り切れるが、a^2 は27で割り切れず、b は13で割り切れるが、7で割り切れず、a と b の積は189で割り切れ、a は b より大きい。このとき、a から b をひいた差のうち、最も小さい自然数はどれか。

1. 9　2. 21　3. 33　4. 45　5. 57

「a は15で割り切れる」より、$15 = 3 \times 5$ ですので、a は3，5の倍数とわかります。ここで、a が9の倍数だと仮定します。

$$
\begin{aligned}
a &= 3 \times 3 \times l \ (l\text{は自然数}) \\
a^2 &= 3 \times 3 \times 3 \times 3 \times l^2 \\
&= 27 \times 3 \times l^2
\end{aligned}
$$

a^2 が27で割り切れてしまいます。したがって a は9の倍数ではないことがわかります。

ここで「a と b の積は189で割り切れ」に注目します。$189 = 3 \times 3 \times 3 \times 7$ より、3，3，3，7は a，b のいずれかに振り分けられることになりますが、条件より b は7で割り切れないので、7は a に振り分けられます。つまり a は7の倍数でもあります。

3つある「3」の振り分けを考えましょう。前述した通り a は3の倍数ではありますが9の倍数ではないので、「3」が2つ以上あってはいけません。したがって、3つある「3」のうち1つが a、2つが b のものとなります。

$$
189 = \underbrace{3 \times 3}_{b} \times \underbrace{3 \times 7}_{a}
$$

以上より、b は9の倍数であることがわかります。

【まとめ】

・a は3，5，7の倍数であるが9の倍数ではない。

・b は9，13の倍数であるが7の倍数ではない。

ここで、a, bを次のように表します。

$a = 3 \times 5 \times 7 \times m = 105m$（$m$は自然数）
$b = 9 \times 13 \times n = 117n$（$n$は自然数）

m, nに1, 2, 3……と代入し、考えられる3桁の自然数を挙げます。

a \ m	$m=1$	$m=2$	$m=3$	$m=4$	$m=5$	$m=6$	$m=7$	$m=8$	$m=9$
$105m$	105	210	315	420	525	630	735	840	945

b \ n	$n=1$	$n=2$	$n=3$	$n=4$	$n=5$	$n=6$	$n=7$	$n=8$
$117n$	117	234	351	468	585	702	819	936

しかし、$a = 315$（$m = 3$のとき）, 630（$m = 6$）, 945（$m = 9$）は9の倍数なので不適です。また、$b = 819$（$n = 7$のとき）は、$b = 117 \times 7$からもわかるように7の倍数ですから不適です。

a \ m	$m=1$	$m=2$	$m=3$	$m=4$	$m=5$	$m=6$	$m=7$	$m=8$	$m=9$
$105m$	105	210	315	420	525	630	735	840	945

b \ n	$n=1$	$n=2$	$n=3$	$n=4$	$n=5$	$n=6$	$n=7$	$n=8$
$117n$	117	234	351	468	585	702	819	936

この中から問題文「aからbをひいた差のうち、最も小さい自然数」を満たす数を調べたとき、妥当なのは（a, b）=（735, 702）の組合せでその差は$735 - 702 = 33$となります。

したがって、正解は肢3となります。

正解 3

第1章 数の性質

セクション

3 倍数の見分け方

重要度
★★☆☆☆

ある数が○○の倍数であるかを確認するために、実際に割り算をしなくても簡単に見分けられる方法が一部の倍数に存在します。知っておくだけで解ける問題もありますので知識として覚えておきましょう。

このセクションのGoal

・倍数の見分け方を覚える。

公式・基礎知識

【倍数の見分け方】

倍数	見分け方
3 の倍数	各桁の数字の和が 3 の倍数
4 の倍数	下二桁が 4 の倍数
5 の倍数	一の位が 0 か 5
8 の倍数	下三桁が 8 の倍数
9 の倍数	各桁の数字の和が 9 の倍数

（例）123456 において、

1 ＋ 2 ＋ 3 ＋ 4 ＋ 5 ＋ 6 ＝ 21 より、123456 は 3 の倍数であるが 9 の倍数ではないことがわかる。また、下二桁の 56 は 4 で割り切れ、下三桁の 456 は 8 で割り切れるので、123456 は 4 の倍数かつ 8 の倍数であることがわかる。

例題 3

警視庁 2018　難易度▶ ★★★

4 桁の自然数 5 ⓐ 8 ⓑは、1000 × 5 + 100 × ⓐ + 10 × 8 + ⓑという式で表すことができる。この 4 桁の自然数 5 ⓐ 8 ⓑが 9 で割り切れるときにⓐ，ⓑに入る数字の和として、最も妥当なのはどれか。ただし、ⓐ，ⓑに入る数字は整数とする。

1. 4 のみ
2. 5 のみ
3. 8 のみ
4. 4 または 12
5. 5 または 14

9 の倍数の見分け方「各桁の数字の和が 9 の倍数のとき、その数は 9 の倍数」より、5 +ⓐ+ 8 +ⓑは 9 の倍数となります。9 の倍数は 9，18，27，36，45……などが考えられます。1 つずつ場合を分けて調べましょう。

- 5 +ⓐ+ 8 +ⓑ= 9 のとき　→　ⓐ+ⓑ= −4 でマイナスになるので不適
- 5 +ⓐ+ 8 +ⓑ= 18 のとき　→　ⓐ+ⓑ= 5
- 5 +ⓐ+ 8 +ⓑ= 27 のとき　→　ⓐ+ⓑ= 14
- 5 +ⓐ+ 8 +ⓑ= 36 のとき　→　ⓐ+ⓑ= 23 だが、ⓐ，ⓑは一桁の整数なので 23 にはなり得ない

45 以降も同様の理由で不適ですのでこれ以上考えなくてもいいでしょう。以上よりⓐ+ⓑ= 5，14 があり得ますので正解は肢 5 となります。

正解 5

応用 警視庁 2007 難易度▸★★

65 にある 2 桁の数を掛け合わせたところ、下 2 桁が 20 となった。ある数の 1 の位は次のどれか。

1. 0　2. 2　3. 4　4. 6　5. 8

「下 2 桁が 20 となった」に注目してください。20 は 4 の倍数です。「下 2 桁が 4 の倍数であれば、その数は 4 の倍数である」という 4 の倍数の見分け方の法則より、65 にある 2 桁の数を掛け合わせた数は 4 の倍数です。65 は 2 の倍数ですらありませんので、「ある 2 桁の数」のほうが 4 の倍数だとわかります。**そこで「ある数」を $4n$ と置きます**（なお、ある数は 2 桁なので、n は 3 ～ 24 の整数です）。

「65 にある 2 桁の数を掛け合わせた」より、次のように変形します。

$$\begin{aligned} &65 \times 4n \\ &= 260 \times n \end{aligned}$$

これを「下 2 桁が 20 となった」に合わせて筆算で表してみましょう。

$$\begin{array}{rrrr} & 2 & 6 & 0 \\ \times & & n & \\ \hline \bigcirc & \bigcirc & \underline{2} & 0 \end{array}$$

この筆算を満たすのに必要な n の一の位は 2 か 7 です。つまり、n の可能性は 7, 12, 17, 22 のいずれかです。それに従って「ある数 $4n$」は $4 \times 7 = 28$, $4 \times 12 = 48$, $4 \times 17 = 68$, $4 \times 22 = 88$ が考えられますが、求める値である**「ある数の 1 の位」はいずれも 8** ですので、正解は肢 5 となります。

正解 5

セクション

4 素因数分解

重要度 ★★☆☆☆

数的推理では、掛け算に分解して解く問題もあります。掛け算への分解の中でも素因数分解（素数の積に分解する）はポピュラーです。

このセクションのGoal

・与えられた数を素因数分解できるようになる。

例題 4

特別区Ⅰ類 2012　難易度▶ ★★☆

$\sqrt{10800 \div m}$ が整数となるような自然数 m は、全部で何個か。

1．10個　2．11個　3．12個　4．13個　5．14個

$\sqrt{\ }$ が整数となるのは、$\sqrt{\ }$ の中が $(\quad)^2$ の形になるときです。

$$\begin{aligned} 10800 &= 2^4 \times 3^3 \times 5^2 \\ &= 2^2 \times 2^2 \times 3^2 \times 5^2 \times 3 \end{aligned}$$

より、$\sqrt{10800 \div m} = \sqrt{\dfrac{2^2 \times 2^2 \times 3^2 \times 5^2 \times 3}{m}}$ と変形できます。これが整数になるためには、まず分子の「3」を消す必要があります。そのために $m = 3$ とすれば、

$$\sqrt{\frac{2^2 \times 2^2 \times 3^2 \times 5^2 \times 3}{3}} = 2 \times 2 \times 3 \times 5$$

と整数になります。しかし、整数になるときは $m = 3$ だけではないです。例えば $m = 3 \times 5^2$ とすれば、

$$\sqrt{\frac{2^2 \times 2^2 \times 3^2 \times 5^2 \times 3}{3 \times 5^2}} = 2 \times 2 \times 3$$

と整数になります。

つまり、整数にする m の個数は、「3」を消すのは必須として、「$○^2$」の消し方によって決まることがわかります。「2^2」は2つあるので、m に 2^2 を2つ代入する、1つ代入する、代入しないの3通りが考えられます。「3^2」は1つあるので m に 3^2 を1つ代入する、代入しないの2通りが考えられます。「5^2」は1つあるので m に 5^2 を1つ代入する、代入しないの2通りが考えられます。

以上より、3 × 2 × 2 = 12（通り）あるので正解は肢3となります。

「なんで掛け算するの？」って思った人はセクション41を学習しよう！

正解 3

理解できたら類題にtry！

類題　警視庁 2009　難易度▸ ★★★

ある同じ大きさの直方体を、すべて同じ向きのままで正方形になるように隙間無く敷き並べ、さらに同じ状態のものを積み上げたところ、全体が立方体となった。ただし、このとき、縦方向、横方向、上下方向ともに、直方体の個数は2個以上であったとする。このときに要した直方体の数は105個で、これ以下の個数で立方体にすることはできない。この直方体の最小の辺の長さが15cmであったとすると、その最大の辺の長さは、次のどれか。

1. 35cm　　2. 45cm　　3. 55cm　　4. 65cm　　5. 75cm

まず、直方体が縦、横、上下とどういう状態で積まれているかを考えます。立方体にするために要する直方体の総数は、「縦に並べた数 × 横に並べた数 × 上下に並べた数」で表すことができます。条件「このとき要した直方体の数は105個」より、105を素因数分解すれば、直方体は 105 = 7 × 3 × 5（個）積まれたことがわかります。

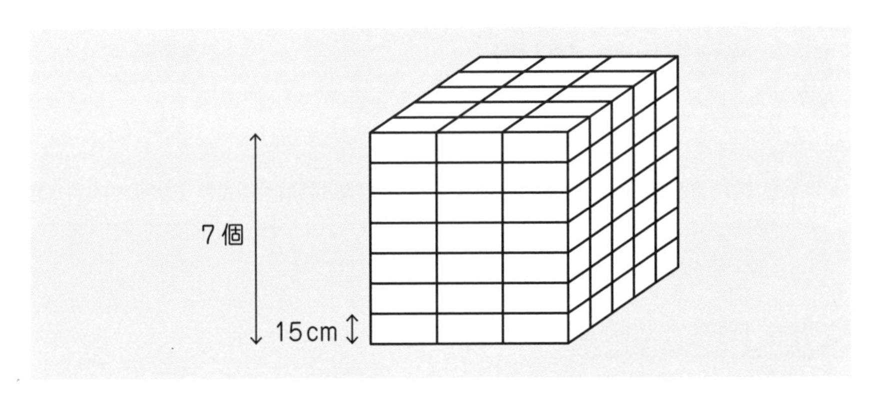

条件「直方体の最小の辺の長さが 15cm」は例えば図の場合、7 個積み上げている部分(上下方向)です。図より立方体の一辺の長さは、7 × 15 = 105(cm)とわかります。

問われている「最大の辺の長さ」は、図より 3 個並べている部分（横方向）ですから、105 を 3 で割ってあげれば求められます。

最大の辺の長さ = 105 ÷ 3 = 35（cm）

したがって、正解は肢 1 となります。

正解 1

セクション

5 約数の個数

重要度
★★★★★

約数の個数には公式があります。基本的な問題は公式さえ覚えていれば解けますので得点源になります。後半では少し難しい問題も扱います。公式を丸暗記するだけでは難しいかもしれません。

このセクションのGoal

・約数の個数の公式を覚える。

公式・基礎知識

【約数の個数（公式）】

ある数が $a^x \times b^y \times c^z$ と素因数分解（a，b，c は素数）できるとき、
約数の個数 $= (x + 1) \times (y + 1) \times (z + 1)$（個）
が成り立つ。

【具体例】

例えば12の約数は1，2，3，4，6，12の6個があります。ここで約数を次のように表します。

$1 = 2^0 \times 3^0$
$2 = 2^1 \times 3^0$
$3 = 2^0 \times 3^1$
$4 = 2^2 \times 3^0$
$6 = 2^1 \times 3^1$
$12 = 2^2 \times 3^1$

指数法則
0乗は1になります。
$x^0 = 1$

これより次の2つのことがわかります。

① 12の約数は「2」と「3」の掛け算から成り立っている（「5」や「7」がない）。
② 「2」は2個より多くなることはなく、「3」は1個より多くなることはない（$2^3 \times 3^2$ などはあり得ない）。

つまり、12の約数は $12 = 2^2 \times 3^1$ より、「2」を0～2個用いて（3通り）、「3」を0～1個用いる（2通り）ので $3 \times 2 = 6$（通り）あることがわかります。

例題 5

東京都Ⅰ類B 2013　難易度▸★★★

2000 の約数の個数として、正しいのはどれか。

1. 16 個　　2. 17 個　　3. 18 個　　4. 19 個　　5. 20 個

2000 を素因数分解すると、$2000 = 2^4 \times 5^3$ となります。約数の個数の公式より、

$$
\begin{aligned}
2000\text{ の約数の個数} &= (4+1) \times (3+1) \\
&= 20\text{（個）}
\end{aligned}
$$

したがって、正解は肢 5 となります。

正解 5

理解できたら類題にtry!

類題①

東京都Ⅰ類B 2009　難易度▸★★★

504 の約数の個数として、正しいのはどれか。

1. 12 個　　2. 15 個　　3. 20 個　　4. 24 個　　5. 30 個

504 を素因数分解すると、$504 = 2^3 \times 3^2 \times 7^1$ となります。したがって、約数の個数は $(3+1) \times (2+1) \times (1+1) = 24$（個）となります。

よって、正解は肢 4 です。

正解 4

類題②　特別区Ⅰ類 2020　難易度▸★★★

a, b が正の整数であり、$a+b=4$ を満たすとき、整数 $2^2\times3^a\times4^b$ の正の約数の個数のうち最小となる個数はどれか。

1. 17個　2. 18個　3. 19個　4. 20個　5. 21個

STEP1 $2^2\times3^a\times4^b$ の約数の個数を表そう

公式に従って約数の個数を表しますが、ここで注意が必要です。素因数分解とは素数の掛け算の形にすることです。「4^b」の4は素数ではないので次のように変形します。

$$
\begin{aligned}
&2^2\times3^a\times4^b\\
&=2^2\times3^a\times(2\times2)^b\\
&=2^2\times3^a\times2^b\times2^b\\
&=2^{2+b+b}\times3^a\\
&=2^{2b+2}\times3^a
\end{aligned}
$$

公式より、約数の個数は $(a+1)\times(2b+3)$（個）と表すことができます。

STEP2 個数を求めよう

「a, b が正の整数であり、$a+b=4$ を満たす」より、$(a, b)=(1, 3)$, $(2, 2)$, $(3, 1)$ が考えられますので1つずつ当てはめましょう。

a, b	$a+1$	$2b+3$	個数 $(a+1)\times(2b+3)$
1, 3	2	9	18個
2, 2	3	7	21個
3, 1	4	5	20個

上記3通りが考えられます。このうち最小なのは18個なので正解は肢2となります。

正解2

類題③ 地方上級 2011 難易度▸★★★

2 桁の正の整数 a がある。a の約数は 1，a とその他 3 つの計 5 個である。この整数を 3 倍して $3a$ にすると、約数は 1 つしか増えず、計 6 個となる。このとき、a の一の位と十の位の差はいくらか。

1．3　　2．4　　3．5　　4．6　　5．7

一般的にある整数が $x^m \times y^n$ と素因数分解できるとき（x，y は素数）、その整数の約数の個数は（$m+1$）×（$n+1$）（個）あります。

仮に $a = x^m \times y^n$ と素因数分解できたとしましょう。そのとき、

約数の個数 $= (m+1) \times (n+1) = 5$（個）

となりますが、5 は掛け算に分解しようとしても 5 × 1 としか表すことができません。つまり、$m+1=5$，$n+1=1$ となるので、$(m, n) = (4, 0)$ となります。

これより、$a = x^m \times y^0 = x^m$ と素因数分解されます。約数は 5 個ですから $a = x^4$ と表されます。さらに問題文より、a は 2 桁ですから x の値は 2 か 3 が考えられます。

ケース①（$x = 2$）：$a = 2^4 = 16$
ケース②（$x = 3$）：$a = 3^4 = 81$

ケース①のとき

問題文に従って 3 倍すると $3a = 3^1 \times 2^4$ となり、約数が（1 + 1）×（4 + 1）= 10（個）になってしまい「約数は 1 つしか増えず、計 6 個となる」に反します。したがって $a = 2^4$ は不適です。

ケース②のとき

問題文に従って 3 倍すると $3a = 3 \times 3^4 = 3^5$ で、約数は 5 + 1 = 6（個）となりますので題意を満たします。

したがって、$a = 3^4 = 81$ で、一の位と十の位の差は 7 となりますので、正解は肢 5 となります。

正解 5

セクション
6 最大公約数

重要度 ★★☆☆☆

このセクションでは最大公約数を使って解く問題を紹介します。まずは最大公約数の求め方を学習しましょう。

このセクションのGoal

・最大公約数を求められるようになる。

公式・基礎知識

【最大公約数の求め方】

例）28，36，52 の最大公約数

①全ての数に共通して割れる数で割る。
②割った数（ピンク色部分）を掛け算する。

28，36，52 の最大公約数 ＝ 2 × 2 ＝ 4

```
2 ) 28  36  52
2 ) 14  18  26
     7   9  13
```

例題 6

警視庁 2015　難易度▸★★☆

56 を割ると 2 余り、75 を割ると 3 余るような正の整数のうち、最大のものと最小のものとの差として、正しいのはどれか。

1. 8　　2. 10　　3. 12　　4. 14　　5. 16

「56 を割ると 2 余り」とは、56 から 2 を引いた 54 であれば割り切れることを意味します。同様に「75 を割ると 3 余る」とは、75 から 3 を引いた 72 であれば割り切れることを意味します。つまり、条件を満たす正の整数とは 54，72 を割り切ることができる公約数となります。

```
2 ) 54  72
3 ) 27  36
3 )  9  12
     3   4
```

①最大の数を求めよう

最大の数は 54 と 72 の最大公約数です。

図より、最大公約数は2 × 3 × 3 = 18です。

②最小の数を求めよう

54，72の公約数のうち小さいものを求めます。公約数を小さい順に挙げていくと1，2，3，6，…とありますが、ここで「75を割ると3余る」に注目してください。1，2，3で割ったとき3余ることはありません（3で割って3余るのであればもう1回割れるから）。したがって、条件を満たす中で最も小さい公約数は6となります。

以上より、**最大のものと最小のものとの差は18 − 6 = 12**なので正解は肢3となります。

正解 3

理解できたら類題にtry！

類題

東京都Ⅰ類A 2013　難易度▶★★★

下図のような形をした壁に、一辺の長さがAcmの正方形のタイルをすき間なく貼るとき、タイルが最も少なくなる枚数として、正しいのはどれか。ただし、Aは整数とする。

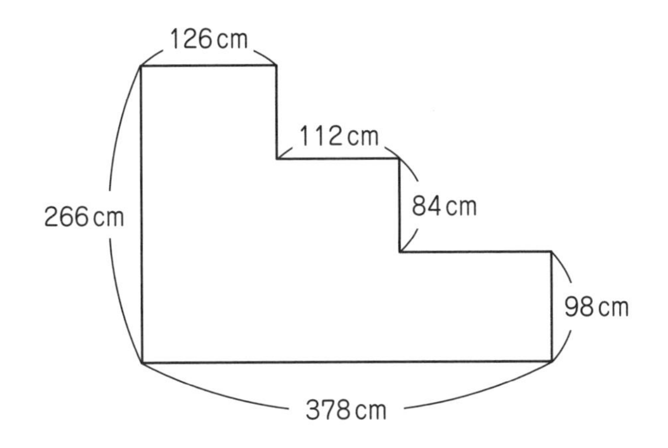

1. 86枚　2. 158枚　3. 345枚　4. 624枚　5. 1,380枚

「すき間なく貼る」場合を考えるとき、最もわかりやすい場合はA＝1cmのときでしょう。しかし、それでは「タイルが最も少なくなる枚数」を満たすことはできそうにありません。まだまだAを大きくしてタイルの枚数を少なくしてみます。

例えば、A＝2cmでもタイルをすき間なく貼ることができます。ではA＝3cmではどうでしょう？ これはできません。次図「98cm」は3で割り切ることができないため、すき間が発生してしまいます。

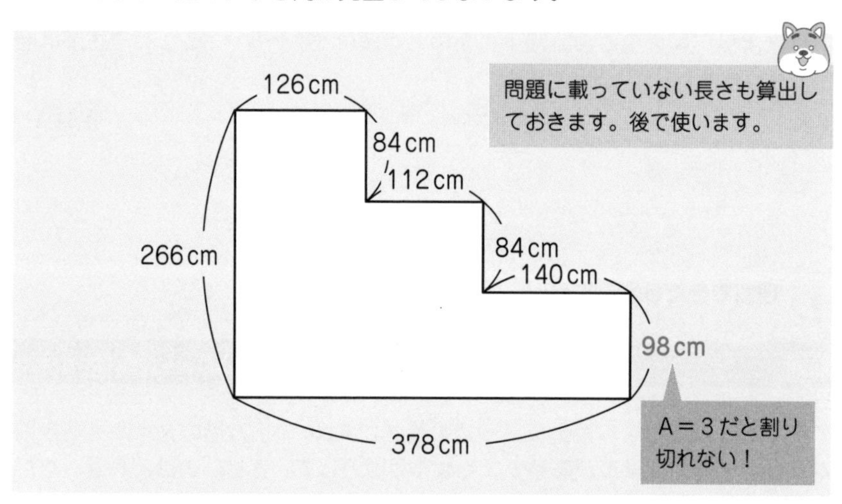

つまり、題意を満たすようにするには次の2つが必須となります。

・Aの値はなるべく大きくしたい。
・Aの値は問題の壁の長さを全て割り切れる値でなくてはならない。

つまり、Aの値は378, 266, 140, 126, 112, 98, 84の最大公約数です。

	378	266	140	126	112	98	84
2)	378	266	140	126	112	98	84
7)	189	133	70	63	56	49	42
	27	19	10	9	8	7	6

最大公約数は2 × 7 ＝ 14でこれがAの値です。
タイルの枚数を求めます。次図のように領域を分けて枚数を求めます。

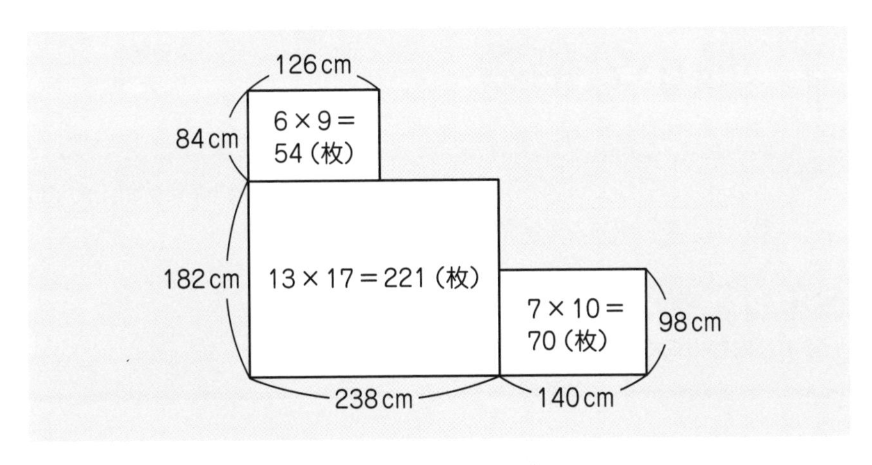

図より、54 ＋ 221 ＋ 70 ＝ 345（枚）の肢３が正解となります。

正解３

セクション

7 最小公倍数

重要度 ★★★☆☆

このセクションでは最小公倍数を使って解く問題を紹介します。まずは最小公倍数の求め方を学習しましょう。

このセクションのGoal

・最小公倍数の求め方を用いて問題が解けるようになる。

公式・基礎知識

【最小公倍数の求め方】

①共通して割れる数で割る。

＊「共通して割れる数」は全ての数ではなく2個以上で成立すればOK

②割った数と最後の商（囲み内）を掛け算する。

例1）12，18の最小公倍数

共通して割れる数で割り続ける。

```
2 ) 12  18
3 )  6   9
     2   3
```

[ ]の中を掛け算する
$2\times3\times2\times3=36$

例2）4，6，10，15の最小公倍数

「共通して割れる数」は、2つ以上の数について成り立っていればOK。

```
2 ) 4   6  10  15
3 ) 2   3   5  ⑮
5 ) ②  1   ⑤   5
    ②  ①   1   1
```

○：割れない数はそのまま記入

最小公倍数＝$2\times3\times5\times2\times1\times1\times1=60$

例3）5，6，7の最小公倍数

共通して割れる数がないときは、そのまま掛け算してよい。
最小公倍数＝$5\times6\times7=210$

例題 7

（警視庁 2012）難易度▸★★★

正の整数 a，b の最大公約数が 11、最小公倍数が 330 であるとき、a + b の最小値として、正しいものはどれか。

1．99　　2．121　　3．143　　4．187　　5．341

最大公約数が 11 より、a，b は 11 で共通して割れます。その値を A，B（$A > B$）と置きます。

a ÷ 11 = A，b ÷ 11 = B より、a = 11A，b = 11B となります。

$$\begin{array}{r|ll} 11 & a & b \\ \hline & A & B \end{array}$$

上図より最小公倍数は 11 × A × B と表すことができます。これが 330 ですので、

$$11 \times A \times B = 330$$
$$\therefore AB = 30$$

となります。正の整数 A，B の積が 30 ですのでその可能性は次の通りです。

	①	②	③	④
A	30	15	10	6
B	1	2	3	5

a = 11A，b = 11B より、a，b は次のようになります。

	①	②	③	④
a	330	165	110	66
b	11	22	33	55

④のとき、a + b = 121 で最小になりますので正解は肢２となります。

正解２

理解できたら類題にtry！

類題① 裁判所職員 2017 難易度▸★★★

２桁の３つの整数（15，40，X）の最大公約数は５、最小公倍数は600である。この条件を満たすXの個数はいくつか。

1．１個　2．２個　3．３個　4．４個　5．５個

STEP1 最大公約数からXを推理する

（15，40，X）の最大公約数は５なので、Xは５で割り切れる数です。最大公約数の求め方に当てはめると次図のようになります。なお、Xを５で割った値を便宜上Yと置きます。

```
5 ) 15  40  X
    3   8   Y
```

X ÷ 5 = Y ⇒ X = 5Y

STEP2 最小公倍数からXを推理する

最小公倍数の求め方を図示すると次のような形が考えられます。

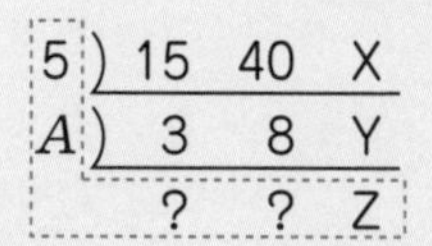

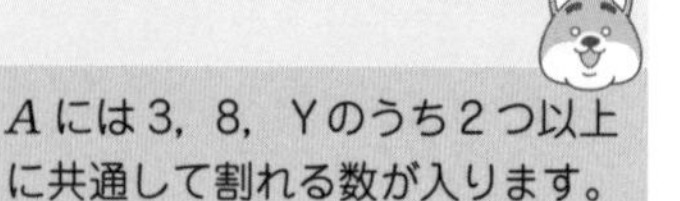

ここで、最小公倍数の600を素因数分解すると $2^3 \times 3 \times 5^2$ と表すことができます。これが上の図の囲みの中に入るわけですが、５が２つあることに注目してください。１つは最初に割った「5」ですが、もう１つは A ではありません（3，8は５では割れないから）。つまり、２つめの「5」はZしかあり得ません。すると、Y = 5A，X = 25A と表すことができます。

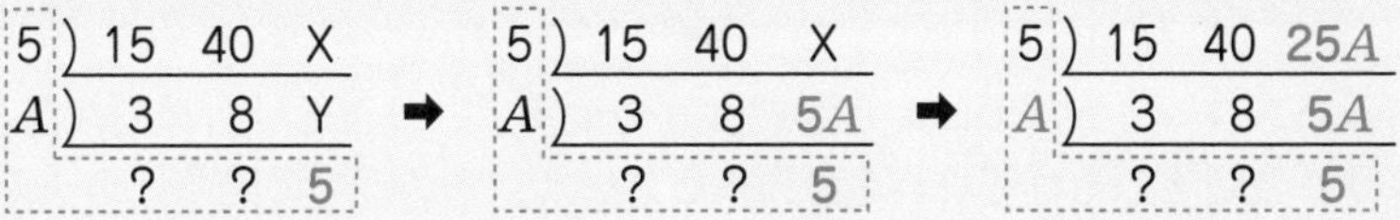

$$\begin{array}{r|rrr} 5 & 15 & 40 & X \\ \hline A & 3 & 8 & Y \\ \hline & ? & ? & 5 \end{array} \Rightarrow \begin{array}{r|rrr} 5 & 15 & 40 & X \\ \hline A & 3 & 8 & 5A \\ \hline & ? & ? & 5 \end{array} \Rightarrow \begin{array}{r|rrr} 5 & 15 & 40 & 25A \\ \hline A & 3 & 8 & 5A \\ \hline & ? & ? & 5 \end{array}$$

A に入る候補は 1，2，3 が考えられます（次図）。

・A = 1 のとき X = 25

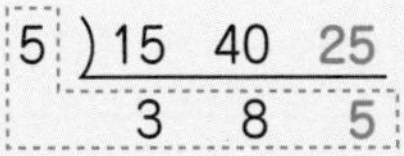

$$\begin{array}{r|rrr} 5 & 15 & 40 & 25 \\ \hline & 3 & 8 & 5 \end{array}$$

A = 1 は割らなかったという意味です。

・A = 2 のとき X = 50

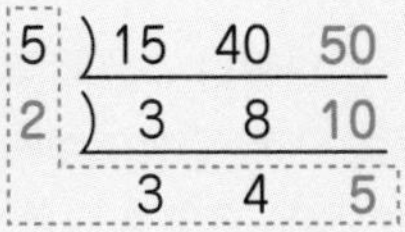

$$\begin{array}{r|rrr} 5 & 15 & 40 & 50 \\ \hline 2 & 3 & 8 & 10 \\ \hline & 3 & 4 & 5 \end{array}$$

・A = 3 のとき X = 75

$$\begin{array}{r|rrr} 5 & 15 & 40 & 75 \\ \hline 3 & 3 & 8 & 15 \\ \hline & 1 & 8 & 5 \end{array}$$

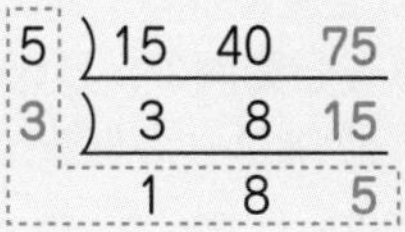

これ以外にも共通して割れる A の候補は 4 など大きい数が考えられますが、X が 3 桁になってしまうので不適です。

したがって、X は 25，50，75 の 3 個ですので正解は肢 3 となります。

正解 3

類題② 国家専門職 2023 難易度▸★★★

あるバスターミナルでは、A路線はa分間隔で、B路線はb分間隔で、C路線はc分間隔でそれぞれバスが発車している。この三つの路線については、7時ちょうどに同時にバスが発車してから、次に同時に発車するのは同日の13時25分である。三つの路線のうち、運転間隔の最も長いものと最も短いものとの運転間隔の差は何分か。ただし、a，b，cはいずれも30より小さい異なる正の整数とする。

1．6分　　2．7分　　3．8分　　4．9分　　5．10分

7時から13時25分は385分です。385を素因数分解すると5 × 7 × 11となります。後で使うので覚えておいてください。

「A路線はa分間隔で、B路線はb分間隔で、C路線はc分間隔」より、それぞれの運転間隔はaの倍数，bの倍数，cの倍数です。「次に同時に発車するのが385分後」とは、a，b，cの最小公倍数が385であることを意味します。

385 = 5 × 7 × 11より、5，7，11は共通して割れる数がありませんので、これがそのままa，b，cとなります。「運転間隔の最も長いものと最も短いものとの運転間隔の差」は11 − 5 = 6（分）ですので正解は肢1となります。

正解 1

第2章

余りに関する問題

ポイント講義は
こちら

セクション

8 余りが一致する場合

重要度 ★★★★★

「ある数を○で割ると△余り、★で割ると◆余る」といった条件が出てくる有名なパターン問題を解説します。この問題は３つのタイプに分類され、それぞれに公式がありますので各セクションで学習していきましょう。

このセクションのGoal

・余りが一致する場合の公式を使えるようになる。

公式・基礎知識

【余りが一致する場合の公式】

「ある数を○で割ると△余り、★で割ると◆余る」において余りが一致するとき

ある数 ＝ 割る数の最小公倍数 × n ＋ 余り（n は整数）

と表すことができる。

例題 8

特別区経験者採用 2012　難易度▸ ★★★

56 で割っても 44 で割っても余りが 12 となる 3 けたの自然数がある。この自然数を 19 で割ったときの余りはどれか。

1. 0　　2. 1　　3. 2　　4. 3　　5. 4

「56 で割っても 44 で割っても**余りが 12**」と、余りが一致しているので、

条件を満たす数 ＝ 56 と 44 の公倍数 ＋ 12
　　　　　　　 ＝ 616 × n ＋ 12
（n は整数）

4) 56　44
　　14　11

と表すことができます（最小公倍数はセクション7参照）。

問題文「3けたの自然数」を満たすことができるのは **$n = 1$ のときのみ**だと気づきます（$n = 2$ だと1000を超えてしまう）。

条件を満たす数 $= 616 \times 1 + 12 = 628$

これを19で割ると、$628 \div 19 = 33$　余り1となります。

したがって、正解は肢2となります。

正解 2

理解できたら類題にtry!

類題　東京都Ⅰ類B 2014　難易度▸★★★

正の整数A及びBがあり、Aは、Aを18，27，45で割るといずれも8余る数のうち最も小さい数であり、またBは、31，63，79をBで割るといずれも7余る数である。AとBの差として、正しいのはどれか。

1. 180　　2. 210　　3. 240　　4. 270　　5. 300

STEP 1　Aを求める

「Aを18，27，45で割るといずれも8余る数」より、余りが一致するパターンですので、

A = 18，27，45の最小公倍数 + 余り8

と表すことができます。18，27，45の最小公倍数は270ですので、Aは $270 + 8 = 278$ となります。

```
3 ) 18  27  45
3 )  6   9  15
     2   3   5
```

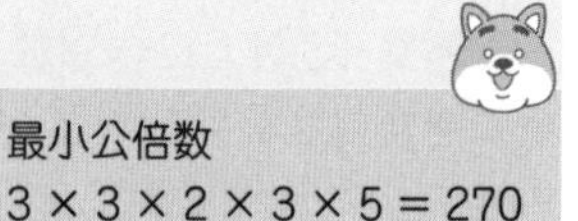

STEP 2 Bを求める

「Bは、31，63，79をBで割るといずれも7余る数」より、31，63，79から7を引いた24，56，72はBで割り切れます。したがって、Bは24，56，72の公約数だとわかります。

Aは「割られる数」でしたが、Bは「割る数」ですので、先ほどのAとは違う求め方になります。Bの求め方はセクション6の類題（p.27）の通りです。

24の約数＝1，2，3，4，6，8，12，24
56の約数＝1，2，4，7，8，14，28，56
72の約数＝1，2，3，4，6，8，9，12，18，24，36，72

24，56，72の公約数は1，2，4，8です。ここでもう一度問題文「Bは、31，63，79をBで割るといずれも7余る数」に注目してください。7余るということは7より大きい数で割っているわけですから、**公約数Bの値は7より大きい8**しか考えられません。

以上より（A，B）＝（278，8）とわかりました。**その差は270**ですので正解は肢4となります。

正解4

セクション

9 不足が一致する場合

重要度

このセクションでは「不足が一致する場合」の公式を学習します。
なお、類題①のような不等式と融合したタイプはセクション 8、10 でも出題されるので、パターンとして覚えましょう。

このセクションの Goal

・不足が一致する場合の公式を使えるようになる。

公式・基礎知識

【不足が一致する場合の公式】

「ある数を○で割ると△余り、★で割ると◆余る」において不足が一致するとき

ある数 ＝ 割る数の最小公倍数 × n − 不足（n は整数）

と表すことができる。

例題 9

国家一般職 2019 難易度▸ ★★★

6 で割ると 4 余り、7 で割ると 5 余り、8 で割ると 6 余る正の整数のうち、最も小さいものの各桁の数字の和はいくらか。

1. 10　　2. 11　　3. 12　　4. 13　　5. 14

各条件の不足を求めます。不足とは「あと 1 回割るのに足りない数」のことで、例えば「6 で割ると 4 余り」の場合、6 であと 1 回割るのに 6 − 4 ＝ 2 不足していることになります。ここから不足 ＝ 割る数 − 余りが成り立つことがわかります。各条件の不足は次のようになります。

・6 で割ると 4 余る ⇒ 2 不足
・7 で割ると 5 余る ⇒ 2 不足
・8 で割ると 6 余る ⇒ 2 不足

この問題は不足が一致することがわかります。ここで不足が一致する場合の公式

条件を満たす数
＝割る数の最小公倍数× n －不足
（題意「正の整数」より n は 1 以上の整数）

より、

条件を満たす数 ＝ 168n － 2

2) 6 7 8
3 7 4

と表すことができます。

問題文「最も小さい」より、n ＝ 1 を代入して、

条件を満たす数 ＝ 168 × 1 － 2
＝ 166

が得られます。各桁の数字の和は 1 ＋ 6 ＋ 6 ＝ 13 なので正解は肢 4 となります。

正解 4

理解できたら類題にtry!

類題① 東京都Ⅰ類B 2015 難易度▶ ★★★

1,000 より小さい正の整数のうち、4 で割ると 3 余り、かつ 5 で割ると 4 余る数の個数として、正しいのはどれか。

1. 50 個　2. 51 個　3. 52 個　4. 53 個　5. 54 個

STEP1 条件を満たす数を数式で表そう

「4 で割ると 3 余り、かつ 5 で割ると 4 余る」より、余りと不足（割る数から余りを引いたもの）の関係を調べます。

割る	余り	不足
4	3	1
5	4	1

不足が一致することがわかりました。割る数 4 と 5 の最小公倍数は 20 ですから、

条件を満たす整数
= 割る数の最小公倍数 × n − 不足
= $20n-1$（n は 1 以上の整数）

と表すことができます。

STEP2 個数を求めよう

$20n-1$ が 1,000 より小さいので、次の不等式が成り立ちます。

$$20n-1<1000$$
$$\Rightarrow n<\frac{1001}{20}=50.05$$

n は 1 以上の整数ですので、その範囲は 1 から 50 までとなります。したがって、その個数は 50 個ですから正解は肢 1 となります。

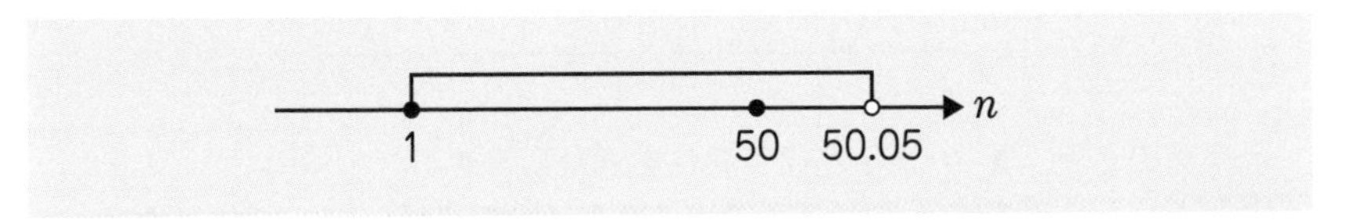

正解 1

第2章 余りに関する問題

類題② 警視庁 2019 難易度▶★★★

5で割ると2余り、6で割ると5余り、7で割ると6余る最小の自然数の各位(くらい)の和として、最も妥当なのはどれか。

1. 11　　2. 12　　3. 13　　4. 14　　5. 15

各シチュエーションにおける余りと不足の関係性を出しておきます。

	割る	余り	不足
①	5	2	3
②	6	5	1
③	7	6	1

②，③において、不足が一致しているので、ひとまず①は除いて②，③のみで検討します。

②，③を満たす数 = 6，7の最小公倍数 × n − 1
= $42n - 1$（n は1以上の整数）……★

と表すことができます。

続いて①も踏まえて検討します。5で割り切れる数の一の位は0か5です。したがって「5で割って2余る」とは一の位が2か7であることを意味します。★の式の n に1から順に整数を代入します。

n	1	2	3	4
★ = $42n - 1$	41	83	125	167

$n = 4$ のとき、★ = 167となり条件を満たします。

以上より、各位の和は $1 + 6 + 7 = 14$ ですので正解は肢4となります。

正解 4

セクション 10
余り、不足とも一致しない場合

重要度 ★★★★★

このセクションでは「余り、不足とも一致しない場合」の公式を学習します。セクション8、9と比べると数を見つけるのに苦労します。時には数の性質を利用して、時には手当たり次第に書いたりしてと、ありとあらゆる方法で数を見つけてください。

このセクションのGoal

・余り、不足とも一致しない場合の公式を使えるようになる。

公式・基礎知識

【不足が一致しない場合の公式】

「ある数を○で割ると△余り、★で割ると◆余る」において余り、不足が一致しないとき

ある数＝割る数の最小公倍数×n＋それぞれの条件を満たす最も小さい数（nは整数）

と表すことができる。

「それぞれの条件を満たす最も小さい数」の具体例を例題を通じて見ていきましょう。

例題 10

国家専門職 2022　難易度▸★★★

2022以下の自然数のうち、4で割ると3余り、かつ、11で割ると5余る数は何個あるか。

1．44個　　2．45個　　3．46個　　4．47個　　5．48個

余りと不足の関係を調べると、いずれも一致しないことがわかります。

割る	余り	不足
4	3	1
11	5	6

このような場合は、それぞれの条件を満たす数を書き上げます。

4で割ると3余る数　：7，11，15，19，23，27，31，…
11で割ると5余る数：16，27，38，…

27がそれぞれの条件に共通する最も小さい数とわかります。したがって、公式より次のように表すことができます。

求める数＝割る数の最小公倍数×n＋それぞれの条件を満たす最も小さい数
　　　　＝$44n+27$（nは0以上の整数）

問題によってnの値は0を含む場合もあります。実際に0や1を代入して確かめよう。

「2022以下の自然数」より、次の不等式が立ちます。

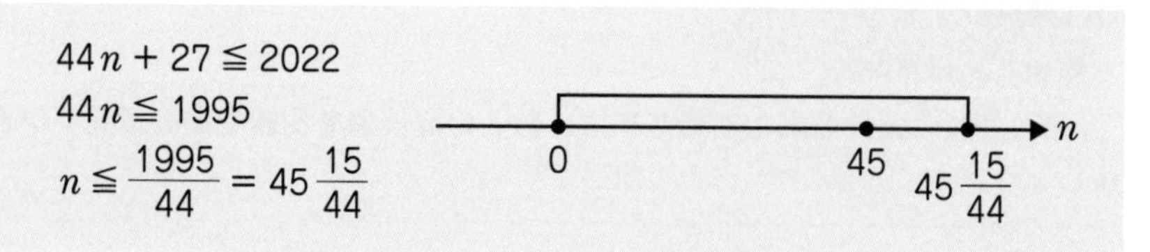

$$44n+27 \leqq 2022$$
$$44n \leqq 1995$$
$$n \leqq \frac{1995}{44} = 45\frac{15}{44}$$

より、nは0から45まで46個ありますので正解は肢3となります。

正解3

理解できたら類題にtry！

類題 東京消防庁 2022 難易度▸★★★

1から300までの整数のうち、3で割ると1余り、4で割ると割り切れ、5で割ると2余る整数をすべて足し合わせた値として、最も妥当なのはどれか。

1．800　2．820　3．840　4．860　5．880

余りと不足の関係を調べると、いずれも一致しないことがわかります。

割る	余り	不足
3	1	2
4	0	−
5	2	3

それぞれの条件を満たす最小の数を調べますが、全てを書き上げると大変なので少し工夫をします。

まず「5で割ると2余る」を推理します。5で割り切れる数（5の倍数）の一の位は0か5です。5で割って2余るということは一の位が2か7となります。しかし、「4で割ると割り切れ」より、求める数は4の倍数（偶数）ですから一の位が7になることはありません。以上を踏まえ「4で割ると割り切れ、5で割ると2余る」を書き上げます。

4で割ると割り切れ、5で割ると2余る数：12，32，52，72，…

この中で「3で割ると1余り」を満たす最小の数は52ですので、「それぞれの条件を満たす最小の数」は52とわかりました。公式より、

求める数＝割る数の最小公倍数×n＋それぞれの条件を満たす最も小さい数
＝$60n + 52$（nは0以上の整数）

と表すことができます。

nを0から代入して300までの整数を求めます。

n	0	1	2	3	4
$60n + 52$	52	112	172	232	292

これを全て足すと、

$$52 + 112 + 172 + 232 + 292 = 860$$

ですので正解は肢 4 となります。

正解 4

第3章

割合

ポイント講義は
こちら

セクション
11 割合①

重要度
★★★★★

割合は、数的推理だけではなく資料解釈などさまざまな分野で使うことになる超重要な単元です。まずは「基準」「基準に対するある量」「割合」の3つの関係を理解して、関係式を覚えるところから始めましょう。

このセクションのGoal

・3つの関係式を状況に応じて使い分けられるようになる。

公式・基礎知識

【割合の意味】

基準に対するある量の大きさを表す尺度を割合（比率）と言います。

例えば「100万円」といっても「一般的なサラリーマンの年収に対する100万円」と「国家予算に対する100万円」では100万円の大きさが違います。このときの「サラリーマンの年収」「国家予算」が「基準」となり「100万円」が「基準に対するある量」となります。

【割合の関係式】

割合には次の関係式があります。

①割合 ＝ 基準に対するある量 ÷ 基準 $\left(= \dfrac{\text{基準に対するある量}}{\text{基準}}\right)$

例1）24時間（基準）に対する6時間睡眠（基準に対するある量）の割合

$$\frac{6}{24} = 0.25 \quad \Rightarrow \quad 0.25 \times 100 = 25\ (\%)$$

例2）乗車定員（基準）100人の電車に120人が乗った（ある量）ときの割合

$$\frac{120}{100} = 1.2 = 120\ (\%)$$

「基準に対するある量」が「基準」より大きい場合もあります。そのとき「割合」は100%を超えます。

②基準に対するある量 ＝ 基準 × 割合

例）サークル30人（基準）の40%が男性（基準に対するある量）のとき、男性の人数

男性 ＝ 30 × 0.4 ＝ 12（人）

③基準 ＝ 基準に対するある量 ÷ 割合

例）原価 300 円（基準に対するある量）が定価（基準）の 20％を占めるときの定価

定価 ＝ 300 ÷ 0.2 ＝ 1500（円）

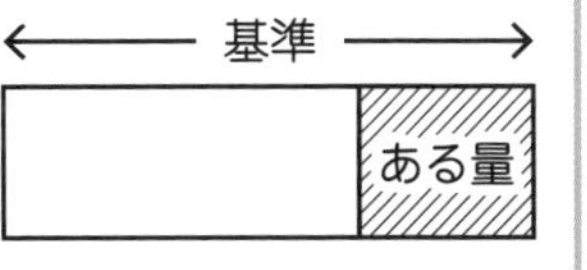

例題 11

地方上級 2006　難易度▶ ★★★

あるせんべい屋で 1 箱 1,000 円のAと 1 箱 1,500 円のBの 2 つの商品を販売している。どの組み合わせでもいいので、2 箱以上買うと 10％割引となる。ある日、全部で 10 箱販売して、割引総計 1,000 円、実際の売上げは 13,000 円になった。この日、1 箱しか買わなかったのは何人か。

1. 1 人　2. 2 人　3. 3 人　4. 4 人　5. 5 人

STEP1 2 箱以上購入の様子を調べよう

「2 箱以上買うと 10％割引となる」「割引総計 1,000 円」より、本来の売上げ（基準）の 10％が割引総計（基準に対するある量）1,000 円に当たるので、本来の売上げは、基準 ＝ 基準に対するある量 ÷ 割合より、

$$\begin{aligned}本来の売上げ &= 1000 \div 0.1 \ (10\% = 0.1) \\ &= 1000 \div \frac{1}{10} \\ &= 10000 \ (円)\end{aligned}$$

【2 箱以上購入の売上げと割引】

割引 1,000 円

10％

本来の売上げ（基準）

10,000 円

「実際の売上げは 13,000 円」より、1 箱のみ購入した人の売上げの合計は 13000 －（10000 － 1000）＝ 4000（円）とわかります。

第3章 割合

STEP 2 1箱のみ購入した人数を調べよう

売上げ4,000円を満たすことができる組合せは、

（A，B）＝（4箱，0箱），（1箱，2箱）

の2つのケースが考えられます。

また、2箱以上購入者の売上げ10,000円（割引は考慮していません）を満たせる組合せは、

（A，B）＝（1箱，6箱），（4箱，4箱），（7箱，2箱），（10箱，0箱）

が考えられますが、この中で、「全部で10箱販売」を満たすことができるのは、（1箱，2箱），（1箱，6箱）の組合せのみとなります。

	A	B	合計	割引考慮
1箱のみ	1	2	4,000円	4,000円
2箱以上	1	6	10,000円	9,000円
総計	2	8	14,000円	13,000円

したがって、1箱しか買わなかったのはA1人、B2人の計3人ですので正解は肢3となります。

正解3

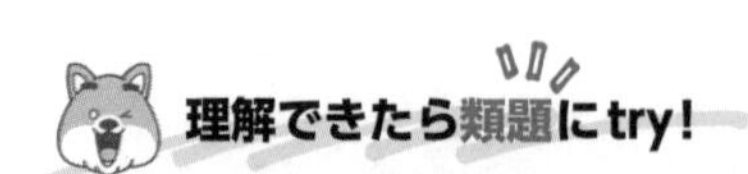

類題 国家総合職経験者枠 2012 難易度▸★★★

ある工場が製造し、出荷する商品は、商品A、商品B及び商品Cの3種類であり、この工場の総出荷額は、各商品の出荷額を合計することにより算出される。2010年の商品Cの出荷額は26億円であった。

2011年のこの工場における総出荷額は2010年に比べて7％増加した。その際、商品Aの出荷額増加分の2010年の総出荷額に対する比率は1％、商品

Bの出荷額増加分の2010年の総出荷額に対する比率は2%であり、また、商品Cの出荷額増加分の2010年の**商品Cの出荷額**に対する比率は10%であった。

2010年のこの工場における総出荷額はいくらか。

1. 55億円　2. 60億円　3. 65億円　4. 70億円　5. 75億円

STEP1 商品Cがいくら増加したか計算しよう

問題文より、Cの出荷額は、2010年の26億円から10%、26 × 0.1 = 2.6（億円）増加しています。

STEP2 商品Cの増加分が全体の何%を占めるのか調べよう

問題文より、総出荷額において2011年は2010年に比べて7%増加しており、その内訳は商品Aが1%、商品Bが2%なので、商品Cは7 −（1 + 2）= 4（%）増加していることがわかります。

以上を図示すると次のようになります。

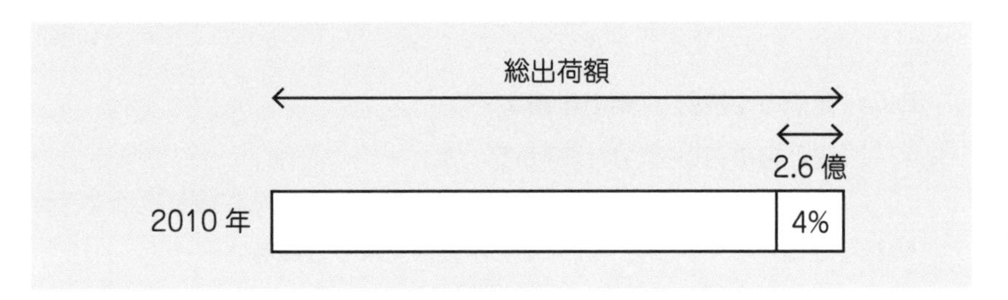

図より、2010年の総出荷額（基準）に対し、2.6億円（基準に対するある量）が4%に相当するので、**基準 = 基準に対するある量 ÷ 割合**より、

$$総出荷額 = 2.6 \div 0.04 = \frac{26}{10} \div \frac{4}{100} = \frac{26}{10} \times \frac{100}{4} = 65（億円）$$

となります。

以上より、正解は肢3です。

正解 3

第3章 割合

セクション

12 割合②

重要度 ★★★★★

このセクションでは「勝手に数値を設定するテクニック」を紹介します。通常、文章題は未知の項目に対して x，y と文字を置くことになりますが、ある条件下では文字を置かずに勝手に数値を設定して解くことができます。これを覚えておくと解答スピードが短縮できますので必ず使えるようになりましょう。

このセクションのGoal

・勝手に数値を設定するテクニックを使えるようになる。

公式・基礎知識

【勝手に数値を設定できる問題】

具体的な数値条件が一切なく、比率，割合のみで表されている項目は勝手に（適当に）数値を設定することができます。

・OK：**「定価の１割引」「弟の年齢は兄の $\frac{1}{5}$ 」**

「兄と弟のお小遣いの比率が５：３」

⇒比率，割合のみなので適当に数値を設定できる

・NG：**「定価から 100 円引く」「弟の年齢は兄より５歳若い」**

「兄のお小遣いは弟より 500 円多い」

⇒具体的な数値があるので適当に置くことはできない

例題 12

警視庁 2013　難易度▸ ★★★

A商店は、ある商品をいくつか仕入れ、定価の 20％引きで売った。その結果、仕入れた個数の 10％の商品が売れ残り、利益は仕入れ総額の 8％になった。この商品の定価は仕入れ値の何％を上乗せした価格であったか。

1．20％　　2．30％　　3．40％　　4．50％　　5．60％

問題文に値段、個数の両方とも具体的な数値条件がなく、割合の条件しか載っていないので、仕入れ個数を 100 個，仕入れ値を 100 円と適当に設定します。

仕入れ総額：100 円 × 100 個 = 10000（円）

「利益は仕入れ総額の 8%になった」より、売上げは仕入れ総額を 8%増加させた 10,800 円となります。

さらに条件「仕入れた個数の 10%の商品が売れ残り」より、販売個数は 100 個の 90%である 90 個ですので、販売単価（定価の 20%引き）は、

$$販売単価 = \frac{10800}{90} = 120（円/個）$$

となります。定価 ×(1 − 0.2) = 120 より、

$$定価 = \frac{120}{0.8} = 150（円）$$

となります。これより定価（150 円）は仕入れ値（100 円）の 50%を上乗せしたことがわかります。

よって、正解は肢 4 となります。

正解 4

理解できたら類題にtry!

類題 地方上級 2022 難易度▸ ★★★

ある動物園では、大人と子供の入園料があり、大人の入園料は子供の $\frac{5}{3}$ 倍である。ある日、大人の入園料の合計が子供の入園料の合計の 2 倍であった。この日の大人と子供の人数の比を正しく示しているのはどれか。

	大人	:	子供
1.	3	:	5
2.	5	:	6
3.	6	:	5
4.	10	:	3
5.	10	:	9

この問題では、金額について具体的な数値が示されず、割合$\left(\frac{5}{3}\text{倍}\right)$、比率（2 倍）しかないので適当に数値を設定できます。そこで、「大人の入園料は子供の$\frac{5}{3}$倍である」より、入園料を（大人，子供）＝（500 円，300 円）と設定します。

後は大人の入園料の合計を人数に応じて書いてみます。「大人の入園料の合計が子供の入園料の合計の 2 倍であった」より、それを 2 で割った値が子供の入園料になります。

大人の人数	1 人	2 人	3 人	4 人	5 人	6 人
大人の入園料の合計	500 円	1,000 円	1,500 円	2,000 円	2,500 円	3,000 円
子供の入園料の合計	250 円	500 円	750 円	1,000 円	1,250 円	1,500 円

ここで、子供の入園料は 300 円ですから、入園料の合計は 300 円単位になるはずです。つまり、上の表の 250 円、500 円、750 円、1,000 円、1,250 円は不適です。

大人 6 人のときは子供の入園料の合計は 1,500 円で、人数は 1500 ÷ 300 ＝ 5（人）となるので妥当です。

したがって人数の比は大人：子供＝ 6：5 となるので正解は肢 3 です。

正解 3

第4章

比

ポイント講義は
こちら

セクション

13 比と割合

重要度 ★★★★★

割合と比は兄弟のようなもので、表現は違えど同じ意味を持ちます。割合で示されている問題も比で表すと簡単に解けるものがありますので割合から比への変換を習慣としてできるようになりましょう。なお、このセクションから比の性質も少しずつ解説していきます。

このセクションのGoal

・割合を比に変換することができるようになる。

公式・基礎知識

【比の統一】

例）A，Bの年齢の比はA：B＝②：①、AとCの年齢の比はA：C＝③：①であるとき、BとCの年齢の比は？

2つの比にAが登場しますが、比較対象が異なるため②、③と異なる比で表示されています。このような場合は、最小公倍数で数をそろえて統一します。

A：B＝②：①＝❻：❸
A：C＝③：①＝❻：❷
→ A：B：C＝❻：❸：❷

例題 13

特別区Ⅰ類（改題）2018　難易度▸★★★

ある電車は、乗車定員の68％が座れる同じ車両2両と76％が座れる車両1両の3両編成で運行している。この電車に145人が乗ったときは全員座れるが、165人が乗ったときは座れない乗客がでる。この電車の座席数としてあり得るのは次のうちでどれか。

1．145席　2．149席　3．154席　4．159席　5．164席

定員68％の車両の座席数を検討します。座れる乗客、座れない乗客を比で表すと、

座れる：座れない＝68：32＝17：8

となります。これより、席数は17席，34席，51席，68席……などが考えられます。2両分を合わせると次の可能性が考えられます。

	①	②	③	④
1両分	17席	34席	51席	68席
2両分	**34席**	**68席**	**102席**	**136席**

同様に76％が座れる車両も比で考えます。

座れる：座れない＝76：24＝19：6

以上より次の可能性が考えられます。

⑤	⑥	⑦	⑧	⑨	⑩	⑪	⑫
19席	38席	57席	76席	95席	114席	133席	152席

①～④，⑤～⑫を合わせて条件「この電車に145人が乗ったときは全員座れるが、165人が乗ったときは座れない乗客がでる（座席数は145席以上165席未満）」を満たすケースを全て挙げます。

・①＋⑩＝34＋114＝148（席）
・②＋⑨＝68＋95＝163（席）
・③＋⑦＝102＋57＝159（席）
・④＋⑤＝136＋19＝155（席）

以上4通りが考えられますが、選択肢にあるのは③＋⑦＝159席のみですので、あり得るのは肢4となります。

正解4

理解できたら類題にtry!

類題 国家専門職 2013 難易度▸★★★

A～Dの4人が、100点満点の試験を受けた。4人の得点について、次のことが分かっているとき、Aの得点とBの得点を足し合わせた得点はどれか。ただし、試験の得点は全て整数とし、0点の者はいないものとする。

○Aの得点は、Bの得点の$\frac{5}{7}$倍であった。

○Bの得点は、Cの得点の$\frac{5}{3}$倍であった。

○Cの得点は、Dの得点の2倍であった。

1. 36点　2. 60点　3. 96点　4. 120点　5. 144点

各条件を比で表します。

①Aの得点は、Bの得点の$\frac{5}{7}$倍であった。⇒ A：B＝5：7

②Bの得点は、Cの得点の$\frac{5}{3}$倍であった。⇒ B：C＝5：3

③Cの得点は、Dの得点の2倍であった。⇒ C：D＝2：1

①～③を統一させるため、比をそろえます。

①A：B＝5：7＝25：35

②B：C＝5：3＝35：21
　⇒A：B：C＝25：35：21＝50：70：42

③C：D＝2：1＝42：21
　⇒A：B：C：D＝50：70：42：21

条件「100点満点の試験」より、Bの得点は140点となることはないので、（A，B，C，D）＝（50点，70点，42点，21点）の組合せしか考えられません。

したがって、A，B2人の得点の合計は50＋70＝120（点）となります。よって、正解は肢4です。

正解4

セクション

14 比の性質①

重要度
★★★★★

このセクションから比の性質を本格的に使用して解いていきます。〇や□で表現した比を足し算、引き算する基本的な比の計算方法を紹介します。

このセクションのGoal

・比の足し算、引き算ができるようになる。

公式・基礎知識

【比の足し算、引き算】

例）A，Bのテストの点の比は4：3で、その差は15点だった。2人の点数の合計はいくらか？

A ④

B ③ 差15点

④ − ③ = ①
① = 15点に相当

2人の点数の合計は④ ＋ ③ ＝ ⑦より、$15 \times 7 = 105$（点）

例題 14　警視庁 2017　難易度▸★★★

下図のように長方形ＡＢＣＤと正方形ＥＦＧＨが重なっている。長方形ＡＢＣＤと正方形ＥＦＧＨの面積の比は７：４で、長方形ＩＦＪＤの面積は、正方形ＥＦＧＨの面積の$\frac{3}{8}$である。斜線部分の面積が55cm²のとき、長方形ＡＢＣＤの面積として、最も妥当なのはどれか。

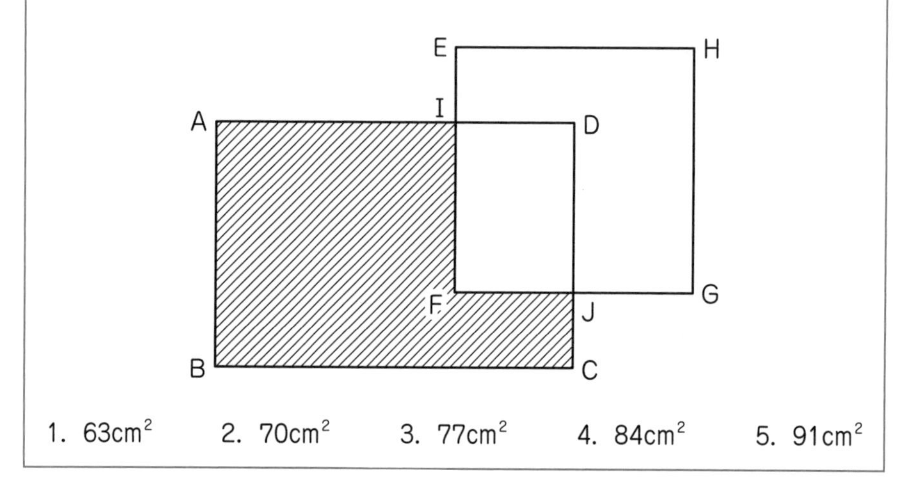

1. 63cm²　　2. 70cm²　　3. 77cm²　　4. 84cm²　　5. 91cm²

「長方形ＩＦＪＤの面積は、正方形ＥＦＧＨの面積の$\frac{3}{8}$である」より、長方形ＩＦＪＤと、正方形ＥＦＧＨの面積比は３：８となります。

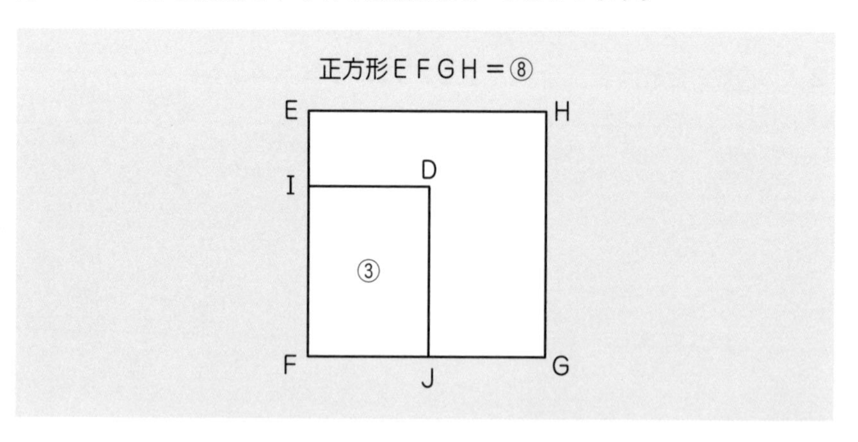

ここで、「長方形ＡＢＣＤと正方形ＥＦＧＨの面積の比は７：４」及び正方形ＥＦＧＨ＝⑧であることから、長方形ＡＢＣＤと正方形ＥＦＧＨの面積比を

7：4＝⑭：⑧と置きます。

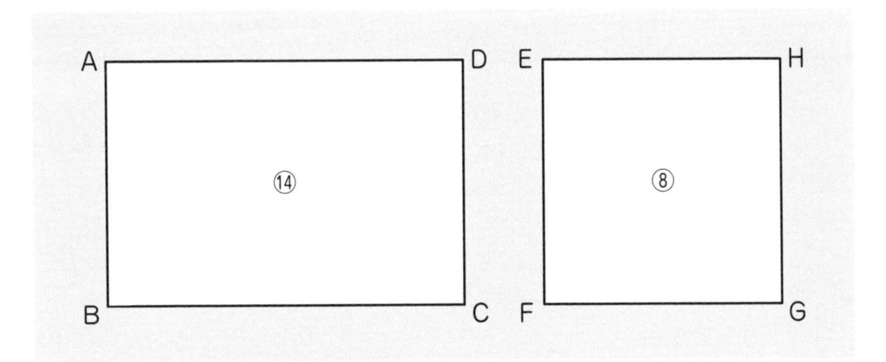

以上より、各領域の面積は次のようになります。

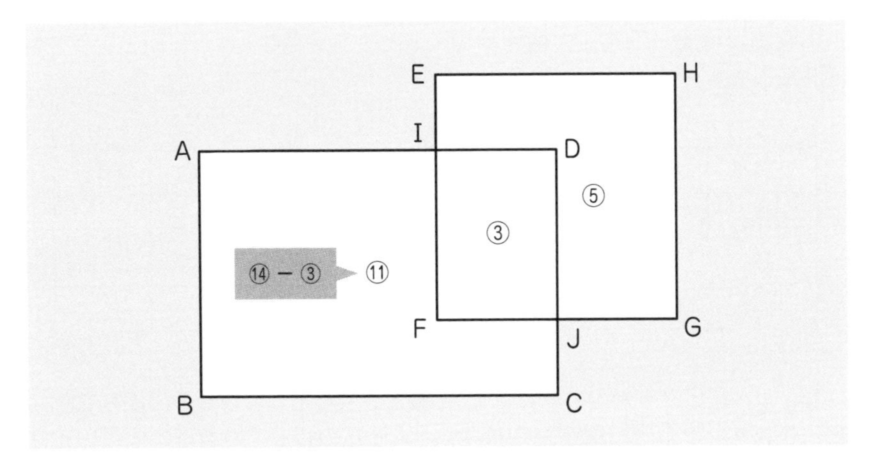

問題文「斜線部分の面積が55cm²」より、⑪＝55cm²ですから，①＝5cm²に相当します。したがって、長方形ＡＢＣＤの面積は⑪＋③＝⑭＝5×14＝70（cm²）となります。

したがって、正解は肢２となります。

正解 2

理解できたら類題にtry!

類題 警視庁 2013 難易度▸★★★

袋の中に赤玉と白玉が3：1の割合で入っている。袋の中の赤玉と白玉をよくかき混ぜてから無作為に全部の玉を取り出してAとBに玉の個数の比が2：1となるように配分した。ここでAが持っている白玉2個をBが持っている赤玉の半分の個数と交換したところ、Aが持っている玉はすべて赤玉になり、AとBの持っている玉の個数の比は2：1のままだった。はじめに袋の中にあった玉の個数として、正しいのはどれか。

1. 21個　2. 24個　3. 32個　4. 36個　5. 48個

「Aの玉の個数＋Bの玉の個数＝袋にあった玉の個数」より、次のような表を作成します。

交換前	赤	白	合計
A		2個	②
B			①
合計	❸	❶	③＝❹

交換後	赤	白	合計
A		0個	
B			
合計			

表より、袋にあった玉の総数は③＝❹と表すことができるのでこれを⑫に統一します。すると、交換後において「AとBの持っている玉の個数の比は2：1のままであった」より、総数は⑫ですから交換後のAとBの玉の個数は2：1＝⑧：④と表すことができます。

交換前	赤	白	合計
A		2個	⑧
B			④
合計	⑨	③	⑫

交換後	赤	白	合計
A		0個	⑧
B			④
合計	⑨	③	⑫

交換後の空欄を埋めます。

交換前	赤	白	合計
A		2個	8
B			4
合計	9	3	12

交換後	赤	白	合計
A	8	0個	8
B	1	3	4
合計	9	3	12

ここで問題文「Bが持っている赤玉の半分の個数と交換した」に注目してください。交換後Bの赤玉は1になっているので、交換前は2であったことがわかります。

交換前	赤	白	合計
A	7	2個	8
B	2	2	4
合計	9	3	12

交換後	赤	白	合計
A	8	0個	8
B	1	3	4
合計	9	3	12

ここでBの白玉に注目してください。交換の前後で2→3に増えていますが、それはAが2個の白玉をあげたからです。つまり1＝2個に相当することがわかります。

求める数は袋にあった玉の総数12ですから、全部で12×2＝24（個）あります。

したがって、正解は肢2となります。

正解 2

セクション

15 比の性質②

重要度 ★★★★★

このセクションでは、適当な比を設定して解く方法を解説します。セクション 12 で学習した「勝手に数値を設定するテクニック」に似ています。

このセクションの Goal

・適当な比を設定して問題を解けるようになる。

例題 15

国家専門職 2020　難易度▸ ★★★

ある学校にはA，B，Cの３組で合計 100 人の生徒が在籍しており、これらの生徒に対し、試験を２回実施した。１回目の試験において、100 人全員が受験したところ、A組とB組では同じ人数の生徒が合格し、C組では生徒全員が不合格であった。その結果、１回目の試験で不合格であった生徒の人数比は、A組：B組：C組 ＝ 1：2：4 であった。

２回目の試験において、１回目の試験で不合格であった生徒を対象とし、対象者全員が受験したところ、A組では受験した生徒の 80％が、B組では受験した生徒の 90％が、C組では生徒全員が合格した。その結果、２回目の試験で不合格であった生徒は、A組とB組合計４人であった。

このとき、A組で２回目の試験で合格した生徒は、A組の生徒全員の何％を占めているか。

1．32％　　2．34％　　3．36％　　4．38％　　5．40％

「１回目の試験で不合格であった生徒の人数比は、A組：B組：C組 ＝ 1：2：4 であった」より、１回目不合格の人数をA：B：C＝[10]：[20]：[40]と置きます。すると、２回目の試験において「A組では受験した生徒の80％が、B組では受験した生徒の 90％が、C組では生徒全員が合格した」より、２回目での合格者は次のようになります。

この後0.8，0.9を掛けることを見越して1：2：4を10倍しました。

A組 ＝ $\boxed{10}$× 0.8 ＝ $\boxed{8}$（$\boxed{2}$不合格）
B組 ＝ $\boxed{20}$× 0.9 ＝ $\boxed{18}$（$\boxed{2}$不合格）
C組 ＝ $\boxed{40}$

【1 回目】

	A組	B組	C組
合格			0 人
不合格	$\boxed{10}$	$\boxed{20}$	$\boxed{40}$

【2 回目】

	A組	B組	C組
合格	$\boxed{8}$	$\boxed{18}$	$\boxed{40}$
不合格	$\boxed{2}$	$\boxed{2}$	0 人

2 回目の不合格者は$\boxed{2}$＋$\boxed{2}$＝$\boxed{4}$と表すことができますが、これが「2 回目の試験で不合格であった生徒は、A組とB組合計 4 人であった」と一致するので、$\boxed{4}$＝4 人より、$\boxed{1}$＝1 人に相当することがわかります。したがって表は次のようになります。

【1 回目】

	A組	B組	C組
合格			0 人
不合格	10 人	20 人	40 人

【2 回目】

	A組	B組	C組
合格	8 人	18 人	40 人
不合格	2 人	2 人	0 人

1 回目に注目します。不合格者の合計は 10 ＋ 20 ＋ 40 ＝ 70（人）なので合格者は 100 － 70 ＝ 30（人）です。「A組とB組では同じ人数の生徒が合格し」より、A組、B組はそれぞれ 30 ÷ 2 ＝ 15（人）合格しています。

【1 回目】

	A組	B組	C組
合格	15 人	15 人	0 人
不合格	10 人	20 人	40 人

【2 回目】

	A組	B組	C組
合格	8 人	18 人	40 人
不合格	2 人	2 人	0 人

これでA組の人数は 15 ＋ 10 ＝ 25（人）とわかりました。したがって、A組で 2 回目の試験で合格した生徒は、A組の生徒全員の $\frac{8}{25} \times 100 = 32$（%）ですので正解は肢 1 となります。

正解 1

理解できたら類題にtry!

類題 神奈川県早期 2013 難易度▸★★★

AとBと店長の3人がそれぞれ決められた枚数の皿洗いをすることになった。まずAが、自分が洗う分の$\frac{3}{10}$だけ洗うと、全体の$\frac{1}{8}$を洗ったことになった。次にBが、自分が洗う分の$\frac{1}{5}$だけを洗うと、Aが洗った分と合わせて全体で$\frac{1}{5}$を洗ったことになった。

Aが洗う予定の枚数が、Bが洗う予定の枚数より5枚多いとすると全体の皿の枚数は何枚か。

1. 80枚　2. 100枚　3. 120枚　4. 140枚　5. 160枚

全体の皿の枚数を㊵と置きます。条件よりAは㊵ × $\frac{1}{8}$ = ⑤洗ったことになります。また、A, Bで合わせて㊵ × $\frac{1}{5}$ = ⑧洗ったことになるので、Bは⑧ − ⑤ = ③洗ったことになります。

「全体の$\frac{1}{8}$」「全体で$\frac{1}{5}$を洗った」より、5, 8で割ることを見越して㊵と置きました。

次にAが洗う予定の枚数を❿と置きます。条件「Aが、自分が洗う分の$\frac{3}{10}$だけ洗う」より、Aは❸洗ったことになります。

	洗った	洗う予定
A	⑤ = ❸	❿
B	③	
店長		
合計		㊵

表より、Aが洗った枚数について⑤ = ❸が成り立つのでこれを⑮に統一します。

	洗った	洗う予定
A	⑤ = ❸ = [15]	❿ = [50]
B	③ = [9]	
店長		
合計		㊵ = [120]

○を3倍して□に、●を5倍して□に統一しましょう。

条件「Bが、自分が洗う分の$\frac{1}{5}$だけを洗う」より、Bが洗う予定の枚数は[9] ÷ $\frac{1}{5}$ = [45]と表すことができます。

基準
＝基準に対するある量÷割合

	洗った	洗う予定
A	⑤ = ❸ = ⑩	❿ = [50]
B	③ = [9]	[45]

「Aが洗う予定の枚数が、Bが洗う予定の枚数より5枚多い」より、

[50] − [45] = 5（枚）
[5] = 5（枚）
[1] = 1（枚）

とわかります。**皿の総数は[120]ですから、120枚**となります。
したがって、正解は肢3となります。

正解3

セクション

16 比の性質③

重要度 ★★★★★

このセクションでは比に x, y といった文字を添えるテクニックを紹介します。比の性質の中で特に使用頻度が高いテクニックですので頑張りましょう！

このセクションのGoal

・比に文字を添えて実際の数値のように扱えるようになる。

公式・基礎知識

【比と文字式】

例）A，Bの年齢比が3：2のとき、2人の年齢を x を用いて表す

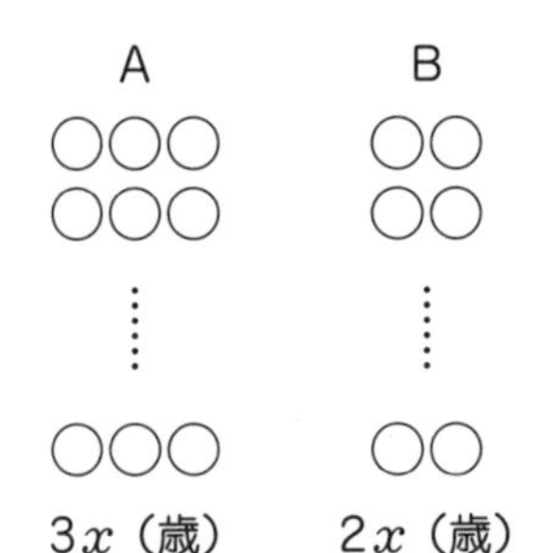

3と2の塊が x 個あると考えると、
Aの年齢 ＝ $3x$（歳）
Bの年齢 ＝ $2x$（歳）
と表すことができる

例題 16

警視庁 2014　難易度▸ ★★★

昨日、7対5の比で赤バラと白バラの花が庭に咲いていた。今日、赤バラが10個、白バラが5個咲いたので、咲いている花の比は3対2になった。今日咲いている赤バラと白バラの花の個数の合計として、正しいのはどれか。

1. 57　　2. 66　　3. 75　　4. 84　　5. 93

条件に従って、昨日までの個数を（赤，白）＝（$7x$ 個，$5x$ 個）、新たに咲いたものを加えた今日咲いている個数を（赤,白）＝（$3y$ 個,$2y$ 個）とします。

	昨日までの個数	今日新たに咲いた個数	合計
赤バラ	$7x$ 個	10 個	$3y$ 個
白バラ	$5x$ 個	5 個	$2y$ 個

それぞれの花について次の方程式が立ちます。

赤バラ：$7x + 10 = 3y$　……①
白バラ：$5x + 5 = 2y$　……②

①を2倍、②を3倍して引き算します

$$\begin{array}{r} 14x + 20 = 6y \\ -\underline{)\ 15x + 15 = 6y} \\ -x + 5 = 0 \end{array}$$

$\therefore x = 5$

これを解くと $x = 5$，$y = 15$ が得られます。求める値は「今日咲いている赤バラと白バラの花の個数の合計」ですから、

$3y + 2y$
$= 75$（個）

となります。
したがって、正解は肢3です。

正解 3

【補足】
今日までに咲いている花の比は赤：白＝3：2なので、合計は、3＋2＝5の倍数になります。選択肢で5の倍数なのは肢3の75のみですので、一瞬で正解がわかってしまいます。

理解できたら類題にtry!

類題 地方上級 2008 難易度▸★★★

長さ20mのロープをA，Bの2人が両端から一定の速さで巻き取っていった。2人同時に巻き取り始めたところ、10秒後にAが巻き取った長さと、A，Bがまだ巻き取っていない残りのロープの長さの比は1：5で、さらに10秒後にはBが巻き取った長さとA，Bがまだ巻き取っていない残りのロープの長さの比は2：5になっていた。A，B2人が1秒当たりに巻き取るロープの長さの和はいくらか。

1. 0.2m　2. 0.3m　3. 0.4m　4. 0.5m　5. 0.6m

10秒後のAが巻き取った長さとまだ巻き取られていない長さの比をx：$5x$、20秒後のBが巻き取った長さとまだ巻き取られていない長さの比を$2y$：$5y$と表します。

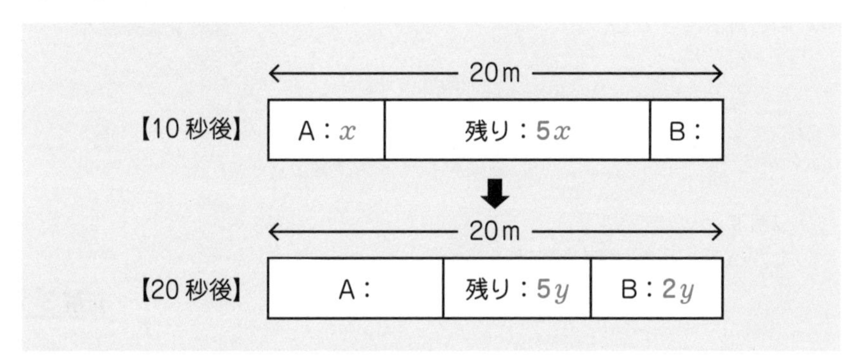

10秒後から20秒後へと倍の時間になったわけですから、20秒後のAの長さは$2x$となります。また、10秒後は20秒後の半分ですから、10秒後のBの長さは$2y$の半分であるyとなります。

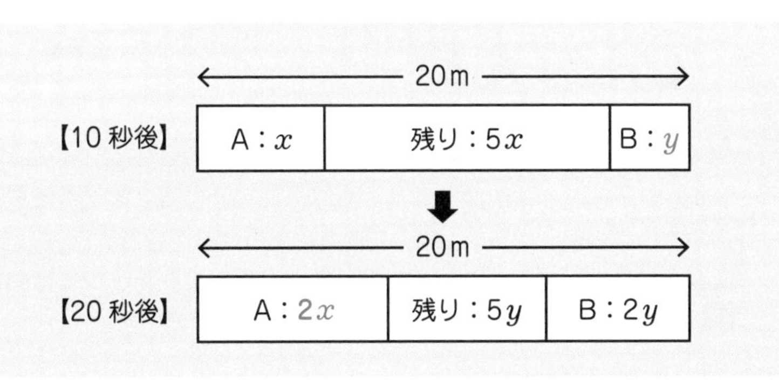

10秒後、20秒後それぞれの場合において、全長20mにおいて次の方程式が成り立ちます。

10秒後：$x+5x+y=20$ ……①
20秒後：$2x+5y+2y=20$ ……②

あとは普通に連立方程式を解いてx，yを求めればOKです。しかしここでは一工夫してもうちょっと簡単に解きます。

①：$6x+y=20$
②：$2x+7y=20$

2つの式を足します。

①+②：$8x+8y=40$
$\therefore x+y=5$

10秒後の図より、これは10秒間でA，Bが5mのロープを巻き取ったことを意味します。したがって1秒間であれば0.5mとなりますので正解は肢4となります。

正解4

第4章 比

セクション

17 てんびん算

重要度
★★★★☆

2つのモノを混ぜる問題では「てんびん算」という計算テクニックが使えます。この後セクション27の食塩水を混ぜる問題で大活躍しますが、食塩水以外でも「2つのモノを混ぜる」シチュエーションでは効果を発揮します。

このセクションのGoal

・てんびん図を用いた計算ができるようになる。

公式・基礎知識

【てんびん算】

具体例を用いて解説します。

例1）あるサークルの創立10周年パーティーで、現役学生からは3,000円、OBからは7,000円の会費を徴収した。現役学生、OBそれぞれ20人ずつが参加したとき、1人当たりの会費はいくらになるか。

人数をおもり、会費をうでの長さに対応させると、次のようなてんびん図が描けます。

今回の例では、人数が20人で同じであったため、全体の1人当たりの会費はちょうど真ん中の5,000円になります。

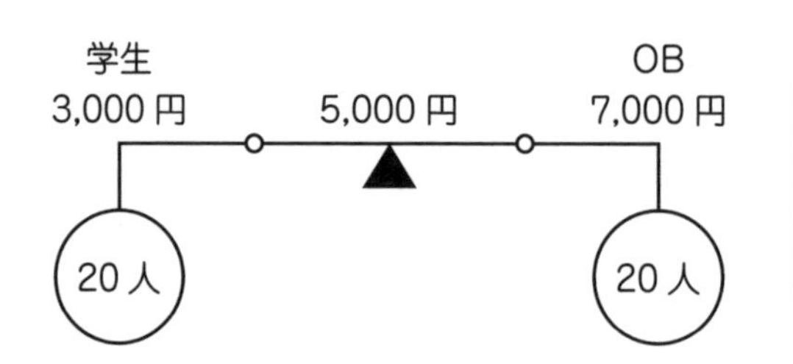

混ぜる量（人数）が同じであれば、会費はちょうど真ん中になるはずです。

例2）あるサークルの創立10周年パーティーで、現役学生からは3,000円、OBからは7,000円の会費を徴収した。現役学生が30人、OBが10人参加したとき、1人当たりの会費はいくらになるか。

現役学生からは3000 × 30 = 90000（円）、OBからは7000 × 10 = 70000（円）徴収するので合計は16万円になります。これを40人で割ると1人当たり4,000円の会費とわかります。これをてんびん図で表します。

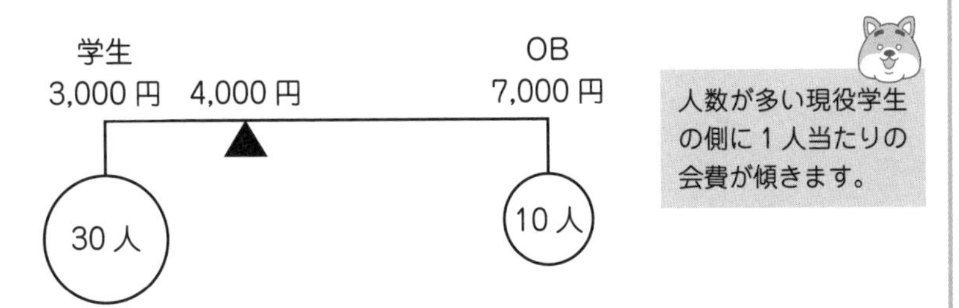

今回の例では人数が異なるため、1人当たりの会費（以下▲）が真ん中ではなく、人数が多い学生のほうへ傾きました。ここで、学生、OB、▲の差（以下「うでの長さ」と呼びます）に注目してください。

学生の人数が多い結果、▲が学生側へ傾き、その分▲と学生の会費の差が縮まりました（1,000円）。逆にOBの人数が少ないので、▲とOBの会費の差は広がりました（3,000円）。ここから混ぜた量（人数）とうでの長さ（会費の差）は反比例の関係になっていることがわかります。

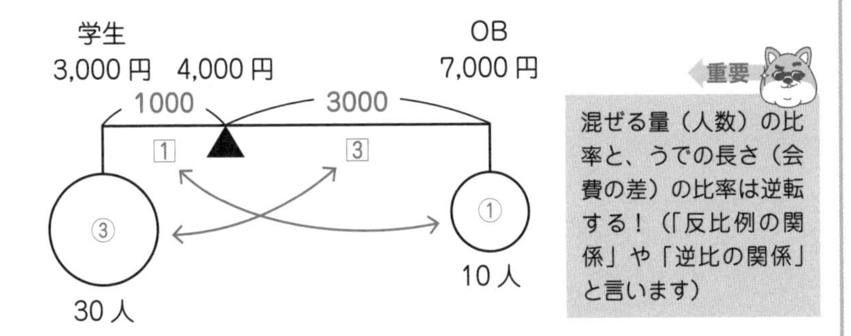

例3）あるサークルの創立10周年パーティーで、現役学生からは3,000円、OBからは7,000円の会費を徴収したところ、1人当たりの会費は4,600円になった。現役学生が15人参加したとすると、OBは何人参加したか。

てんびん図を描くと次のようになります。

うでの長さの比が1600：2400＝2：3ですので、混ぜる量の比は逆比の3：2になります。学生の人数において、③＝15人に相当しますから①＝5人となります。したがってOBの人数は②＝10人とわかります。

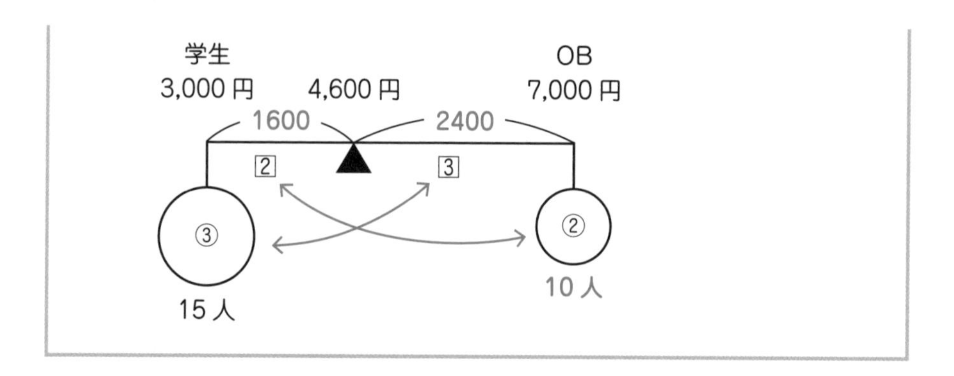

例題 17

裁判所職員 2004　難易度▶ ★★★

　あるチームの 1 年間の戦績は、前半戦の勝率が 7 割 1 分で、後半戦の勝率は 5 割 8 分であり、年間を通した勝率が 6 割 5 分であった。
　このとき、後半戦の試合数の前半戦の試合数に対する百分率に最も近いものは、次のうちどれか。なお、引き分けの試合はないものとする。

1. 84%　　2. 85%　　3. 86%　　4. 87%　　5. 88%

「前半戦と後半戦の勝率を混ぜて 1 年間の勝率にする」と解釈できるので、勝率をうでの長さ、試合数をおもりに見立てたてんびん算で解きます。

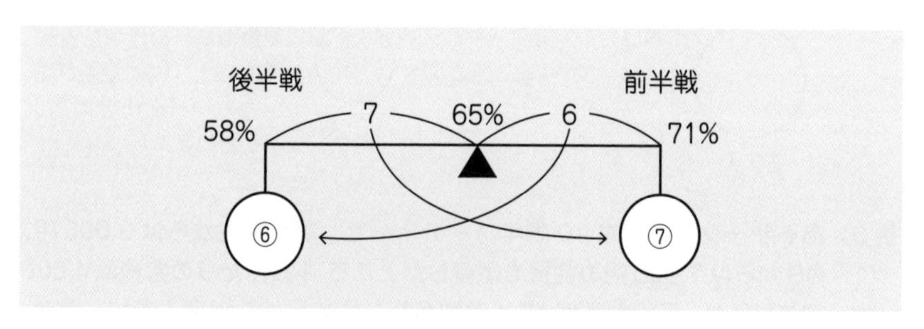

図より、混ぜた量（試合数）に関して、

前半戦：後半戦 ＝ 7：6

が成り立ちます。問われているのは、「前半戦の試合数に対する後半戦の試合数の割合」ですので、

$$\frac{後半戦の試合数}{前半戦の試合数} = \frac{6}{7} \fallingdotseq 0.857 = 85.7\ (\%)$$

となります。最も近いのは86%の肢3となります。

正解 3

理解できたら類題にtry!

類題 特別区Ⅰ類 2012 難易度▸★★★

12℃の水が出る給水栓と、一定の温度の湯が出る給湯栓が、それぞれ1個付いた浴槽がある。給湯栓を閉じて給水栓を全開にすると、空の状態から21分で浴槽が一杯になる。また、給水栓と給湯栓の両方を同時に全開にすると、14分で一杯になり、そのときの浴槽の水温は、32℃になる。給水栓と給湯栓を同時に開けて42℃の水温になるように最短時間で浴槽を一杯にする方法はどれか。

1. 給水栓を全開にし、給湯栓の水量を全開時の$\frac{1}{2}$にする。
2. 給水栓を全開にし、給湯栓の水量を全開時の$\frac{2}{3}$にする。
3. 給湯栓を全開にし、給水栓の水量を全開時の$\frac{1}{2}$にする。
4. 給湯栓を全開にし、給水栓の水量を全開時の$\frac{2}{3}$にする。
5. 給湯栓を全開にし、給水栓の水量を全開時の$\frac{3}{4}$にする。

STEP 1 給水栓と給湯栓の水量を調べよう

問題文に水量に関する具体的な数値条件がないので、満水時の水量を「21分」と「14分」の最小公倍数である42Lと適当に設定します。すると最初の条件「給湯栓を閉じて給水栓を全開にすると、空の状態から21分で浴槽が一杯になる」より、

1 分当たりの給水栓から出る水量 = 42 ÷ 21 = 2（L/分）

であることがわかります。

同様に「給水栓と給湯栓の両方を同時に全開にすると、14 分で一杯になり」も考えましょう。

14 分で給水栓から出た水量 = 2 × 14 = 28（L）

ですから、

14 分で給湯栓から出た水量 = 42 − 28 = 14（L）

であることがわかります。つまり、給水栓と給湯栓から出る水量の比は、

給水栓：給湯栓 = 28：14 = 2：1

であることがわかります。

STEP2 温度の関係をてんびん図を描いて調べよう

では次に「そのときの浴槽の水温は，32℃になる」を考えましょう。12℃の水とお湯を 2：1 の比率で混ぜて 32℃になっているので、次のようなてんびん図が描けます。

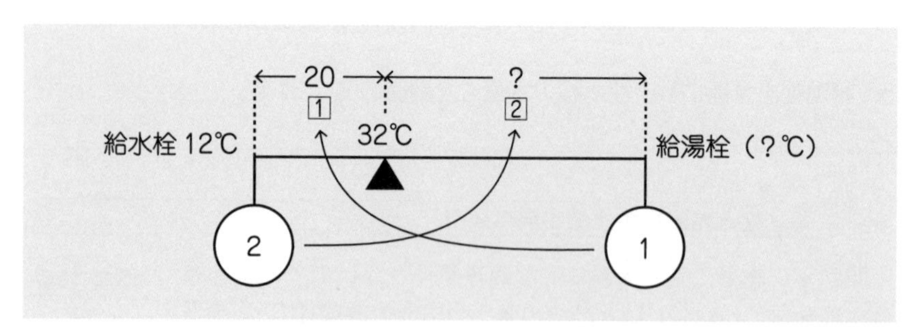

図より、うでの長さ（温度差）が左：右= 1：2 になります。図より、1= 20 ですから、右のうでの長さ2は 40 となります。したがって、給湯栓の温度は 32 + 40 = 72（℃）とわかります。

最後に「給水栓と給湯栓を同時に開けて 42℃の水温になるように」をてん

びん図で描きましょう。

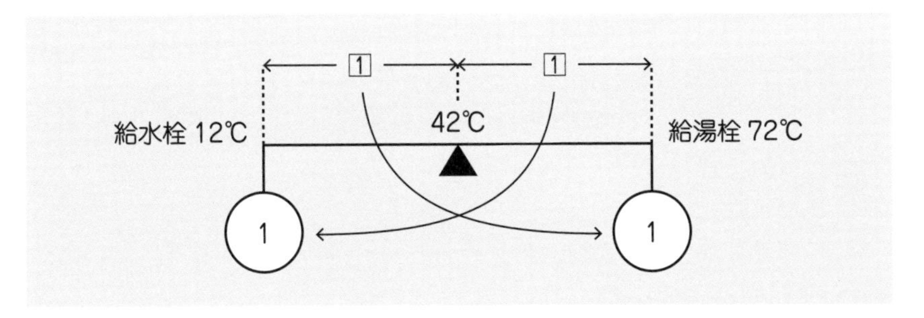

42℃は給水栓（12℃）と給湯栓（72℃）のちょうど真ん中です。つまり給水栓と給湯栓を同じ水量になるように供給します。給水栓は給湯栓の倍の水量が出るので、全開時の $\frac{1}{2}$ にしてあげれば調節できます。したがって、正解は肢３の「給湯栓を全開にし、給水栓の水量を全開時の $\frac{1}{2}$ にする」になります。

正解 3

MEMO

第5章

方程式

セクション

18 方程式と等式

重要度
★★★★★

方程式というと、最初に何を x, y と置こうか考える人が多い印象があります（そして結局解けない）。方程式では文字を置く前に等式を立てることが大事です。このセクションでは等式を意識することで正しい方程式の立て方を学習します。

このセクションのGoal

・等式を立てられるようになる。

公式・基礎知識

【方程式の立て方】

方程式は次の3つの手順で立てることを意識しましょう。

①等式を立てる
②等式を変形する
③文字を設定する

等式とは○○＝△△のように、左辺と右辺が「＝」で結ばれる式のことを言います。

このセクションでは問題文を推理して等式を作りますが、問題によっては有名な等式の立て方や公式として存在するものもあります。

等式が立ったら今度は変形をします。例えば「売上」について等式が立ったら「売上＝単価×販売個数」のように変形することが多いです。

ここまで来て初めてわからない項目を文字で表します。

それでは例題と類題にチャレンジしてみましょう。

例題 18

警視庁 2011　難易度▶★★★

男子と女子の部員数の比が3：5である部活動で、班ごとに分かれて練習することになった。5人ずつの班に分けたら、5人の班の他に6人の班が2つできた。班の数が男子部員数の2分の1であるとき、この部活動の部員数として、正しいものはどれか。

1. 32人　　2. 40人　　3. 42人　　4. 52人　　5. 56人

STEP 1 等式を立てよう

この問題では男子と女子の部員数についての条件と、5人班と6人班についての条件がありますが、いずれの条件も足し合わせれば全部員数になりますから、全部員数について次の等式が成り立ちます。

男子の人数＋女子の人数＝5人班の合計人数＋6人班の合計人数

STEP 2 等式を変形しよう

上式右辺の「5人班の合計人数」、「6人班の合計人数」は、

5人班の合計人数＝5人×5人班の数
6人班の合計人数＝6人×6人班の数

と変形することができます。等式は次のようになります。

男子の人数＋女子の人数＝5人×5人班の数＋6人×6人班の数

STEP 3 文字の設定をしよう

条件「男子と女子の部員数の比が3：5」より、男子の部員数を$3x$人、女子の部員数を$5x$人と置きます。すると、条件「班の数が男子部員数の2分の1」より、班の数は$3x$の半分の$\frac{3}{2}x$となります。

ここで、「5人ずつの班に分けたら、5人の班の他に6人の班が2つできた」を考えましょう。班の総数が$\frac{3}{2}x$で、6人班が2つあるわけですから、5人班は$\frac{3}{2}x-2$あります。これを用いて部員の人数を表しましょう。

	班の数	人数
5人班	$\frac{3}{2}x-2$	$5\left(\frac{3}{2}x-2\right)$人
6人班	2	12人

これより、等式は次のようになります。

男子の人数＋女子の人数＝5人班の合計人数＋6人班の合計人数

$$3x + 5x = 5\left(\frac{3}{2}x - 2\right) + 12$$

$$8x = \frac{15}{2}x - 10 + 12$$

$$16x = 15x + 4$$

$$\therefore x = 4$$

したがって、部員数は $3x + 5x = 32$（人）となりますので、正解は肢1です。

正解 1

理解できたら類題にtry！

類題 地方上級 2010 難易度▸ ★★★

ある会場に椅子が並べてあり、そのうちの1割に人が座っている。今、1分当たり5脚の椅子を並べ、1分当たり7人が座るとき、10分後には全体の6割が埋まっていた。残りの椅子が埋まるまでにあと何分かかるか。

1. 14分　　2. 18分　　3. 22分　　4. 26分　　5. 30分

情報を整理してみましょう。なお、問題文より10分の間で椅子は50脚、人は70人増えています。

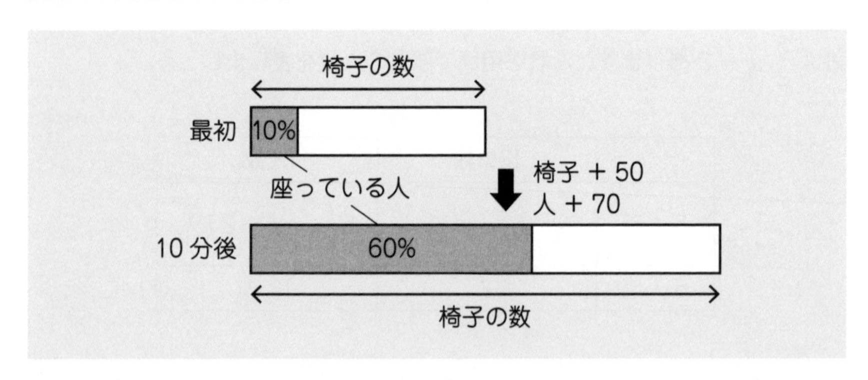

STEP1 等式を立てよう

「10分後の人数」について次の等式が立ちます。

最初の椅子の数の10%＋70人＝10分後の椅子の数の60%

STEP2 等式を変形しよう

「10分後の椅子の数」を次のように変形します。

最初の椅子の数×0.1＋70＝10分後の椅子の数×0.6
⇒最初の椅子の数×0.1＋70＝(最初の椅子の数＋50脚)×0.6

STEP3 文字の設定をしよう

「最初の椅子の数」をx脚とします。

最初の椅子の数×0.1＋70＝(最初の椅子の数＋50)×0.6
⇒ x ×0.1＋70＝(x ＋50)×0.6
⇒$x \times 0.1 + 70 = (x + 50) \times 0.6$

これを解くと$x = 80$（脚）が得られます。

STEP4 何分後に埋まるか求めよう

$x = 80$より、
10分後の椅子の数＝80＋50＝130（脚）
10分後の座っている人数＝130×0.6＝78（人）

が得られます。この時点で空いている席は130－78＝52（脚）あります。今後は「1分当たり5脚の椅子を並べ、1分当たり7人が座る」より、1分間で7－5＝2（脚）ずつ埋まりますので、52÷2＝26（分後）に全ての椅子が埋まります。

したがって、正解は肢4となります。

正解 4

第5章 方程式

セクション

19 損益算

重要度 ★★★★★

売上や利益に関する文章題です。セクション 18 に続き等式を立てる意識を大事にしましょう。なお、この手の問題はセクション 12 で学習した「勝手に数値を設定するテクニック」との相性がいいです。全ての問題に使えるわけではないですが、使えるときは積極的に使いましょう。

このセクションのGoal

・売上についての等式を立てられるようになる。

例題 19

警視庁 2018　難易度 ★★★

ある店で 120 本のジュースを仕入れて、原価に 25％の利益を見込んで定価をつけた。1 日目は定価で売り、2 日目は定価の 1 割引で売ったところ、2 日目にすべて売り切れた。その結果、全体としては原価の 2 割の利益となった。このとき、1 日目に売れたジュースの本数として、最も妥当なのはどれか。

1. 68 本　2. 69 本　3. 70 本　4. 71 本　5. 72 本

STEP1 原価を適当に設定しよう

この問題では金額に対して具体的な数値条件がなく、「原価に 25％の利益」、「定価の 1 割引」、「原価の 2 割の利益」など割合の条件しかないので適当に数値を設定しても構いません。そこでジュースの原価を 1,000 円とします。各数値は次のようになります。

セクション 12 で学んだテクニックです。なお、原価を 100 円と置くと 2 日目の売値が 112.5 円になってしまうので、10 倍して 1,000 円にしました。こういう微調整は大事です。

・仕入れ値 = 1000 円 × 120 本 = 120000（円）
・定価（1 日目の売値）= 1000 円 × 1.25 = 1250（円）
　⇒　1 日目の 1 本当たりの利益 = 250 円
・1 割引（2 日目の売値）= 1250 円×（1 − 0.1）= 1125（円）
　⇒　2 日目の 1 本当たりの利益 = 125 円
・全体の利益（仕入れ値の 2 割）= 120000 円× 0.2 = 24000（円）

STEP2 方程式を立てよう

「全体としては原価の 2 割の利益（24,000 円）となった」より、次の等式が成り立ちます。

1 日目の利益 + 2 日目の利益 = 24000 円

「利益 = 1 本当たりの利益 × 本数」に変形したいので 1 日目の本数を x 本と置いて情報を整理します。

	1 本当たりの利益	本数	利益
1 日目	250 円	x 本	$250x$ 円
2 日目	125 円	$120 - x$（本）	$125(120 - x)$ 円
合計		120 本	24,000 円

1 日目の利益 + 2 日目の利益 = 24000 に代入します。

$$250x + 125(120 - x) = 24000$$
$$2x + 120 - x = 192$$
$$\therefore x = 72\text{（本）}$$

両辺を 125 で割ります

したがって、正解は肢 5 となります。

正解 5

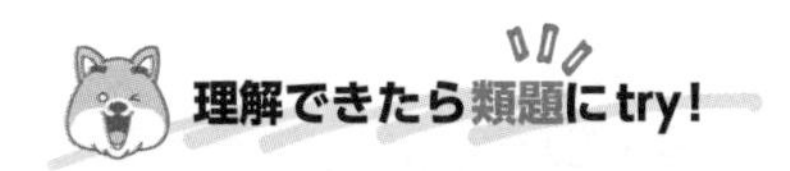

類題 国家Ⅱ種 2011 難易度 ★★★

あるラーメン店では、単一メニューの「ラーメン」のみを提供しており、どの客も、注文できるのはラーメン1杯のみである。

ある日この店で、販売価格を据え置いたままラーメンを大盛りで提供するサービスデーを開催した。当日は前日に比べて、客一人当たりの利益（売価から原価を差し引いたもの）が2割減少したものの、女性客が3割減少し、男性客が7割増加したため、この日の総利益は2割増加した。このとき、<u>前日</u>の女性客の割合はいくらであったか。

なお、サービスデーにおいては、客の希望の有無にかかわらず、店側は大盛りで提供したものとする。

1. 15%　　2. 20%　　3. 25%　　4. 30%　　5. 40%

条件「この日の総利益は2割増加した」より、等式

前日の総利益 × 1.2 = サービスデーの総利益

が成り立ちます。総利益 = 客一人当たりの利益 × 客数と変形できますので、「客一人当たりの利益」と「客数」を次のように設定します。

ラーメンの価格や利益に関する具体的な数値条件がないので、前日の客1人当たりの利益を100円とします（大盛りサービスデーのときの利益は2割減少した80円です）。

さらに、人数に関しても具体的な数値条件が載っていないので適当に設定します。前日の客数を100人、女性を y 人（男性を 100 − y〈人〉）と設定します。

【前日】

客1人当たりの利益	総客数	総利益
100円	100人	10,000円

【サービスデー】

<table>
<tr><td>客1人当たりの利益
（2割減）</td><td>男性の人数
$100-y$〈人〉から
7割増し</td><td>女性の人数
y人から
3割減</td><td>総利益</td></tr>
<tr><td rowspan="2">80円</td><td>$1.7(100-y)$人</td><td>$0.7y$人</td><td rowspan="2">$80(170-y)$円</td></tr>
<tr><td colspan="2">計$170-y$（人）</td></tr>
</table>

これより、

前日の利益 × 1.2 ＝ サービスデーの利益

$10000 \times 1.2 = 80(170-y)$

$1200 = 1360 - 8y$

$\therefore y = 20$（人）

したがって、前日は全体100人に対して女性は20人だったので割合は20%となります。

以上より、正解は肢2となります。

正解 2

セクション

20 平均算

重要度 ★★★★☆

条件に平均が出てくる平均算では、「合計」に着目して等式を立てて解きます。なお、平均算はてんびん算で解ける問題もありますが、難易度が上がると扱いづらいのでお勧めしません。

このセクションのGoal

・「合計」について等式を立てられるようになる。

公式・基礎知識

【平均算の関係式】

例題 20 のテストの回数と、平均点を例にすると次の関係が成り立ちます。

$$平均点 = \frac{全てのテストの合計点}{テストの回数}$$

⇒ 全てのテストの合計点 = 平均点 × テストの回数

平均算では、合計（上の例では「全てのテストの合計点」）について等式を立てます。

例題 20

裁判所職員 2023　難易度▸ ★☆☆

数回のテストを実施したところ、A のこれまでのテストの平均点は 80 点であった。今回のテストで 96 点をとった結果、平均点が 82 点になったとすると、今回のテストは何回目のテストか。

1. 5 回目　2. 6 回目　3. 7 回目　4. 8 回目　5. 9 回目

平均算では合計について等式を立てます。これまで受けたテストの合計点に今回の 96 点を加えると、今回も含めた合計点になるので、

これまでの合計点 + 96 = 今回を含めた合計点

が成り立ちます。これを「合計点＝平均点×回数」にしがたって変形します。

これまでの平均点×これまでの回数＋96
＝今回を含めた平均点×今回を含めた回数

ここで、これまでの回数を x 回と置きます（今回を含めた回数は $x+1$〈回〉になります）。すると上の式は次のようになります。

$$80x+96=82(x+1)$$
$$80x+96=82x+82$$
$$-2x=-14$$
$$\therefore x=7\ (\text{回})$$

求めるのは今回のテストの回数なので1加えた8回目となります。
したがって、正解は肢4です。

正解 4

理解できたら類題にtry！

類題① 国家専門職 2021 難易度▶★★★

ある学生が8月の1か月間、数学の夏期講習を受講した。この学生が申し込んだプランでは、任意参加の数学の理解度チェックテストが1日1回実施され、学生は最大で31回受けることができる。この学生が受けた理解度チェックテストの点数はそれぞれ異なっており、最も点数の高かった回と最も点数の低かった回の点数差は、ちょうど56点であった。また、この学生が受けた全ての理解度チェックテストの点数について、最も点数の高かった回を除いた場合の平均点は54.7点、最も点数の低かった回を除いた場合の平均点は57.5点であった。このとき、この学生が受けた理解度チェックテストの回数は何回か。

1. 15回　2. 17回　3. 19回　4. 21回　5. 23回

全ての回の合計点について等式を立てます。「最も点数の高かった回を除いた場合の平均点は 54.7 点」より、合計点を次のように表します。

合計点＝最高点＋最高点を除いた回の合計点
＝最高点＋最高点を除いた回の平均点×（受験回数－1）

最高点を x 点、受験回数を y 回とすると、

合計点＝$x+54.7(y-1)$ ……①

が成り立ちます。

同様に「最も点数の低かった回を除いた場合の平均点は 57.5 点」を踏まえて合計点を次のように表します。

合計点＝最低点＋最低点を除いた回の合計点
＝最低点＋最低点を除いた回の平均点×（受験回数－1）

「最も点数の高かった回と最も点数の低かった回の点数差は、ちょうど 56 点」より、最低点は $x-56$（点）と表すことができるので、

合計点＝$x-56+57.5(y-1)$ ……②

が成り立ちます。①＝②より、次の方程式が立ちます。

$x+54.7(y-1)=x-56+57.5(y-1)$
$-2.8(y-1)=-56$
$y-1=20$
$\therefore y=21$（回）

よって、正解は肢 4 となります。

正解 4

類題② 国家一般職 2018 難易度 ★★★

ある店舗では、ある一定の期間における来客数の統計を取っており、この期間における1日当たりの来客数は180.0人であったが、快晴であった5日間を除く当該期間の1日当たりの来客数は167.5人であった。一方、雨であった5日間を除く当該期間の1日当たりの来客数は190.0人であった。

快晴であった5日間の1日当たりの来客数が、雨であった5日間の1日当たりの来客数の2.8倍であったとき、当該期間の日数は何日か。

1. 35日　　2. 40日　　3. 45日　　4. 50日　　5. 55日

「1日当たりの来客数＝$\frac{\text{合計来客数}}{\text{日数}}$」を「合計来客数＝1日当たりの来客数×日数」と変形し、合計について方程式を立てます。

なお、当該期間の日数をx日、雨の日の1日当たりの来客数をy人と置きます。

①期間中の来客数の合計

「合計来客数＝1日当たりの来客数×日数」より、

合計来客数＝$180x$（人）……(1)

となります。

②快晴の日を除いた場合を考慮したとき

合計来客数＝快晴の5日間を除いた来客数の合計＋快晴5日間の来客数の合計

より、

合計来客数＝快晴（5日間）を除いた1日当たりの来客数×日数＋快晴5日間の1日当たりの来客数×5日

と変形できます。快晴を除いた日数は$x-5$（日）となります。問題文「快晴であった5日間の1日当たりの来客数が、雨であった5日間の1日当たりの来客数の2.8倍」より、快晴5日間の来客数の合計は1日当たりy人×2.8×5日間＝$14y$（人）となります。

合計来客数＝$167.5(x-5)+14y$（人）……(2)

③雨の日を除いた場合を考慮したとき

②と同じように考えます。

合計来客数＝雨の５日間を除いた１日当たりの来客数×日数＋雨５日間の１日当たりの来客数×５日

が成り立ちます。

合計来客数 ＝ $190(x-5)+5y$（人）……(3)

(1)＝(2)，(1)＝(3) より、

$167.5(x-5)+14y=180x$ ……★
$190(x-5)+5y=180x$ ……☆

が成り立ちます。★の両辺を５倍し、☆の両辺を 14 倍して引き算をします。

★：$837.5(x-5)+70y=900x$
☆：$2660(x-5)+70y=2520x$

引き算をします。

$1822.5(x-5)=1620x$
$202.5x=9112.5$
$\therefore x=45$（日）

よって、正解は肢３となります。

正解３

第6章

仕事算とニュートン算

ポイント講義は
こちら

セクション

21 仕事算の関係式

重要度
★★★★★

何人かの人（いくつかの装置）が一緒に仕事をすることで、何日かけてその仕事が完成するかを問う問題を仕事算と言います。まずは関係式を覚えるところから始めましょう。

このセクションのGoal

・仕事算の問題を、関係式と割合の概念を用いて解けるようになる。

公式・基礎知識

「単位時間当たり」は1時間当たりとか1日当たりのことです。問題によって異なります。

【仕事算の関係式】

仕事量＝単位時間当たりの仕事量 × 時間

⇨単位時間当たりの仕事量 ＝ $\frac{\text{仕事量}}{\text{時間}}$

この関係式もよく使うので覚えておこう！

同じ量の仕事をする人が複数人登場するときは、

仕事量 ＝ 1人の単位時間当たりの仕事量 × 時間 × 人数

と表すこともあります。

【仕事算と割合】

ほとんどの仕事算の問題では、具体的な仕事の量や単位が表示されていないです。そこで、全仕事量を1（100％の意味）と置いて、仕事量を割合で検討することが多いです。

（注1）具体的な仕事量、単位が示されている問題ではそれをそのまま用います。

（注2）1人が単位時間当たりにする仕事量を1と置くケースもありますが、頻度としては全体を1と置くほうが多いです。

①Aさんはある仕事を3日で終わらせることができる。この仕事量を1と置いて、Aさんの1日当たりの仕事量を表しなさい。

前ページの関係式より、Aさんの1日当たりの仕事量 $= \frac{1}{3}$

②ある仕事を終わらせるのにAさんは10日かかり、Bさんは15日かかる。この仕事を2人で行うと何日で終わらせることができるか。

全体の仕事量を1と置きます。関係式より、Aさんの1日当たりの仕事量 $= \frac{1}{10}$、Bさんの1日当たりの仕事量 $= \frac{1}{15}$ ですので、A，Bの1日当たりの仕事量 $= \frac{1}{10} + \frac{1}{15} = \frac{1}{6}$ となります。これは、2人で行うと1日当たり $\frac{1}{6}$ の仕事を行うことができることを意味しています。したがって6日で終わることがわかります。

例題 21

東京消防庁 2022　難易度 ★★★

ある広場の草刈りをするのに大人4人では3時間、子供6人では8時間がかかる。大人3人と子供4人でこの広場の草刈りをしたとき、すべての作業が終了するまでに要する時間として、最も妥当なのはどれか。

1．3時間　2．4時間　3．5時間　4．6時間　5．7時間

STEP1 1人の1時間当たりの仕事量を求めよう

関係式「仕事量＝1人の1時間当たりの仕事量 × 時間 × 人数」を、

$$1人の1時間当たりの仕事量 = \frac{仕事量}{時間 \times 人数}$$

と変形します。全体の仕事量を1と置いて大人、子供の1時間当たりの仕事量を求めます。

「大人４人では３時間」より、

$$\text{大人１人の１時間当たりの仕事量} = \frac{1}{3 \times 4} = \frac{1}{12}$$

$$\rightarrow \text{３人なら} \frac{1}{12} \times 3 = \frac{1}{4} \quad \cdots\cdots ①$$

「子供６人では８時間」より、

$$\text{子供１人の１時間当たりの仕事量} = \frac{1}{8 \times 6} = \frac{1}{48}$$

$$\rightarrow \text{４人なら} \frac{1}{48} \times 4 = \frac{1}{12} \quad \cdots\cdots ②$$

STEP2 答えを求めよう

では大人３人と子供４人の場合を検討します。①、②より、

$$\text{大人３人と子供４人の１時間当たりの仕事量} = \frac{1}{4} + \frac{1}{12} = \frac{1}{3}$$

１時間当たり $\frac{1}{3}$ の仕事を消化するということは、全体で３時間かかることを意味します。したがって、正解は肢１となります。

正解１

理解できたら類題にtry!

類題 国家専門職 2015 難易度▸★★★

ある壁にペンキを塗る作業をAとBが行う。2人で塗り終えるのに要する時間は、Aが1人で塗り終えるのに要する時間よりも6時間15分短く、また、2人で1時間塗ると、壁全体の$\frac{4}{15}$の面積に塗ることができる。このとき、この壁をBが1人で塗り終えるのに要する時間はいくらか。なお、AとBの時間当たり作業量はそれぞれ常に一定である。

1. 4時間
2. 4時間30分
3. 5時間
4. 5時間30分
5. 6時間

仕事量に相当する全体の面積を1と置きます。まずはA，B2人で作業をするときを考えます。問題文「2人で1時間塗ると、壁全体の$\frac{4}{15}$の面積に塗ることができる」及び、仕事算の関係式

壁全体の面積 = 1時間当たりの塗る面積 × 全部塗るのにかかった時間

より、

$1 = \frac{4}{15}$ ×2人で全部塗るのにかかった時間

2人で全部塗るのにかかった時間 $= \frac{15}{4}$ 時間

= 3時間45分

15÷4＝3余り3より、

$\frac{15}{4}$時間 $= 3\frac{3}{4}$時間

$\frac{3}{4}$時間 $= \frac{3}{4} \times 60 = 45$分

が得られます。

したがって、「2人で塗り終えるのに要する時間は、Aが1人で塗り終えるのに要する時間よりも6時間15分短く」より、A1人だと2人より6時間15分長くかかるので、3時間45分＋6時間15分＝10時間

かかることがわかります。これより、Aの1時間当たりの塗る面積は$\frac{1}{10}$となります。すると「2人で1時間塗ると、壁全体の$\frac{4}{15}$の面積に塗ることができる」より、Bの1時間当たりの塗る面積は$\frac{4}{15}-\frac{1}{10}=\frac{8-3}{30}=\frac{1}{6}$となります。

したがって、B1人だと6時間で塗り終えることになりますので正解は肢5となります。

正解 5

セクション

22 仕事算と方程式

重要度 ★★★★★

仕事算は方程式を立てて解くこともあります。このセクションでは仕事算における方程式の立て方を解説します。

このセクションのGoal

・仕事算の問題で、全体の仕事量について等式を立てられるようになる。

例題 22

法務教官 2008　難易度▶ ★★★

ダイレクトメールの発送作業があり、これを完了させるのに、A，Bの2名では18日間、A～Dの4名では12日間を要することが分かっている。

この作業をA～Dの4名で行うこととし、当初は全員で作業を進めていたが、途中でC，Dが揃って不在となったため、A，Bの2名だけで作業を進める期間が生じた。この結果、当初の完了予定日よりも丸1日遅れて作業が完了した。

このとき、A～Dの4名が共同で作業を行った日数として妥当なのはどれか。

ただし、各人が1日当たりにこなす作業量は常に一定であるものとし、C，Dの不在期間は共通かつ1日単位であったものとする。

1. 7日　　2. 8日　　3. 9日　　4. 10日　　5. 11日

STEP1 1日当たりの仕事量を求めよう

全体の仕事量を1と置きます。さらに、「1日当たりの仕事量 $= \frac{\text{仕事量}}{\text{時間}}$」及び「A，Bの2名では18日間、A～Dの4名では12日間を要する」より、1日当たりの仕事量を求めます。

A，B２人の１日当たりの仕事量＝$\frac{1}{18}$

A～D４人の１日当たりの仕事量＝$\frac{1}{12}$

STEP2 等式を立てて、方程式を作ろう

仕事量について等式を立てます。この問題では「A～D４人でした仕事」と「A，B２人だけでした仕事」の２つから成り立っています。この２つの仕事をした結果、全ての仕事が完了したわけですから、等式

A～D４人でした仕事量＋A，B２人でした仕事量＝全仕事量

が成り立ちます。「仕事量＝１日当たりの仕事量×時間」より、

４人の１日の仕事量×時間＋２人の１日の仕事量×時間＝全仕事量

と変形できます。

時間についてわかっていないので、「A～Dの４名が共同で作業を行った日数」をx日と置きます。条件「当初の完了予定日（４人なら12日）よりも丸１日遅れて作業が完了した」より、総日数は13日ですから、A，B２人だけで行った日数は13－x（日）です（次表参照）。

	１日当たり	日数	仕事量
A～D	$\frac{1}{12}$	x日	$\frac{1}{12}x$
A，B	$\frac{1}{18}$	13－x日	$\frac{1}{18}(13-x)$

これを等式に代入します。

$$4人の1日の仕事量 \times 時間 + 2人の1日の仕事量 \times 時間 = 全仕事量$$

$$\frac{1}{12} \times x + \frac{1}{18} \times (13 - x) = 1$$

$3x + 26 - 2x = 36$

$\therefore x = 10$（日）

したがって、正解は肢4となります。

正解 4

理解できたら類題にtry!

類題　特別区Ⅰ類 2016　難易度▸ ★★★

160Lの水が入る水槽を満水にするために、Aの蛇口だけで給水すると40分かかり、AとBの2つの蛇口で同時に給水すると16分かかる。今、AとBの2つの蛇口で同時に給水しているとき、水槽の栓が外れたため毎分8Lの水が流出し、満水になるのが30分遅れた。水槽の栓が外れたのは給水を始めてから何分後か。

1. 8.0分後
2. 8.5分後
3. 9.0分後
4. 9.5分後
5. 10.0分後

この問題は「160L」と具体的な仕事量と単位（水の量）がわかっているので、全体を1と置いたりせずに、水の量をそのまま用います。

STEP 1　1分当たりの給水量を求めよう

「Aの蛇口だけで給水すると40分かかり」、「AとBの2つの蛇口で同時に給水すると16分かかる」及び関係式 $1分当たりの給水量 = \frac{給水量(160L)}{時間}$ より、各ケースの1分当たりの給水量は次の通りです。

$$\text{A 1 分当たりの給水量} = \frac{160}{40} = 4 \text{（L/分）}$$

$$\text{AとB 2 つ同時の 1 分当たりの給水量} = \frac{160}{16} = 10 \text{（L/分）}$$

実は、Aのみの場合はせっかく求めたのに用いません。過剰条件というやつです。

さらに「水槽の栓が外れたため毎分 8 L の水が流出し」より、A，B 2 つで給水しつつ、栓が外れた場合の給水量は 10 − 8 = 2（L/分）です。

STEP2 方程式を立てよう

給水量について

栓が外れる前の給水量 + 栓が外れた後の給水量 = 160 L

という等式が立ちます。これを変形すると、

栓が外れる前の 1 分当たりの給水量 × 時間
+ 栓が外れた後の 1 分当たりの給水量 × 時間 = 160 L

が得られます。

ここで、給水始めから x 分後に栓が外れたとします。問題文「AとBの 2 つの蛇口で同時に給水すると 16 分かかる」、「満水になるのが 30 分遅れた」より全体で 16 + 30 = 46（分）かかったので、栓が外れた後の給水時間は 46 − x（分）と表すことができます。

	1 分当たり	分数	仕事量
外れる前	10 L/分	x 分	10 x L
外れた後	2 L/分	46 − x（分）	2 ×（46 − x）（L）

栓が外れる前の1分当たりの給水量×時間

+栓が外れた後の1分当たりの給水量×時間＝160L

$\Rightarrow \quad 10x + 2(46 - x) = 160$

$\Rightarrow \quad 8x = 68$

$\therefore x = 8.5$（分）

以上より、正解は肢2となります。

正解2

セクション

23 仕事算と比例式

重要度 ★★☆☆☆

仕事算の中には比例式を立てるだけであっという間に解けてしまうタイプがあります。どのような仕事算で使えるのか？ どのような解法なのか？を解説します。

このセクションのGoal

・比例式を用いた仕事算の解法を使えるようになる。

公式・基礎知識

【どのような仕事算なのか？】

A，Bの２人が登場します。「A，B２人で行うと、Aだけの場合より○日早く、Bだけの場合より△日早く終わる」のように、２人で行う場合と１人だけで行う場合の時間の差が条件にある問題です。

実際に例題を解いて解法を解説します。なお、解説では解法の成り立ちを細かく示しますが、慣れてきたら公式として覚えてしまってもいいと思います。

例題 23

東京都Ⅰ類B 2008　難易度 ★☆☆

A，Bの２人で行うとAだけで行うより 12 日間早く終了しBだけで行うより 27 日間早く終了する仕事を、Aだけで行うとき、終了するまでにかかる日数として、正しいのはどれか。

1．18日　2．24日　3．30日　4．36日　5．42日

まず、A，B２人で行ったときにかかる日数を x 日とします。「２人で行う」「Aだけで行う」「Bだけで行う」は次のように図示できます。

2人で行う
A ←x日→
B ←x日→

Aだけで行う A ←x日→←12日→

Bだけで行う B ←x日→←27日→

ここで、Aだけで仕事を行ったときを考えます。2人で行ったときより12日多くかかっていますが、これはBがx日働かなかったからです。つまり、**Aが12日でする仕事の量とBがx日でする仕事の量は等しいことが言えます。**

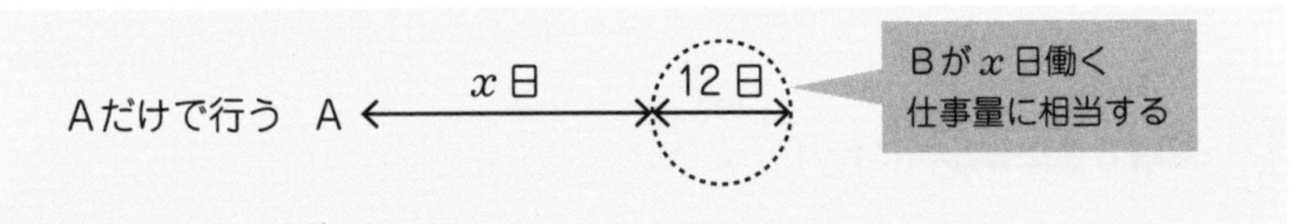

これより、2人が行う仕事量について次の等式が立ちます。

Aが12日でする仕事量＝Bがx日でする仕事量
A1日当たりの仕事量×12日＝B1日当たりの仕事量×x日
A1日当たりの仕事量：B1日当たりの仕事量＝x：12　……①

重要

という比例式が成り立ちます。

同様にBだけのときも考えてあげれば、Bが27日でする仕事の量とAがx日でする仕事の量は等しいので、

> 比例式の逆算
> $a:b=c:d \rightarrow ad=bc$
> を、
> $ad=bc \rightarrow a:b=c:d$
> と逆に計算するテクニックは重要なのでできるようになろう。

A1日当たりの仕事量：B1日当たりの仕事量＝27：x　……②

が成り立ちます。①＝②より、

$x:12=27:x$
$\Leftrightarrow x^2=12\times 27$
$=(2\times 2\times 3)\times(3\times 3\times 3)$
$=(2\times 3\times 3)^2$
$=18^2$
$\Leftrightarrow x=18$（日）

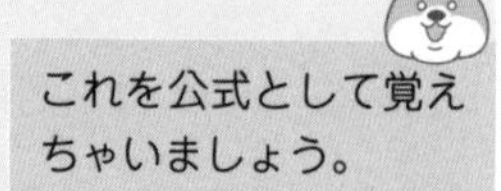

これを公式として覚えちゃいましょう。

したがって、Aだけで仕事を行うと、18＋12＝30（日）かかります。
よって、正解は肢３です。

正解３

理解できたら類題にtry！

類題　特別区Ⅰ類 2022　難易度▸★★★

　A，Bの２人で倉庫整理を行うと、ある日数で終了することが分かっている。この整理をAだけで行うと、２人で行うときの日数より４日多くかかり、Bだけで行うと９日多くかかる。今、初めの４日間は２人で整理を行い、残りはBだけで整理を終えたとき、この倉庫整理にかかった日数はどれか。ただし、A，Bそれぞれの１日当たりの仕事量は一定とする。

1．7日　　2．8日　　3．9日　　4．10日　　5．11日

STEP1 ２人でかかる日数を求めよう

　２人で行ったときにかかる日数を x 日とします。【例題23】の考えを用いると、

A１日当たりの仕事量：B１日当たりの仕事量＝x：4
A１日当たりの仕事量：B１日当たりの仕事量＝9：x

となりますので、

$$x : 4 = 9 : x$$

が成り立ちます。

$$x^2 = 36$$
$$\therefore x = 6 \text{（日）}$$

以上より、2人の場合では6日かかることがわかりました。

STEP 2 答えを求めよう

全体の仕事量を1と置きます。「1日当たりの仕事量＝$\frac{\text{仕事量}}{\text{時間}}$」より、A，B 2人で行ったときの1日当たりの仕事量は$\frac{1}{6}$です。「初めの4日間は2人で整理を行い」より、初めの4日の仕事量は$\frac{1}{6} \times 4 = \frac{2}{3}$となります。したがって、残り$1 - \frac{2}{3} = \frac{1}{3}$の仕事をB 1人で行うことになります。

「Bだけで行うと9日多くかかる」より、Bだけで行うと6＋9＝15（日）かかります。つまり、Bの1日当たりの仕事量は$\frac{1}{15}$です。

$$\text{仕事量} = 1\text{日当たりの仕事量} \times \text{時間}$$
$$\text{時間} = \frac{\text{仕事量}}{1\text{日当たりの仕事量}} = \text{仕事量} \div 1\text{日当たりの仕事量}$$

より、

$$\text{Bだけで行った日数} = \frac{1}{3} \div \frac{1}{15}$$
$$= 5 \text{（日）}$$

となります。

以上より、全部で4＋5＝9（日）かかったので正解は肢3となります。

正解 3

第6章 仕事算とニュートン算

セクション

24 ニュートン算

重要度
★★★☆☆

仕事算のように仕事は消化していくのですが、それと同時に仕事が増える文章題をニュートン算と言います。

（例）

・牛が牧場の草を食べるが、同時に草が生えてくる
・ダムから水を放水するが、同時に山頂から水が流入してくる
・入り口から人が入るが、同時に人が行列に加わる

ニュートン算には公式があり、方程式で解くのが一般的です。ちょっと長い公式ですが暗記をするのではなく理解しながら自分で作れるようになりましょう。

このセクションのGoal

・ニュートン算の公式を立てられるようになる。

公式・基礎知識

【ニュートン算の公式】

「ダムから水を放水するが、同時に山頂から水が流入してくる」を例に公式を作ります。

①等式を立てて公式の原型を作ろう

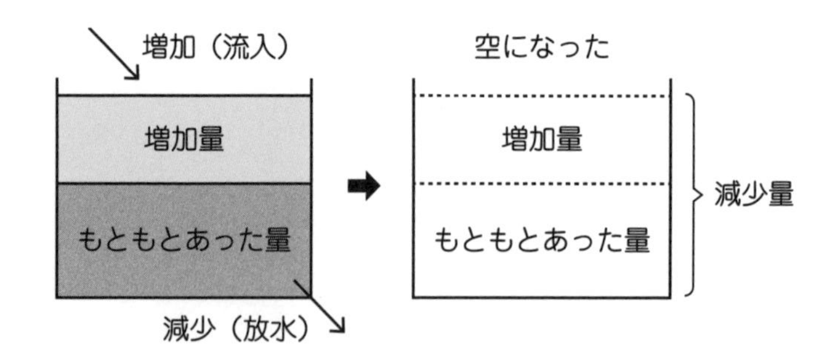

図より、減少量＝もともとあった量＋増加量が成り立ちます。これを変形して、

もともとあった量＝減少量 − 増加量

とします。これが公式の原型です。

②変形して公式を作ろう

・減少量＝放水口１つの１分当たりの減少量×時間×放水口の数
・増加量＝１分当たりの増加量×時間

と変形します。これより、

もともとあった量＝放水口の数×放水口１つの１分当たりの減少量×時間－１分当たりの増加量×時間

というニュートン算の公式が得られます。

例題 24 特別区Ｉ類 2013 難易度▶★★★

映画館でチケットを売り始めたとき、既に行列ができており、発売開始後も毎分10人ずつ新たに行列に加わるものとする。窓口が１つのときは１時間で行列がなくなり、窓口が３つのときは15分で行列がなくなる。チケットを売り始めたときに並んでいた人数はどれか。ただし、どの窓口も１分間に同じ枚数を売るものとする。

1. 1200人
2. 1300人
3. 1400人
4. 1500人
5. 1600人

ニュートン算の関係式「最初に並んでいた人数＝窓口が売りさばいた人数－行列に加わった人数」をもとに方程式を解きます。なお、

・窓口が売りさばいた人数＝１つの窓口が１分間で売りさばける人数×時間×窓口の数
・行列に加わった人数＝１分当たり行列に加わる人数×時間

と表すことができます。ここで「最初に並んでいた人数」をx人、「１つの窓口が１分間で売りさばける人数」をy人と置きます。

①窓口が１つ、１時間（60分）で行列がなくなるとき

最初に並んでいた人数＝窓口が売りさばいた人数－行列に加わった人数
⇔$x = y \times 60 \times 1 - 10 \times 60$
⇔$x = 60y - 600$

②窓口が３つ、15分で行列がなくなるとき

最初に並んでいた人数＝窓口が売りさばいた人数－行列に加わった人数
⇔$x = y \times 15 \times 3 - 10 \times 15$
⇔$x = 45y - 150$

①＝②より、

$60y - 600 = 45y - 150$
⇔$15y = 450$
$\therefore y = 30$（人）

①に代入して、

$x = 1800 - 600$
$\therefore x = 1200$（人）

したがって、正解は肢１となります。

正解１

理解できたら類題にtry!

類題 東京都Ⅰ類B 2011 難易度▶★★★

ある施設に設置されたタンクには、常に一定の割合で地下水が流入しており、このタンクにポンプを設置して排水すると、3台同時に使用したときは21分、4台同時に使用したときは15分でそれぞれタンクが空となる。この場合、このタンクを7分で空にするために必要なポンプの台数として、正しいのはどれか。ただし、排水開始前にタンクに入っていた水量はいずれも等しく、ポンプの毎分の排水量はすべて等しくかつ一定である。

1. 6台　2. 7台　3. 8台　4. 9台　5. 10台

地下水の流入を増加量、ポンプの排水を減少量とすると、ニュートン算の公式より、

タンクに入っていた水量＝減少量－増加量
＝ポンプ1台の1分当たりの排水量×時間×台数－1分当たりの流入量×時間

が成り立ちます。

ここで、ポンプ1台の1分当たりの排水のペースをx（L/分）とします。また、流入のペースをy（L/分）とします。

①3台（21分）のとき

タンクに入っていた水量$= x \times 21 \times 3 - y \times 21 = 63x - 21y$

②4台（15分）のとき

タンクに入っていた水量$= x \times 15 \times 4 - y \times 15 = 60x - 15y$

①，②より、

タンクに入っていた水量$= 63x - 21y = 60x - 15y$
$\Rightarrow 3x = 6y$
$\therefore x = 2y$

という関係が得られます。

③ 7 分で排出するとき

ポンプの台数を z 台とします。

タンクに入っていた水量 $= x \times 7 \times z - y \times 7 = 7xz - 7y$

このレベルのニュートン算が一番よく出ます。
方程式の解き方もほぼワンパターンなので解説を丸ごと覚えるつもりで繰り返し解きましょう。

①，③より、

$$63x - 21y = 7xz - 7y$$

$x = 2y$ を代入します。

$$126y - 21y = 14yz - 7y$$
$$105y = 14yz - 7y$$

両辺を y で割ります。

$$105 = 14z - 7$$
$$14z = 112$$
$$\therefore z = 8 \text{（台）}$$

よって、正解は肢 3 となります。

正解 3

第7章

濃度

ポイント講義は
こちら

セクション

25 食塩の量①

重要度 ★★★★★

濃度の問題は大別して２つの解法があります。１つは食塩の量に着目して推理する解法、もう１つはてんびん算です。このセクションでは前者を解説します。

このセクションのGoal

・食塩水の関係式を使った計算ができるようになる。
・食塩の量に着目して推理できるようになる。

公式・基礎知識

【食塩水の関係式】

食塩水（基準）に対する、食塩（基準に対するある量）が含まれる割合の大きさを濃度といいます。

	濃度	割合
①	濃度＝食塩の量÷食塩水の量	割合＝基準に対するある量÷基準
②	食塩の量＝食塩水の量×濃度	基準に対するある量＝基準×割合
③	食塩水の量＝食塩の量÷濃度	基準＝基準に対するある量÷割合

「食塩水＝基準」「食塩＝基準に対するある量」「濃度＝割合」と対応させて覚えよう。

【食塩の量に着目した解法】

濃度の問題では食塩水を混ぜたり蒸発させたりとさまざまな操作をさせますが、食塩水を捨てない限り、食塩の総量は変化しません。その事実を用いて解く方法を解説します。

例題 25　地方上級 2008　難易度▸★★★

濃度 25％の食塩水が入っている容器A及び空の容器B，Cがある。容器Aの一部をBに移し、水を加えて 5％の食塩水にした。次に容器Bの一部をCに移し、水を加えて濃度 1％の食塩水にしたところ、BとCには 100g ずつの食塩水が入っていた。このとき、AからBに移した食塩水は何gか。

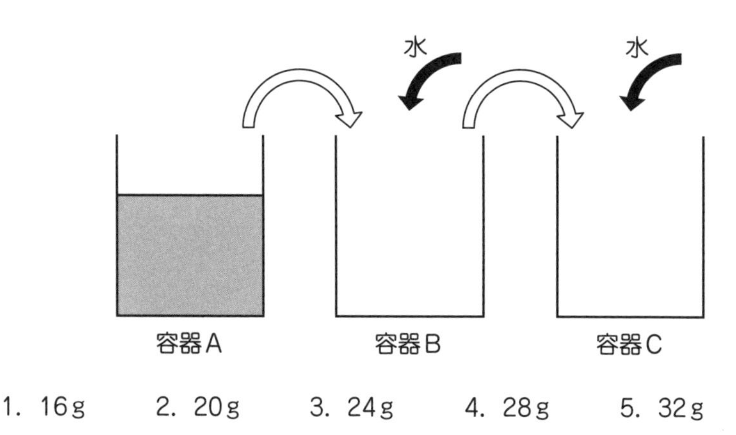

1. 16g　　2. 20g　　3. 24g　　4. 28g　　5. 32g

STEP1 解法の方針を確認しよう

問われているのは「AからBに移した食塩水の量」です。食塩水の量は、

食塩水の量＝食塩の量÷濃度　……☆

と表すことができます。濃度は 25％＝0.25 とわかっていますから、AからBに移った食塩の量さえわかれば答えがわかります。

STEP2 食塩の量に着目して問題を解こう

ここで、移し終わった後のB，Cの食塩水を調べましょう。

B：濃度 5％の食塩水 100g　⇒　食塩が 100 × 0.05 ＝ 5（g）入っている
C：濃度 1％の食塩水 100g　⇒　食塩が 100 × 0.01 ＝ 1（g）入っている

最初B，Cは空の容器でしたので、Aの容器から 5 ＋ 1 ＝ 6（g）の食塩が移ったことがわかります。したがって、☆の式に食塩の量 6g、濃度 0.25 を代入して、

Aから B に移した食塩水の量
$= 6 \div 0.25$
$= 24$（g）

$6 \div 0.25$
$= 6 \div \frac{25}{100}$
$= 6 \times \frac{100}{25}$
$= 24$（g）

となります。よって正解は肢３となります。

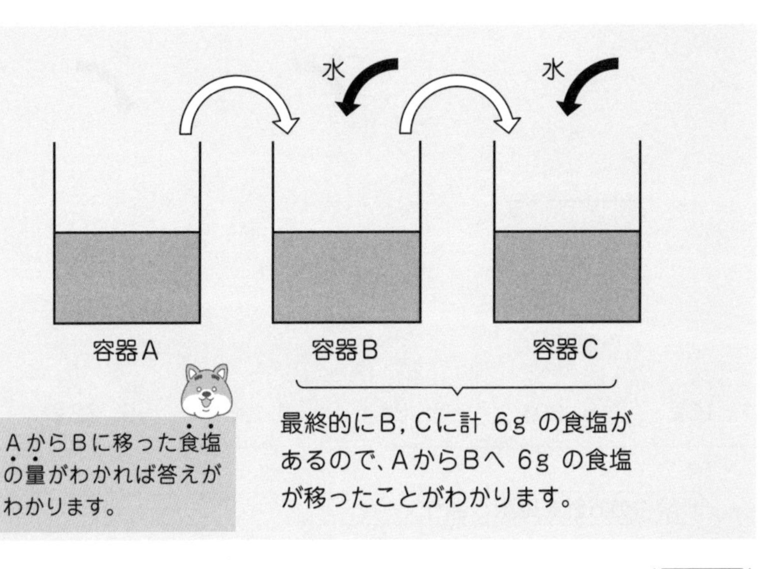

水
水
容器A
容器B
容器C
Aから B に移った食塩の量がわかれば答えがわかります。
最終的に B, C に計 6g の食塩があるので、A から B へ 6g の食塩が移ったことがわかります。

正解 3

理解できたら類題に try！

類題　裁判所職員 2016　難易度▶★★★

濃度の異なる食塩水が、容器Ａ，Ｂにそれぞれ 600g、400g 入っている。はじめに容器Ａから容器Ｂへ食塩水 200g を移し、よくかき混ぜた後に容器Ｂから容器Ａへ食塩水 200g を戻してよくかき混ぜたら、容器Ａには濃度 10％の食塩水ができた。その後、容器Ａ，Ｂの食塩水を全てよく混ぜ合わせたら濃度 8.4％の食塩水ができた。はじめに容器Ａに入っていた食塩水の濃度はいくらか。

1. 11％　2. 12％　3. 13％　4. 14％　5. 15％

問題を、以下の 4 つのシーンに分けます。

シーン①：容器A，Bに 600g，400g の食塩水がある状態
シーン②：容器Aから容器Bへ食塩水 200g を移した状態
シーン③：容器Bから容器Aへ食塩水 200g を戻した状態
（容器Aの濃度は 10%）
シーン④：2 つとも全て混ぜ合わせて 8.4%の食塩水にした状態

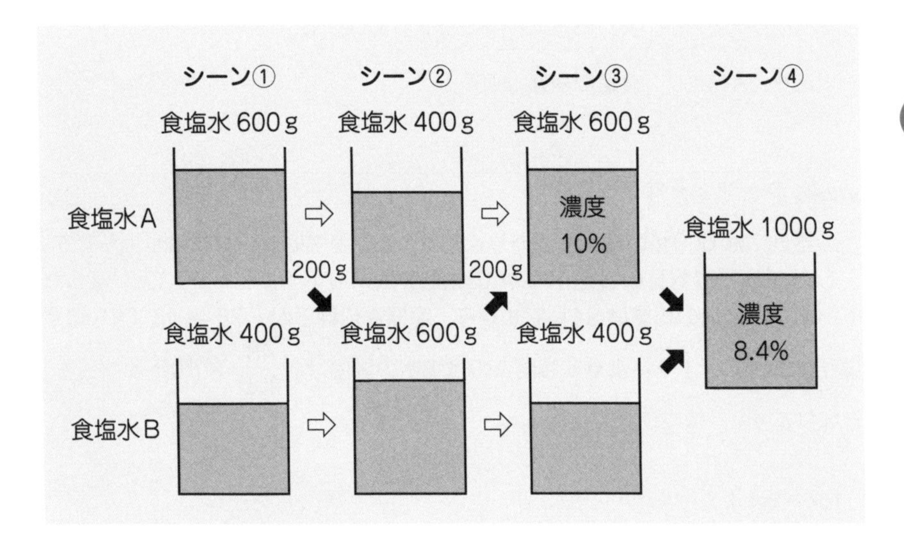

STEP1 シーン④を検討しよう

全て混ぜ合わせた食塩水は 600 ＋ 400 ＝ 1000（g）あります。濃度は 8.4%ですから、食塩は 1000 × 0.084 ＝ 84（g）あります。

シーン①から順番に検討する必要はありません。数的推理ではわかりやすいところから検討しましょう。濃度は特にその傾向が顕著です。

STEP2 シーン③を検討しよう

問題文より、容器Aには 600g の食塩水が入っています。濃度は 10%ですので、食塩は 60g あります。シーン④より食塩の総量は 84g ですから、**容器Bには 84 − 60 ＝ 24（g）の食塩**が入っています。

したがって、**シーン③**における容器Bの濃度は、$\frac{24}{400} \times 100 = 6$（%）とわかります。

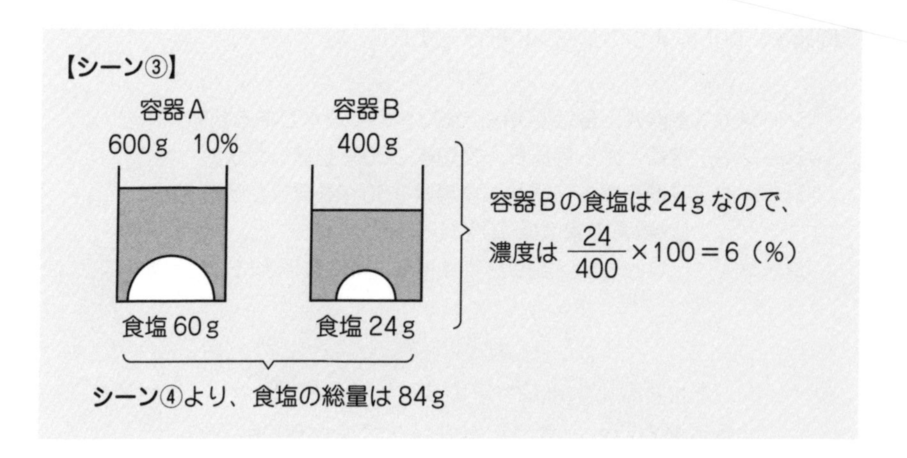
【シーン③】
容器A
600 g 10%
容器B
400 g
容器Bの食塩は24 gなので、
濃度は $\frac{24}{400}\times 100=6$（%）
食塩60 g
食塩24 g
シーン④より、食塩の総量は84 g

STEP3 シーン②を検討しよう

容器Bには600 gの食塩水がありますが、その濃度は**シーン③**より6%です。

したがって容器Bの食塩水の中には食塩が600 × 0.06 = 36（g）含まれています。食塩の総量は84 gですから、容器Aには84 − 36 = 48（g）の食塩が含まれています。よって容器Aの食塩水の濃度は、$\frac{48}{400}\times 100=12$（%）となります。

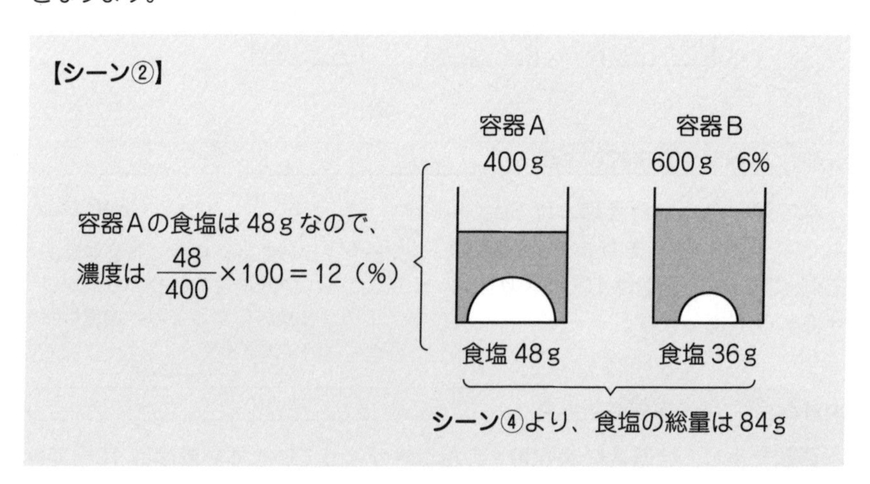
【シーン②】
容器A
400 g
容器B
600 g 6%
容器Aの食塩は48 gなので、
濃度は $\frac{48}{400}\times 100=12$（%）
食塩48 g
食塩36 g
シーン④より、食塩の総量は84 g

シーン①の容器Aの濃度は**シーン**②の容器Aと同じですから12%となります。

以上より、正解は肢2となります。

正解 2

セクション

26 食塩の量②

重要度 ★★★☆☆

前セクションで学んだ「食塩の総量は捨てない限り不変である」ことを利用して、食塩の量について等式を立てます。

このセクションのGoal

・食塩の量について等式を立てられるようになる。

例題 26

警視庁 2008　難易度▸ ★☆☆

食塩にある量の水を加えよく溶かしたところ2.4%の濃度の食塩水が得られた。この食塩水に水1,420gと食塩80gを加えよくかき混ぜたところ、3.5%の濃度の食塩水が得られた。この3.5%の濃度の食塩水に含まれる食塩は何gか。

1. 100g　2. 110g　3. 120g　4. 130g　5. 140g

便宜上、濃度2.4%の食塩水を食塩水Aとします。また、水1,420gと食塩80gを先に混ぜてしまい、できた1,500gの食塩水を食塩水Bとします。AとBを混ぜて3.5%の食塩水にした問題と考えます。

食塩の総量は混ぜる前後で変化しませんので、食塩の量についての等式

Aの食塩の量＋Bの食塩の量＝混ぜた後の食塩水に含まれる食塩の量

が成り立ちます。食塩の量＝食塩水の量×濃度より、食塩水Aの量をx（g）と置きます（混ぜた後の食塩水の量はBを加えた$x+1500$〈g〉となります）。すると各食塩水に含まれる食塩の量は次図のようになります。

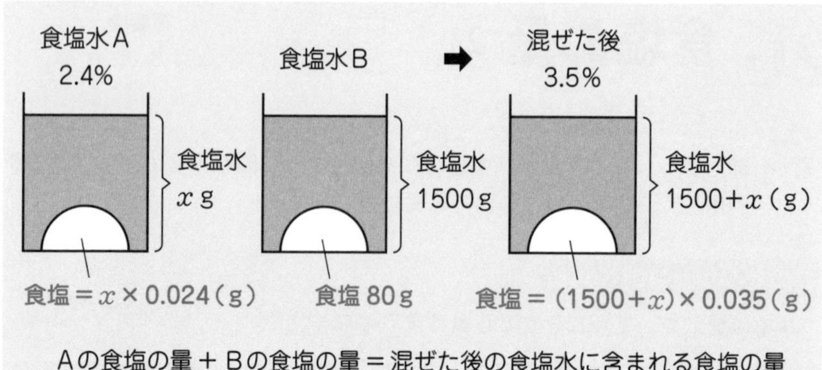

Aの食塩の量＋Bの食塩の量＝混ぜた後の食塩水に含まれる食塩の量

$0.024x + 80 = (x + 1500) \times 0.035$

$24x + 80000 = 35(x + 1500)$

$-11x = -27500$

$\therefore x = 2500$ (g)

したがって、3.5%の食塩水に含まれている食塩の量は、

食塩の量＝$(x + 1500) \times 0.035 = 140$ (g)

となります。よって、正解は肢5となります。

正解 5

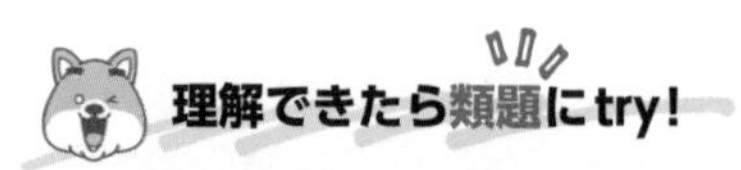

類題　特別区経験者採用 2015　難易度▸ ★★★

果汁10%のオレンジジュースがある。これに水を加え果汁3%のオレンジジュースにした。次に、果汁8%のオレンジジュースを500g加えたところ、果汁5%のオレンジジュースになった。水を加える前の果汁10%のオレンジジュースの量はどれか。

1. 200g　　2. 225g　　3. 250g　　4. 275g　　5. 300g

オレンジジュースが題材になります。オレンジジュースが食塩水、オレンジ果汁が食塩に対応します。

この問題は2つの手順からなります。

前半「果汁10%のジュースと水を混ぜて果汁3%のジュースにする」
後半「果汁3%のジュースと果汁8%のジュース500gを混ぜて5%のジュースにする」

「ジュース500g」の分だけ後半のほうが情報量が多いので、後半から検討します。

STEP1 後半の方程式を立てよう

オレンジ果汁の総量は変わらないので次の等式が立ちます。

3%ジュースのオレンジ果汁＋8%ジュースのオレンジ果汁
＝5%ジュースのオレンジ果汁

オレンジ果汁＝オレンジジュースの量×濃度より、3%のオレンジジュースの量をxgとします（5%のオレンジジュースは$x+500$〈g〉になります）。

$$x \times 0.03 + 500 \times 0.08 = (x + 500) \times 0.05$$
$$3x + 4000 = 5x + 2500$$
$$\therefore x = 750 \text{（g）}$$

STEP2 前半のオレンジ果汁の量について推理しよう

果汁10%のオレンジジュースに水を加えて果汁3%のオレンジジュースにしていますが、水を加えるだけなので、水を加える前後でオレンジ果汁の量に変化はありません。3%のオレンジジュース750gに含まれるオレンジ果汁の量は$750 \times 0.03 = 22.5$（g）ですから、10%のオレンジジュースにも22.5gのオレンジ果汁が含まれています。

果汁10%のオレンジジュースの量＝オレンジ果汁の量÷濃度より、

果汁10%のオレンジジュースの量
= 22.5 ÷ 0.1
= 225（g）

です。したがって、正解は肢2となります。

正解2

セクション

27 てんびん算と濃度

重要度 ★★★★☆

セクション 17 で学んだてんびん算は、2 つのモノを混ぜるときに有効な解法でした。2 つの食塩水を混ぜるシチュエーションがよく出てくる濃度の問題でもてんびん算が有効な場合があります。

このセクションのGoal

・てんびん算で濃度の問題が解けるようになる。

公式・基礎知識

【濃度とてんびん】

混ぜる量（食塩水の量）の比率と、うでの長さ（濃度の差）の比率は逆転します。

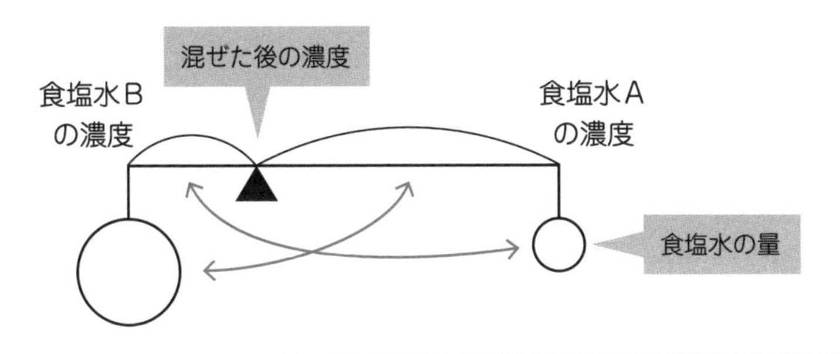

例題 27 特別区Ⅰ類 2017 難易度▸ ★☆☆

濃度 7％の食塩水が入った容器Aと、濃度 10％の食塩水が入った容器Bがある。今、容器A，Bからそれぞれ 100ｇの食塩水を取り出して、相互に入れ替えをし、よくかき混ぜたところ、容器Aの濃度は 9.4％になった。最初に容器Aに入っていた食塩水は何ｇか。

1．125ｇ　　2．150ｇ　　3．175ｇ　　4．200ｇ　　5．225ｇ

容器Aの様子（7%の食塩水？gと、10%の食塩水100gを混ぜる）をてんびん図で描くと次のようになります。

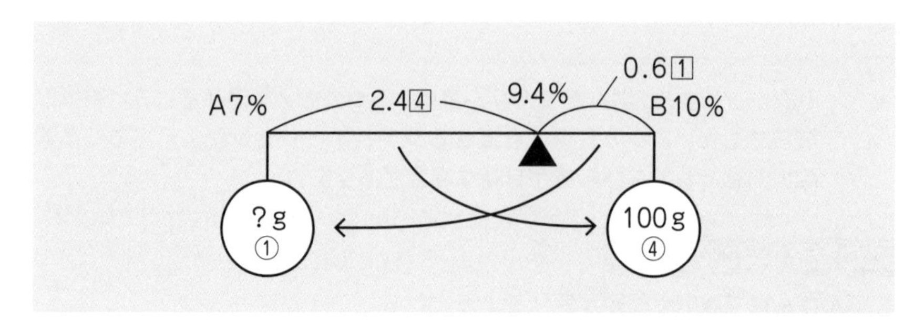

図より、食塩水の量について、A：B＝1：4が成り立ちます。B＝100gですからA＝25gとなります。

このA＝25gは100g取り出した後Aに残っている食塩水の重さですから、最初Aの容器には100＋25＝125（g）の食塩水が入っていたことになります。

したがって、正解は肢1となります。

正解 1

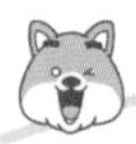

理解できたら類題にtry！

類題① 東京消防庁 2014 難易度▸★★★

薬品Xと薬品Yを1：9の割合で含む混合薬Pが500g、薬品Xと薬品Yを7：3の割合で含む混合薬Qが1000gある。この2種類の混合薬を使って、薬品Xと薬品Yを9：11の割合で含む混合薬Rを作る。このとき、作ることができる混合薬Rの最大量として、最も妥当なのはどれか。

1．400g　2．600g　3．800g　4．1000g　5．1200g

PとQを混ぜてRを作るので、てんびん図を用いて解きます。まずはP，Q，Rを薬品Xに注目して（薬品Yでも構いません）次のように表現し直します。

混合薬P 薬品X：薬品Y＝1：9 ⇒薬品Xの割合は $\frac{1}{1+9}=10$（%）

混合薬Q 薬品X：薬品Y＝7：3 ⇒薬品Xの割合は $\frac{7}{7+3}=70$（%）

混合薬R 薬品X：薬品Y＝9：11 ⇒薬品Xの割合は $\frac{9}{9+11}=45$（%）

つまり、この問題は「PとQを混ぜてXの割合を45%にする」ということです。これをてんびん図で表すと次のようになります。

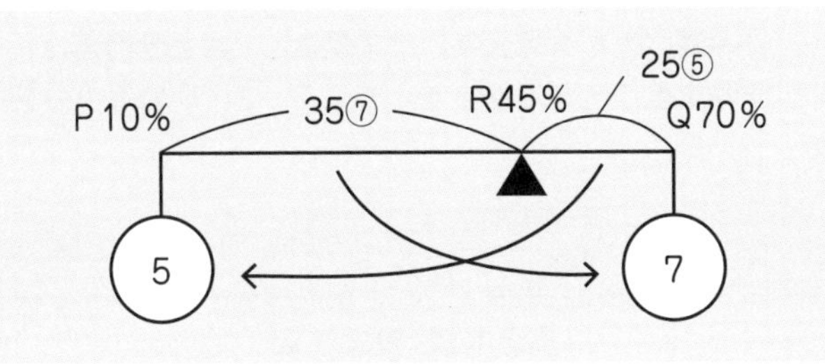

以上より、P，Qを5：7の比率で混ぜればいいことがわかります。求める値は「作ることができる混合薬Rの最大量」です。Pが500gありますが、これをフルに使おうとするとQは1000gのうち700g使えば5：7の比率を満たすことができます。したがって、混合薬Rは500＋700＝1200（g）となりますので正解は肢5となります。

正解5

類題② 地方上級2023 難易度▸★★★

濃度が異なる食塩水A，Bがある。AとBを質量比1：1で混ぜると濃度4.5%の食塩水ができ、AとBを質量比1：4で混ぜると5.1%の食塩水ができる。このとき、Aの濃度はいくらか。

1. 2.7%　2. 3.0%　3. 3.5%　4. 3.9%　5. 4.2%

「AとBを質量比1：1で混ぜると濃度4.5％の食塩水ができ」「AとBを質量比1：4で混ぜると5.1％の食塩水ができる」をてんびん図で示します。

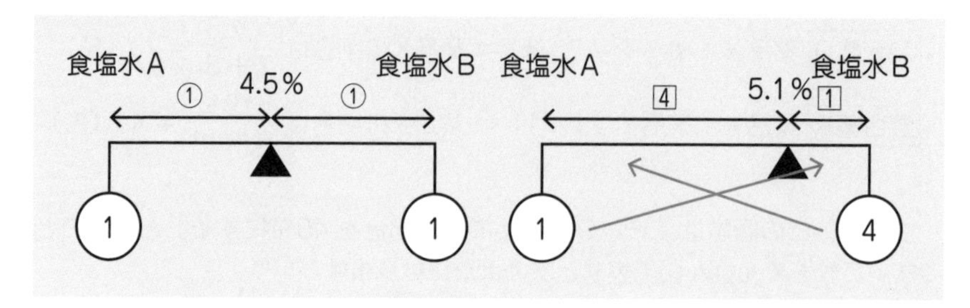

ここで、AとBの濃度差を考えます。上の図より、AとBの差は①＋①＝②，4＋1＝5と表現することができます。そこで、2，5の最小公倍数である❿で統一します。

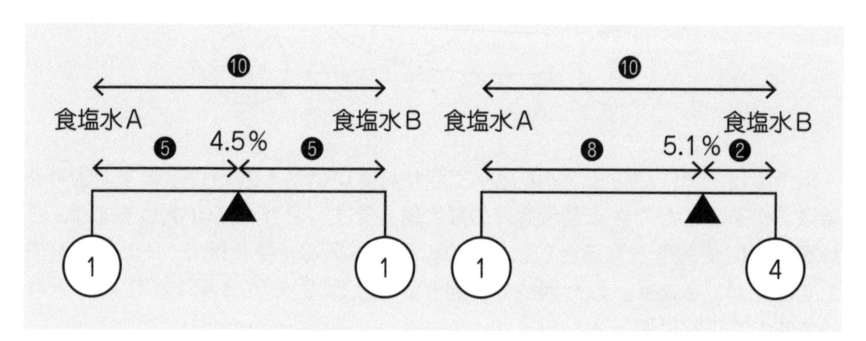

この2つのてんびん図を合わせます（濃度の部分だけ描きます）。

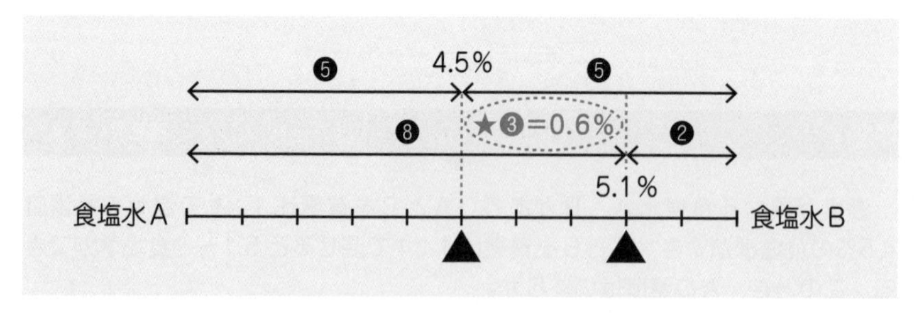

上図の★の部分に注目してください。この部分は❺－❷＝❸，5.1－4.5＝0.6となります。したがって、❸は0.6％に相当するので、❶＝0.2％になります。Aの濃度は4.5％から❺＝1.0％を引いた3.5％となります。

したがって、正解は肢3となります。

正解3

第8章

整数解

ポイント講義は
こちら

セクション
28 不定方程式

重要度
★★★★★

一般的に方程式は、方程式の数が文字の数以上ないと解くことができません（例えば $x+y=5$ だけでは解けない)。文字の数に対し方程式の数が少ないものを不定方程式と言うのですが、解が整数のときに限り解ける場合があります。このセクションでは不定方程式の基本的な解法を解説します。なお、不定方程式はさまざまな解法があり、大学入試等で勉強した人もいるかもしれません。今回紹介する解法にとらわれず好きな解法で解いてください。

このセクションのGoal

・不定方程式の計算ができるようになる。
・選択肢を用いて解けるようになる。

公式・基礎知識

【不定方程式】

例）x, y を正の整数とする（ただし $x>y$)。方程式 $18x+19y=900$ を解け。

$18x+19y=900$ において、18 と 900 が 18 で割れることに着目します。両辺を 18 で割ると次のようになります。

$$x+\frac{19y}{18}=50$$

ここで、x, 50 は整数ですので $\frac{19y}{18}$ も整数である必要があります。

そうでないと「=」が成り立たないですね。

19 は 18 で割ることはできませんので、y が 18 で割り切れる数だとわかります。y は 18, 36, 54 などが考えられるので代入してみます。

y	18	36	54
x	31	12	−7

条件 $x>y$ を満たすのは $y=18$, $x=31$ の場合のみです。
以上が不定方程式の解法になります。

【不定方程式と選択肢】

不定方程式の問題では選択肢を代入すると解ける場合があります。マークシートの試験特有の考え方といえるでしょう。次の例題 28 で紹介します。ただし、全ての不定方程式に使えるわけではありませんので過剰な期待は禁物です。

例題 28

国家一般職 2023　難易度▶★★★

20 円切手と 50 円切手と 120 円切手が多数ある。これら 3 種類の切手を使用して 1,960 円の郵便料金を支払った。使用した切手の合計枚数が 20 枚であったとき、120 円切手の使用枚数は何枚か。

1. 12 枚　2. 13 枚　3. 14 枚　4. 15 枚　5. 16 枚

STEP 1 解法の方針を立てよう

20 円切手、50 円切手、120 円切手の使用枚数をそれぞれ x 枚、y 枚、z 枚と置きます。「使用した切手の合計枚数が 20 枚」より、

$$x + y + z = 20 \quad \cdots\cdots ①$$

が成り立ちます。また、「3 種類の切手を使用して 1,960 円の郵便料金を支払った」より、

$$20x + 50y + 120z = 1960 \quad \Rightarrow \quad 2x + 5y + 12z = 196 \quad \cdots\cdots ②$$

が成り立ちます。

・文字の数（3 つ）に対して方程式の数（2 つ）が少ないこと
・解が整数であること

以上 2 点から不定方程式の問題であると気づきます。

STEP 2 不定方程式を解こう

①を 2 倍して②と引き算をして x を消去します。

$$
\begin{array}{rr}
 & 2x+5y+12z=196 \\
-) & 2x+2y+\ \ 2z=\ \ 40 \\
\hline
 & 3y+10z=156
\end{array}
$$

両辺を 3 で割ります。

$$y+\frac{10z}{3}=52$$

ここで、y と 52 は整数ですから、$\frac{10z}{3}$ も整数でなくてはいけません。10 は 3 で割り切れないので z が 3 で割り切れる必要があります。

ここで、選択肢を見てみると 120 円切手の枚数 $= z$ が 3 の倍数なのは肢 1（$z = 12$），4（$z = 15$）しかありません。そこで $z = 12$，15 を代入してみます。

これが不定方程式における選択肢の威力です。

	(1)	(2)
z	12	15
y	12	2
x	−4	3

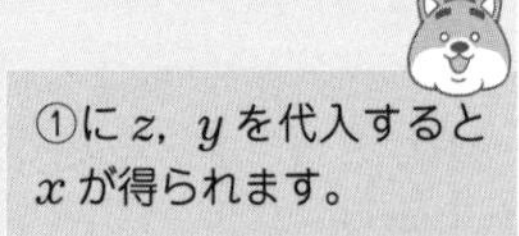

①に z，y を代入すると x が得られます。

（1）の場合は x がマイナスになってしまうので不適です。したがって、(2) の $z = 15$（枚）が妥当なので正解は肢 4 となります。

正解 4

理解できたら類題にtry!

類題① 東京都Ⅱ類 2020 難易度▸★★★

大型、中型、小型のバスがあり、それぞれ1台当たりの定員数の比は7：4：3となっている。現在、15台のバスを保有しているが、中型と小型のバスの台数をそれぞれ3倍にすると全体の定員数が2倍となる。現在の中型バスの保有台数として、妥当なのはどれか。ただし、大型バス、中型バス、小型バスはいずれも1台以上保有している。

1. 4台　2. 5台　3. 6台　4. 7台　5. 8台

大型、中型、小型の台数をそれぞれx台、y台、z台と置きます。「15台のバスを保有している」より、$x+y+z=15$が成り立ちます。

この問題には人数に関する具体的な数値条件がありませんので、「1台当たりの定員数の比は7：4：3」より、大型、中型、小型の1台当たりの定員を7人、4人、3人と勝手に設定します。すると定員は次のようになります。

	1台当たりの定員	台数	定員
大型	7人	x台	$7x$人
中型	4人	y台	$4y$人
小型	3人	z台	$3z$人
		全定員	$7x+4y+3z$（人）

次に、中型と小型の台数が3倍になった場合の定員についても同様に計算します。

	1台当たりの定員	台数	定員
大型	7人	x台	$7x$人
中型	4人	$3y$台	$12y$人
小型	3人	$3z$台	$9z$人
		全定員	$7x+12y+9z$（人）

「全体の定員数が2倍となる」より、次の方程式が成り立ちます。

$$2(7x+4y+3z)=7x+12y+9z$$
$$7x-4y-3z=0 \quad \cdots\cdots☆$$

$x+y+z=15$ の両辺を 3 倍します。

$$3x+3y+3z=45 \quad \cdots\cdots★$$

☆と★を足します。

$$10x-y=45$$
$$10x=45+y$$
$$x=\frac{45+y}{10}$$

上の式において、左辺の x は整数なので右辺の $\frac{45+y}{10}$ も整数です。つまり分子の $45+y$ は 10 で割り切れます。そのためには y の候補として 5, 15, 25……などが考えられますが、「大型バス、中型バス、小型バスはいずれも 1 台以上保有している」より、$y=15$（台）はあり得ないので（x, z が 0 になってしまう）、$y=5$（台）が妥当とわかります。これを $x=\frac{45+y}{10}$ に代入すると $x=5$（台）、$x+y+z=15$ に代入すると $z=5$（台）が得られます。

以上より、正解は肢 2 となります。

正解 2

類題② 国家一般職 2014 難易度▸★★★

ある店が、定価 800 円の弁当を 60 個販売しようとしたところ、売れ残りが出そうだったので途中から定価の 100 円引きで売ったが、それでも売れ残ったため最終的に定価の 300 円引きで売ったところ完売した。売上額を計算したところ、60 個全てを定価で売った場合よりも売上額が 5,500 円少なく、また、値引きして売った弁当の総数は 30 個よりも少なかった。このとき、それぞれの価格で売れた弁当の数の組合せが何通りか考えられるが、そのうち定価で売れた弁当の数が最も多い組合せにおいて、定価の 300 円引きで売れた弁当の数はいくつか。

ただし、それぞれの価格で売れた弁当の数は 1 個以上あるものとする。

1. 12 個　2. 14 個　3. 16 個　4. 18 個　5. 20 個

800円、700円（100円引き）、500円（300円引き）の販売個数をそれぞれx個、y個、z個と置きます。なお、全部定価で販売したときの売上は800 × 60 = 48000（円）ですが、問題文の「60個全てを定価で売った場合よりも売上額が5,500円少なく」より実際の売上は48000 − 5500 = 42500（円）となります。

価格	800円	700円	500円	合計
個数	x個	y個	z個	60個
売上	$800x$円	$700y$円	$500z$円	42,500円

表より、次の方程式が立ちます。

個数：$x + y + z = 60$　…①
売上：$800x + 700y + 500z = 42500 \Rightarrow 8x + 7y + 5z = 425$　…②

①の両辺を8倍して②と引き算を行いxを消去します。

$$\begin{array}{rr} & 8x + 8y + 8z = 480 \\ -) & 8x + 7y + 5z = 425 \\ \hline & y + 3z = \ \ 55 \end{array}$$

ここからは解法を2つ紹介します。

解法1　倍数の性質を用いる

$y + 3z = 55$を次のように変形します。

$$z = \frac{55 - y}{3}$$

$$z = 18 + \frac{1 - y}{3}$$

$$z = 18 - \frac{y - 1}{3} \quad \cdots\cdots☆$$

zは整数なので$\frac{y-1}{3}$も整数、つまり$y - 1$が3で割り切れる必要があります。

$$y-1=0, 3, 6, 9 \cdots\cdots$$

より、

$$y=1, 4, 7, 10 \cdots\cdots$$

などが考えられます。☆にyを代入するとzが得られます。さらに①にy, zを代入するとxが得られます。

	(1)	(2)	(3)	(4)	(5)	(6)
y	1	4	7	10	13	16
z	18	17	16	15	14	13
x	41	39	37	35	33	31
計	60個	60個	60個	60個	60個	60個

問題文「値引きして売った弁当の総数は30個よりも少なかった」を満たすのは（1）～（6）の6通りです。そのうち「そのうち定価で売れた弁当の数が最も多い組合せ」は（1）です。（1）におけるzの値は18個なので、正解は肢4となります。

解法2 **選択肢を利用する**

$y+3z=55$のzに選択肢を代入します。

	肢1	肢2	肢3	肢4	肢5
z	12	14	16	18	20
y	19	13	7	1	×
x	29	33	37	41	×
計	60個	60個	60個	60個	60個

「値引きして売った弁当の総数は30個よりも少なかった」「そのうち定価で売れた弁当の数が最も多い組合せ」を満たすのは肢4の$z=18$個となります。

正解4

セクション
29 不等式

重要度
★★☆☆☆

数的推理では中学の数学で学習する不等式も出題されます。最終的に解が整数であることを利用して解くことになります。不等式の問題は計算量が多いのが特徴ですのでいっぱい練習して慣れましょう！

このセクションのGoal

・不等式を立てて整数解を求められるようになる。

例題 29

東京都Ⅰ類B 2015　難易度▸★★☆

あるテニスサークルの夏合宿において、一次募集した参加人数を基に部屋割りを検討したところ、次のア～ウのことが分かった。

ア　全ての部屋を8人部屋に設定すると、23人の参加者を二次募集できる。
イ　全ての部屋を6人部屋に設定すると、8人分以上の部屋が不足する。
ウ　8部屋を8人部屋に設定し、残りの部屋を6人部屋に設定すると、6人以上の参加者を二次募集できる。

以上から判断して、一次募集した参加人数として、正しいのはどれか。

1. 73人　　2. 97人　　3. 105人　　4. 119人　　5. 121人

部屋の数を x として、一次募集した人数を等式および不等式で表します。

ア　全ての部屋を8人部屋に設定すると、23人の参加者を二次募集できる。

「23人の参加者を二次募集できる」ということは、23人分の空きがあるということです。8人部屋であれば2部屋が無人で、1部屋が1人だけ泊まることになりますので、$x-3$（部屋）に8人が泊まることになります。

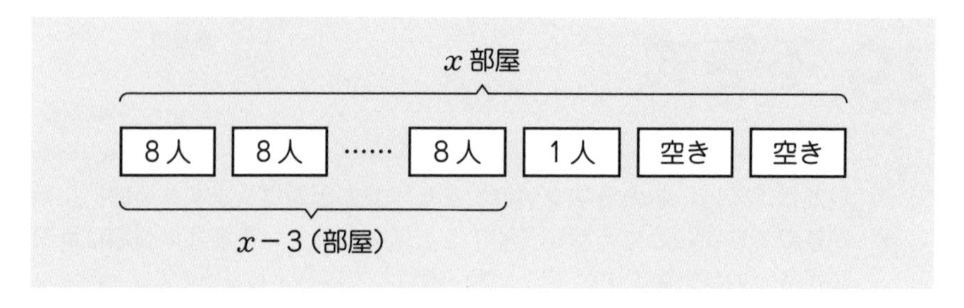

以上より、

一次募集の人数 ＝ $8(x-3)+1$ ……①

が成り立ちます。

イ　全ての部屋を 6 人部屋に設定すると、8 人分以上の部屋が不足する。

6 人 × x 部屋 ＝ $6x$（人）泊まることができますが、8 人以上の参加者が泊まることができません。

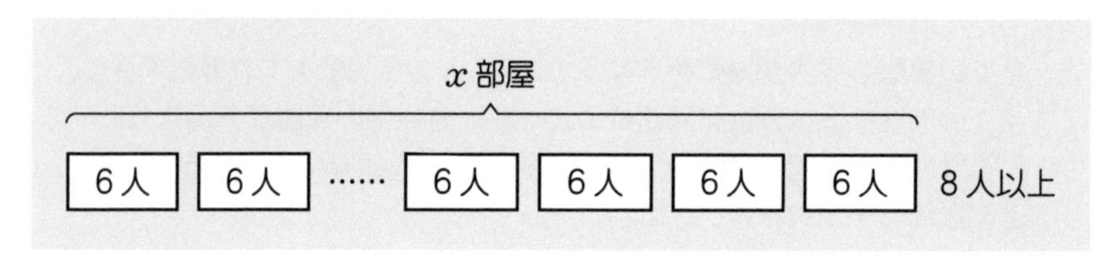

以上より、

一次募集の人数 ≧ $6x+8$ ……②

が成り立ちます。

ウ　8 部屋を 8 人部屋に設定し、残りの部屋を 6 人部屋に設定すると、6 人以上の参加者を二次募集できる。

「6 人以上の参加者を二次募集できる」ということは、6 人部屋の 1 部屋は確実に空き室になっています。そこで、仮に 6 人ちょうど二次募集できるとしたときの様子を図示すると次のようになります。

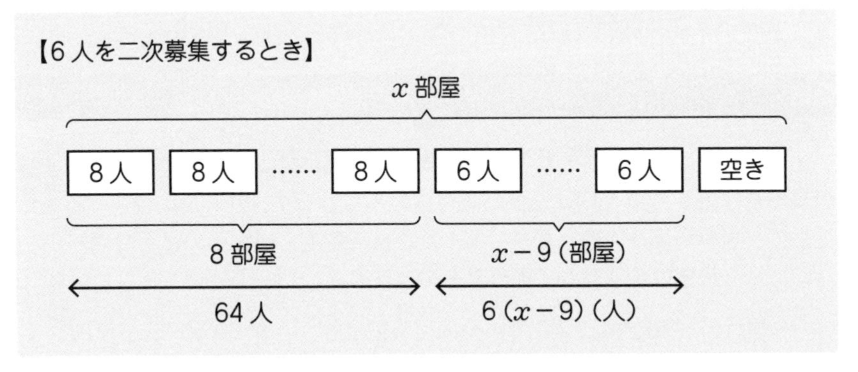

これより、一次募集の人数 $= 64 + 6(x-9)$（人）となりますが、実際は「6人以上の参加者を二次募集できる」より、一次募集の人数はこれ以下ですから、

一次募集の人数 $\leqq 64 + 6(x-9)$ ……③

が成り立ちます。

では不等式を解きましょう。まず②の「一次募集の人数」に①を代入します。

$$8(x-3)+1 \geqq 6x+8$$
$$\Rightarrow \quad 2x \geqq 31$$
$$\Rightarrow \quad x \geqq 15.5$$

次に③の「一次募集の人数」に①を代入します。

$$8(x-3)+1 \leqq 64+6(x-9)$$
$$\Rightarrow \quad 2x \leqq 33$$
$$\Rightarrow \quad x \leqq 16.5$$

以上より、$15.5 \leqq x \leqq 16.5$ が得られますが、x は整数ですから $x = 16$（部屋）となります。①に $x = 16$ を代入しましょう。

一次募集の人数 $= 8(16-3)+1$
$= 105$（人）

以上より、正解は肢3となります。

正解 3

第8章 整数解

理解できたら類題にtry!

類題 国家一般職 2016 難易度▸★★★

ある出版社では、絶版となった書籍A～Dについて、復刊希望の投票を2週間受け付けた。投票1回につき、A～Dのうちのいずれか一つに投票するものとして、投票結果が次のとおりであったとき、確実にいえるのはどれか。
ただし、投票は全て有効であったものとする。

○ 1週目の投票数は2,500で、その得票割合は、Aが20%、Bが50%、Cが10%、Dが20%であった。
○ 2週目の得票数は、AとBとの差が2,000以上であり、CとDとの差が4,000以下であった。
○ 2週間を通した得票割合は、Aが30%、Bが20%、Cが40%、Dが10%であった。

1. 2週目のAの得票割合は、40%であった。
2. 2週目のBの得票割合は、10%であった。
3. 2週目のCの得票割合は、50%であった。
4. 2週間を通したDの得票数は、1,250であった。
5. 2週間を通した投票数は、15,000であった。

1番目の条件より、1週目の得票数はAから順に500, 1,250, 250, 500となります。さらに3番目の条件より、2週間全体の得票数の比はA：B：C：D＝3：2：4：1ですので、得票数をAから順に$3x$, $2x$, $4x$, xと表します。すると2週目の得票数をxを使って表すことができます。
ここまでを表に整理します。

【参考】
セクション16

	A	B	C	D	合計
1週目	500	1,250	250	500	2,500
2週目	$3x-500$	$2x-1{,}250$	$4x-250$	$x-500$	
合計	$3x$	$2x$	$4x$	x	

次に2番目の条件をもとに、2週目の差について不等式を作ります。

①AとBとの差が2,000以上

$\Rightarrow (3x - 500) - (2x - 1250) \geqq 2000$

$\therefore x \geqq 1250$

②CとDとの差が4,000以下

$\Rightarrow (4x - 250) - (x - 500) \leqq 4000$

$\therefore x \leqq 1250$

【素朴なギモン】
「AのほうがBより大きいの？」
1週目はBのほうが大きいにも関わらず、合計はBのほうが小さいです。これは2週目はAのほうが大きいことを意味しています。

①、②を両方満たせる整数は $x = 1250$ しかありません。これを表に代入します。

	A	B	C	D	合計
1週目	500	1,250	250	500	2,500
2週目	3,250	1,250	4,750	750	10,000
合計	3,750	2,500	5,000	1,250	12,500

以上より、正解は肢4「2週間を通したDの得票数は、1,250であった」となります。

正解4

セクション
30 因数分解

重要度 ★★★★★

整数解の問題には、与えられた式を掛け算に分解して解くタイプもあります。因数分解のテクニックが必要になります。

このセクションのGoal

・掛け算の性質を利用して方程式の解を出せるようになる。

公式・基礎知識

【因数分解と整数解】

例）x, y を正の整数とする（ただし $x > y$）。方程式 $xy = 6$ を満たす解の組合せは何通りあるか。

$xy = 6$ は、2つの数を掛け算をしたら6になることを意味しています。そのような正の整数の組合せは、

$x \times y = 1 \times 6,\ 2 \times 3,\ 3 \times 2,\ 6 \times 1$

の4通りが考えられます。$x > y$ の条件に合致するのは $(x,\ y) = (3,\ 2),\ (6,\ 1)$ の2通りです。

例題 30

東京都Ｉ類Ｂ 2021　難易度▶ ★★★

ある二つの自然数ＸとＹがあり、ＸとＹの積は1,000以上10,000以下で、二乗の差は441であるとき、ＸとＹのうち大きい方の数として、正しいのはどれか。

1. 35　　2. 45　　3. 55　　4. 65　　5. 75

「二乗の差は441」より、次の式が成り立ちます。なお、便宜上Ｘ＞Ｙで考えます。

$$X^2 - Y^2 = 441$$
$$(X+Y)(X-Y) = 441$$

これはX＋Y，X－Yの２つの数の積が441であることを意味しています。441＝3×3×7×7＝441×1，147×3，63×7，49×9であることから、（X＋Y）（X－Y）の組合せは次の４通りが考えられます。

	①	②	③	④
X＋Y	441	147	63	49
X－Y	1	3	7	9

例えば①であればX＋Y＝441，X－Y＝1を解いて（X，Y）＝（221，220）が得られます。同様に②～④も解くとX，Yは次のようになります。

	①	②	③	④
X	221	75	35	29
Y	220	72	28	20

このうち、条件「XとYの積は1,000以上10,000以下」を満たすのは②（X，Y）＝（75，72）のみです（75×72＝5400）。

したがって、75，72のうち大きい数は75ですので正解は肢５となります。

正解５

理解できたら類題にtry！

類題 東京都Ⅰ類B 2019 難易度▸★★★

正の整数x，yがあり、$x < y$であるとき、下の式におけるx，yの組合せの数として、正しいのはどれか。

$$\frac{1}{x} + \frac{1}{y} = \frac{1}{6}$$

1．３組　2．４組　3．５組　4．６組　5．７組

与式を次のように変形します。

$$\frac{1}{x}+\frac{1}{y}=\frac{1}{6}$$
$$6y+6x=xy$$
$$6x-xy+6y=0$$
$$x(6-y)+6y=0$$
$$-x(y-6)+6y=0$$
$$-x(y-6)+6y-36+36=0$$
$$-x(y-6)+\underline{6(y-6)}+36=0$$
$$(y-6)(6-x)=-36$$
$$-(x-6)(y-6)=-36$$
$$(x-6)(y-6)=36$$

【難解な式変形】
$(y-6)$ の形を作りたかったので無理やり -36 を持ってきて、帳尻合わせに 36 を足しました。知らないとできない難解な式変形です。

この掛け算を満たす $x-6$，$y-6$ の組合せは次の 4 通りです。

	①	②	③	④
$x-6$	1	2	3	4
$y-6$	36	18	12	9

$(x-6)(y-6)=(-9)\times(-4)$ など、マイナス同士の掛け算も考えられます。しかし、その場合は $x=-3$ で「正の整数 x」に反するので不適です。

①～④をそれぞれ解くと次のようになります。

	①	②	③	④
x	7	8	9	10
y	42	24	18	15

したがって、正解は肢２となります。

正解 2

第9章

速さ

ポイント講義は
こちら

セクション

31 速さの解法（方程式）

重要度 ★★★★★

速さの解法は大きく分けて方程式と比の 2 つがあります。方程式で解く場合、「時間」で等式を立てることが多いです。

このセクションのGoal

・時間について等式を立てられるようになる。

公式・基礎知識

【速さの基本公式】

・距離 ＝ 速さ × 時間

・速さ ＝ $\frac{距離}{時間}$

・時間 ＝ $\frac{距離}{速さ}$

【単位の変換（時間）】

・時間 → 分へ変換 ⇒ 時間を 60 倍する

・分 → 時間へ変換 ⇒ 分を $\frac{1}{60}$ 倍する

例題 31

特別区Ⅰ類 2017　難易度▸ ★★★

地点Aから地点Bまでが上り坂、地点Bから地点Cまでが下り坂の一本道がある。地点Aを自転車で出発し、地点Cで 15 分間の休憩後、折り返し、復路の地点Bで 8 分間の休憩後、地点Aに戻ったところ 1 時間 15 分かかった。地点Aから地点Cまでの距離はどれか。ただし、上り坂は時速 6km、下り坂は時速 20km で走行する。

1. 3,250m　2. 3,500m　3. 3,750m　4. 4,000m　5. 4,250m

STEP 1 時間について等式を立てよう

1時間15分＝75分かかっていますが、15＋8＝23（分）の休憩時間を除くと走行時間は全体で52分＝$\frac{52}{60}$時間ですので、時間に関する等式

$$\text{ABの時間}+\text{BCの時間}+\text{CBの時間}+\text{BAの時間}=\frac{52}{60}\text{時間}$$

が成り立ちます。

STEP 2 等式を変形しよう

時間＝$\frac{\text{距離}}{\text{速さ}}$に従って等式を変形します。

$$\text{ABの時間}+\text{BCの時間}+\text{CBの時間}+\text{BAの時間}=\frac{52}{60}\text{時間}$$

$$\frac{\text{ABの距離}}{\text{上りの速さ}}+\frac{\text{BCの距離}}{\text{下りの速さ}}+\frac{\text{CBの距離}}{\text{上りの速さ}}+\frac{\text{BAの距離}}{\text{下りの速さ}}=\frac{52}{60}\text{時間}$$

STEP 3 文字を置いて方程式を解こう

ここでABの距離を$x$km、BCの距離を$y$kmとして、方程式を立てます。

$$\frac{x}{6}+\frac{y}{20}+\frac{y}{6}+\frac{x}{20}=\frac{52}{60}$$
$$10x+3y+10y+3x=52$$
$$13(x+y)=52$$
$$\therefore x+y=4\ (\text{km})$$

この問題は方程式が1つしかないので、x, yをそれぞれ求めることはできませんが、問われているのは$x+y$の値なので問題ありません。

したがって、全長は4,000mなので正解は肢4となります。

正解4

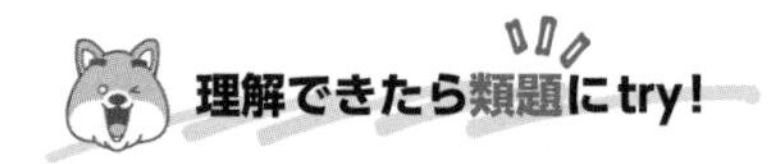

類題 地方上級 2011 難易度▸★★★

A，Bの２人が一定のペースで自転車を走行している。Bの速さはAより秒速１mだけ速い。Bは、90m あるトンネルに、Aが入ってから４秒後に入り、Aが出てから３秒後に出てきた。このとき、Aの速さはいくらか。

1．秒速５m　2．秒速６m　3．秒速７m　4．秒速８m　5．秒速９m

STEP1 時間について等式を立てよう

トンネル内の移動時間について考えます。「Aが入ってから４秒後に入り、Aが出てから３秒後に出てきた」より、Bの時間はAより４－３＝１（秒）だけ短いです。したがって、時間について次の等式が成り立ちます。

Aの時間－Bの時間＝１秒

STEP2 等式を変形しよう

$\text{時間} = \dfrac{\text{トンネルの長さ}}{\text{速さ}}$ より、等式を変形します。

Aの時間－Bの時間＝１秒

$$\frac{\text{トンネルの長さ}}{\text{Aの速さ}} - \frac{\text{トンネルの長さ}}{\text{Bの速さ}} = 1\text{秒}$$

トンネルの長さは90m と判明していますので、Aの速さを秒速 xm、Bの速さを秒速 $x+1$（m）と置きます。

$$\frac{90}{x} - \frac{90}{x+1} = 1$$

両辺を $x(x+1)$ 倍します。

$$90(x+1)-90x=x(x+1)$$
$$x^2+x-90=0$$
$$(x-9)(x+10)=0$$
$$\therefore x=9\ (\text{m/秒})$$

【ちょっとズル】
2次方程式が解けない人は、この問題に限っては選択肢代入の裏ワザが使えます。$x^2+x-90=0$ に選択肢を代入して左辺が0になった場合が正解です。

したがって、正解は肢5となります。

正解 5

セクション

32 速さの解法（比①）

重要度

比を用いて解く場合、まず大事なのは比を使えるシチュエーションを読み解くことです。シチュエーションは「時間が同じシチュエーション」と「距離が同じシチュエーション」の２種類があります。このセクションでは前者について学習します

このセクションのGoal

・問題文から「時間が同じ」シチュエーションを見つけられるようになる。
・比を用いて速さの問題が解けるようになる。

公式・基礎知識

【速さと比（時間が同じ場合）】

A，Bの２人の移動時間が同じとき、速さの比と距離の比は一致します。

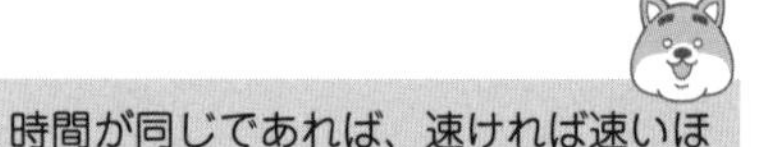

時間が同じであれば、速ければ速いほど距離が長くなるイメージです。

例題 32

市役所 2012　難易度▸ ★★★

A，Bの２人がP駅からQ市役所へ同時に出発した。AがPとQの中間地点に到着したとき、BはAの６km後方にいた。同様にBが中間地点に到着したとき、AはBの９km前方にいた。P駅からQ市役所までの距離として妥当なのはどれか。ただし、２人の速さは一定とする。

1．32km　　2．34km　　3．36km　　4．38km　　5．40km

STEP1 「時間が同じ」シチュエーションを見つけよう

条件より、２人が出発してからAが中間地点に到着するまで（Bが６km手前に到着するまで）の移動時間は同じです（図Ⅰ）。

重要

「同時に出発」という条件があるからこそ成り立ちます。

また、Aが中間地点から9km前方に到着するまで（Bが6km手前から中間地点に到着するまで）の移動時間は同じです（図Ⅱ）。

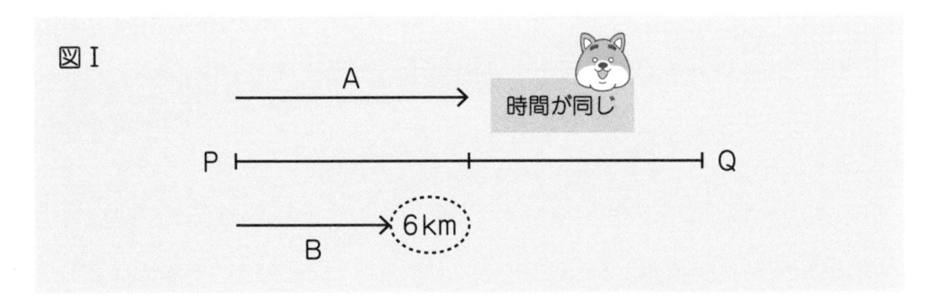

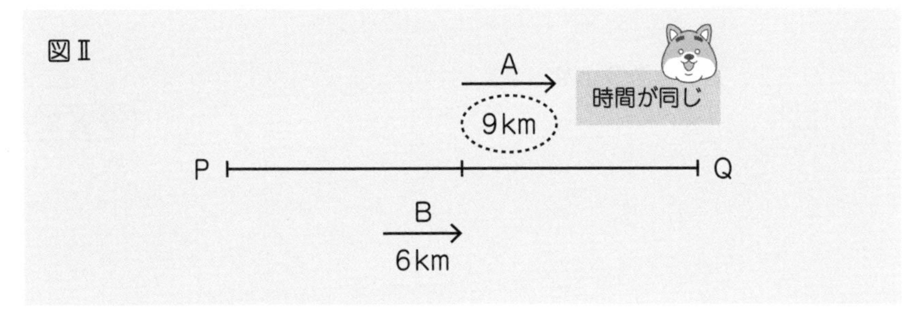

STEP2 比を使って解こう①

図Ⅱに注目してください。時間が等しいので「速さの比＝距離の比」が成り立ちます。図Ⅱより、Aが9km進む間にBが6km進んでいますので、速さの比は距離の比と同じA：B＝9：6＝3：2となります。

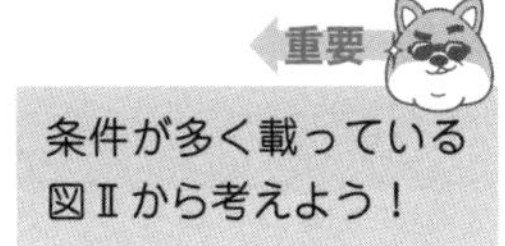

重要
条件が多く載っている図Ⅱから考えよう！

STEP3 比を使って解こう②

図Ⅰを検討します。時間が等しいので「速さの比＝距離の比」が成り立ちます。条件「2人の速さは一定とする」より、2人の速さの比は終始3：2ですから距離の比も3：2となります。距離の比を書き込んだものが図Ⅲになります。

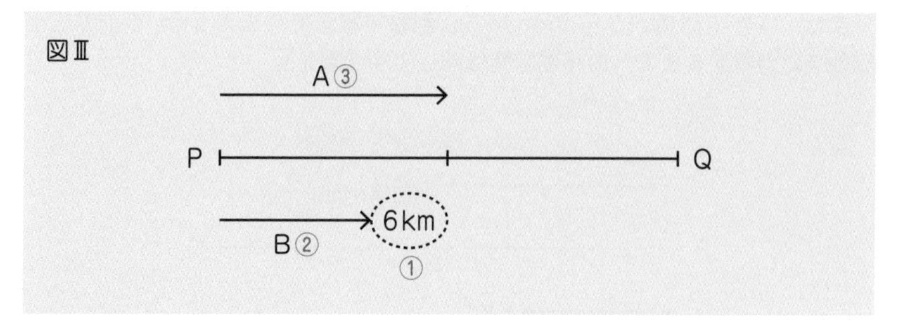

図より、③－②＝①は6km に相当しますので、図ⅢのAの距離③は6 × 3 ＝ 18（km）となります。これが半分の距離ですから**全長は倍の 36km** となります。

したがって、正解は肢３となります。

正解３

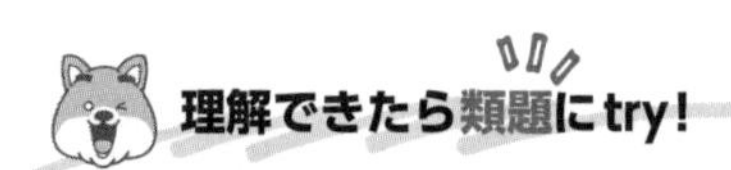

類題　刑務官 2017　難易度▸★★★

AとBの２人が、１周 400 mの陸上競技場のトラックを 10 周した。AとBは同じスタートラインから同時に出発し、Bは一定の速さで最後まで走った。一方、Aは、出発してから、トラックをちょうど９周するまでの間はBの$\frac{3}{2}$の速さで走り、その後はBの$\frac{1}{2}$の速さで歩いたが、Bよりも６分早くゴールした。このとき、Aが走っていたときの速さはいくらか。

1. 100m／分
2. 150m／分
3. 200m／分
4. 250m／分
5. 300m／分

STEP1 Aが9周するまでを調べよう

「同時に出発し」より、Aが9周するまでに2人が走った時間は同じです。時間が同じ場合、2人の速さの比と距離の比は一致します。「Bの$\frac{3}{2}$の速さで走り」より、

$$速さの比A：B=\frac{3}{2}：1=3：2$$

ですので、距離の比もA:B＝3:2＝9:6となります。つまり、Aは9周走ったのでBは6周走ったことがわかります。

STEP2 Aラスト1周の様子を調べよう

Aがラスト1周する間の様子を調べます。A，Bの時間は同じなので速さの比と距離の比は一致します。「Bの$\frac{1}{2}$の速さで歩いた」より、速さの比はA：B＝1：2です。距離の比もA：B＝1：2になりますので、Aがラスト1周歩く間にBは2周走ることがわかります。

したがって、この時点でBは6＋2＝8(周) 走っています。

STEP3 Bラスト2周を推理しよう

「Bよりも6分早くゴールした」より、Bはラスト2周に6分かかっていることがわかります。よって、Bは1周に3分かかることになります。速さ＝$\frac{距離}{時間}$より、Bの速さ＝$\frac{400}{3}$（m/分）となります。

Aが走っていたときの速さはBの$\frac{3}{2}$倍ですから、$\frac{400}{3}\times\frac{3}{2}=200$（m/分）となります。

したがって、正解は肢3です。

正解 3

第9章 速さ

セクション

33 速さの解法（比②）

重要度
★★★★★

このセクションでは「距離が同じシチュエーション」について学習します。なお、逆比についても学習します。

このセクションのGoal

・問題文から「距離が同じ」シチュエーションを見つけられるようになる。
・比を用いて速さの問題が解けるようになる。

公式・基礎知識

【速さと比（距離が同じ場合）】

A，Bの２人の移動距離が同じとき、速さの比と時間の逆比は一致します。

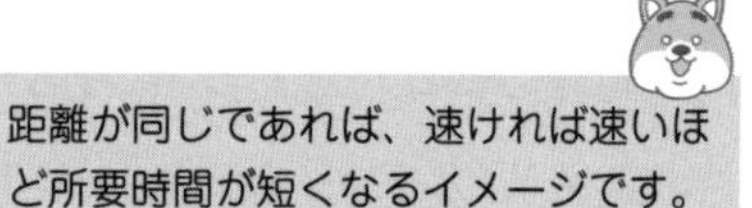

距離が同じであれば、速ければ速いほど所要時間が短くなるイメージです。

【逆比とは】

分母と分子を入れ替えた比を逆比といいます。

例）　A：B：C＝２：３：４の逆比

逆比　$A:B:C=\frac{1}{2}:\frac{1}{3}:\frac{1}{4}$
$=6:4:3$

$A:B:C=\frac{2}{1}:\frac{3}{1}:\frac{4}{1}$ って考えると分母と分子を入れ替えるイメージが湧きやすいかも。

【２人の逆比】

２人の逆比は結果的に２人の比を入れ替えただけになります。厳密さには欠けますが、２人の場合の逆比は単に入れ替えてしまっても問題ありません。

例）　A：B＝２：３の逆比

逆比　$A:B=\frac{1}{2}:\frac{1}{3}=3:2$

結果的に２：３を３：２に入れ替えただけ。

例題 33

特別区Ⅰ類 2015　難易度▶★★★

A，B，Cの３人が、X町からY町へ同じ道を通って行くことになった。Aが徒歩で７時20分に出発し、Bが自転車で７時50分に出発した。その後、Cがバイクで出発したところ、CはA，Bを同時に追い越した。Aの速さは時速６km、Bの速さは時速24km、Cの速さは時速60kmであったとき、Cが出発した時刻はどれか。ただし、３人の進む速さは、それぞれ一定とする。

1．７時48分
2．７時52分
3．７時56分
4．８時00分
5．８時04分

３人がX町を出発してから「CはA，Bを同時に追い越した」とあるので、出発してから追いつく（追いつかれる）までの３人の移動距離は同じです。

速さの比はA：B：C＝6：24：60＝1：4：10ですので、時間の比は逆比の、

時間の比　A：B：C＝1：$\frac{1}{4}$：$\frac{1}{10}$＝20：5：2

となります。

STEP 1　A，Bの様子を調べよう

A，Bの時間比はA：B＝20：5＝4：1です。時間の様子を図示します。

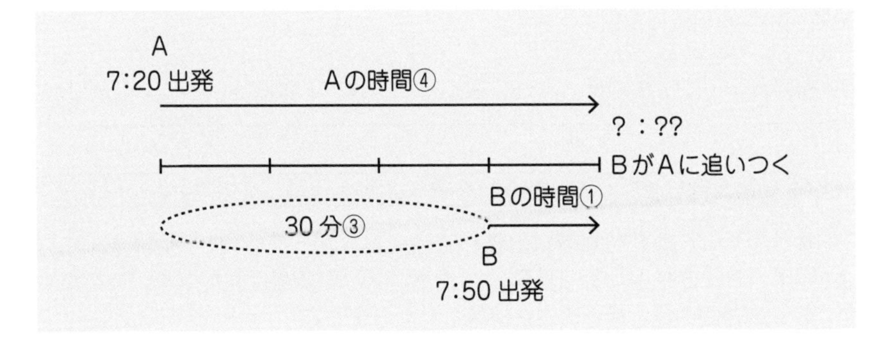

2人の時間差30分は④－①＝③に相当します。これより、①＝10分ですからAの移動時間④は40分とわかります。

したがって、AがBに追いつかれたのは7:20から40分後の8:00とわかります。

STEP2 A，Cの様子を調べよう

A，Cの時間比はA：C＝20：2＝10：1、つまりCの時間はAの時間の$\frac{1}{10}$です。Aの時間は40分ですから、Cは4分とわかります。

4分かかって8:00にAに追いつくわけですからCが出発したのは7:56となります。

したがって、正解は肢3となります。

正解 3

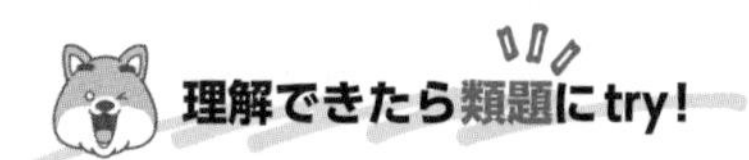

類題① 国家専門職 2016 難易度▸★★★

長さ50mのプールでA，B，Cの3人がプールの端にある同じスタート地点を同時に出発して往復しながらある同じ距離を泳いだ。Aは10分間でゴールし、BはAより5分遅れでゴールし、CはBより3分遅れでゴールした。

同様に、3人が同時に出発し、往復しながら泳ぎ続けたとき、再度3人が同時にスタート地点と同じ場所に到達するまでにAが泳いだ距離は最小でいくらか。

ただし、3人はそれぞれ一定の速さで泳ぐものとし、身長や折り返しにかかる時間は考慮しないものとする。

1．600m　2．800m　3．900m　4．1,200m　5．1,500m

STEP1 距離が同じシチュエーションを調べよう

「同じスタート地点を同時に出発して往復しながらある同じ距離を泳いだ」より、A，B，Cが10分、15分、18分間で泳いだ距離は同じです。したがって、3人の時間の比と速さの逆比は等しくなります。

時間の比　A：B：C＝10：15：18

速さの比　A：B：C＝$\frac{1}{10}$：$\frac{1}{15}$：$\frac{1}{18}$＝9：6：5

STEP 2　**時間が同じシチュエーションを調べよう**

次に「3人が同時に出発し、往復しながら泳ぎ続けたとき、再度3人が同時にスタート地点と同じ場所に到達するまで」より、この間の時間は同じです。この間の3人の距離の比は、速さの比と同じA：B：C＝9：6：5となります。さらに「スタート地点と同じ場所に到達」より、3人の距離は1往復＝100mの倍数である必要があります。したがって3人の距離は（A，B，C）＝（900m，600m，500m）とわかります。

よって、正解は肢3となります。

正解3

類題②　東京消防庁Ⅱ類 2019　難易度▸★★★

下の図のような池の周りの道をA，Bの2人が同じ地点から互いに反対向きに、同時にスタートした。道中、2人はすれ違ったが、Aは止まることなく歩き続け、BはAとすれ違った地点で9分間休憩をした後、再びAとは反対向きに歩き続けたところ、すれ違ってから25分後に再び出発地点ですれ違うことになった。このとき、Bが休憩せずに池の周りの道を1周するのにかかる時間として、最も妥当なのはどれか。ただし、2人の歩く速さはそれぞれ一定とする。

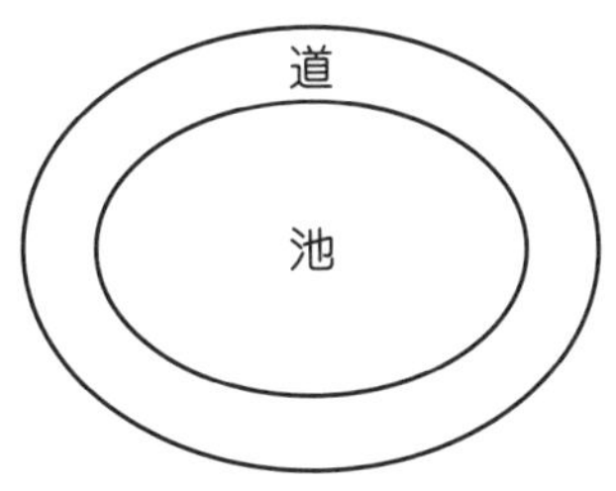

1. 32分　2. 34分　3. 36分　4. 38分　5. 40分

同時に出発してから最初にすれ違うまでをx分とします。

すれ違った後ですが、「すれ違ってから25分後に再び出発地点ですれ違うことになった」より、Aは25分かかっています。Bは9分間休憩しているので25 − 9 = 16（分）かかっています。

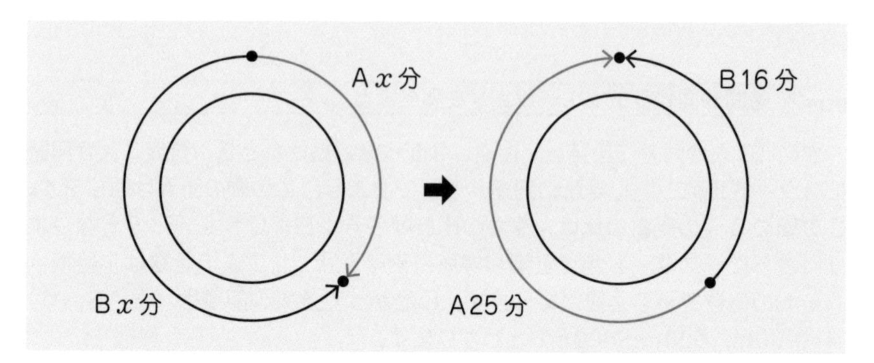

STEP1 距離が同じところを探そう

次ページ図Ⅰに示す「AがスタートしてからBとすれ違うまでの距離」と「BがAとすれ違ってからスタート地点に戻るまでの距離」は同じです。距離が同じ場合、時間の比と速さの逆比は等しくなるので、

Aの速さ：Bの速さ＝16：x ……★

が成り立ちます。

また、図Ⅱに示す「BがスタートしてからAとすれ違うまでの距離」と「AがBとすれ違ってからスタート地点に戻るまでの距離」は同じです。距離が同じ場合、時間の比と速さの逆比は等しくなるので、

Aの速さ：Bの速さ＝x：25 ……☆

が成り立ちます。

	A	B
時間	x 分	16 分
速さ	16	x

	A	B
時間	25 分	x 分
速さ	x	25

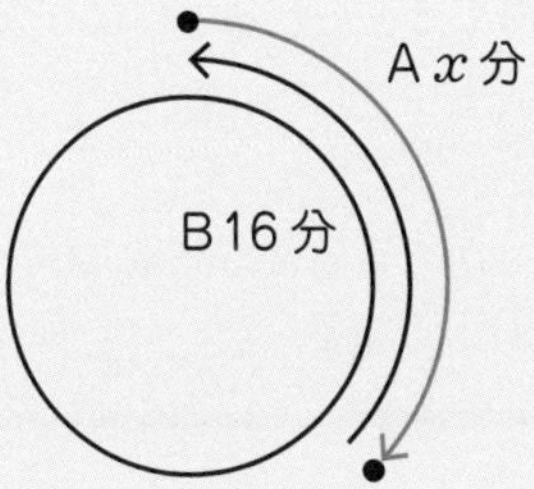

図Ⅰ

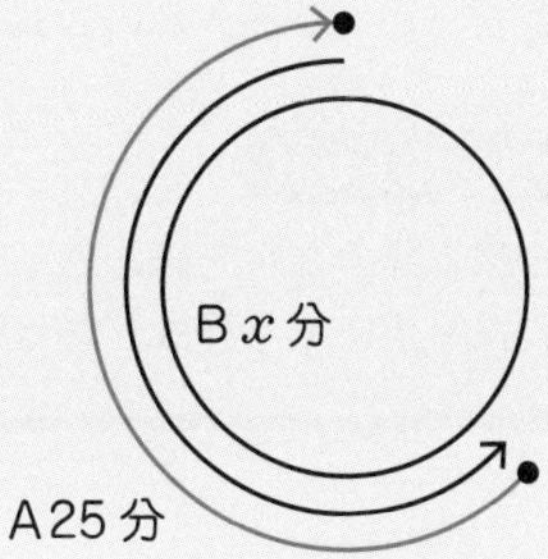

図Ⅱ

STEP2 比を使って解こう

★、☆より、次の比例式が成り立ちます。

$$16 : x = x : 25$$
$$x^2 = 16 \times 25$$
$$x^2 = 4 \times 4 \times 5 \times 5$$
$$x^2 = (4 \times 5)^2$$
$$\therefore x = 20 \text{（分）}$$

以上より、Bは休憩しなければ 20 + 16 = 36（分）で 1 周しますので正解は肢 3 となります。

正解 3

セクション
34 旅人算①

重要度
★★★★★

A，Bの２人が移動する旅人算には有名な表現が多数あります。まずは問題文から適切な旅人算の公式をあてはめられるようになりましょう。

このセクションのGoal

・問題文から旅人算の表現を読み取ることができるようになる。
・旅人算の公式を用いて方程式が解けるようになる。

公式・基礎知識

いずれの場合も、A，Bの２人が同時にスタートすることを前提とします。

【旅人算の公式（２人の進行方向が逆の場合）】

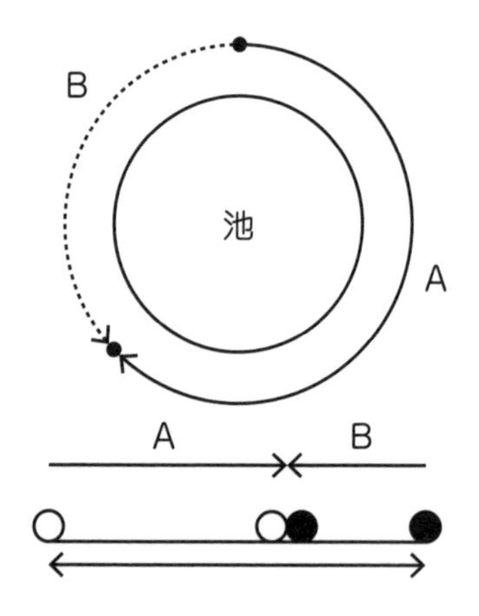

①同じ場所からスタートし、池の周りをすれ違う場合
公式（Aの速さ＋Bの速さ）×時間＝１周の距離

②離れていた２人がすれ違う場合
公式（Aの速さ＋Bの速さ）×時間＝当初の２人の差

【公式の導出（①を例として）】

①の図より、距離についての等式

Aの距離＋Bの距離＝１周の距離

が成り立ちます。距離＝速さ×時間より、

Aの速さ×時間＋Bの速さ×時間＝１周の距離

（Aの速さ＋Bの速さ）×時間＝１周の距離

【旅人算の公式（2 人の進行方向が同じ場合）】

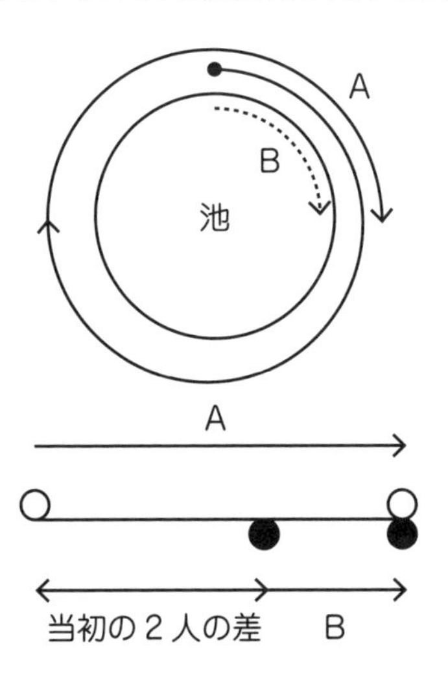

③AがBを 1 周追い越す場合
公式（Aの速さ－Bの速さ）×時間＝1 周の距離

④AがBに追いつく場合
公式（Aの速さ－Bの速さ）×時間＝当初の 2 人の差

例題 34

地方上級 2022　難易度▸★★★

あるベルトコンベアーの上を荷物が流れている。今、A，Bの 2 人がベルトコンベアーの横を荷物の流れとは逆方向に歩いている。はじめに、ある荷物とBがすれ違い、その 2 分後にAが先ほどBとすれ違った荷物とすれ違い、さらにその 4 分後にAがBに追いついた。Aの速さが分速 40m、Bの速さが分速 25m であるとき、ベルトコンベアーの速さとして正しいのはどれか。ただし、A，B，ベルトコンベアーとも常に一定の速さで移動している。

1. 5m/分
2. 10m/分
3. 15m/分
4. 20m/分
5. 25m/分

荷物とBがすれ違った時点での状況を図示します。なお、Aは後にBに追いつくことから、AはBの後ろにいることがわかります。

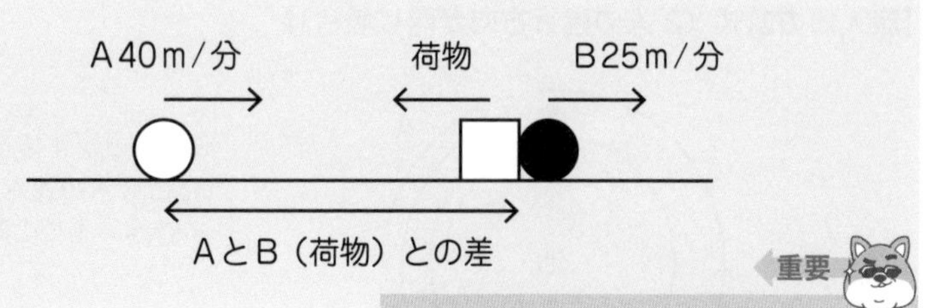

重要

Aと荷物に着目すると公式②「すれ違う場合」に、AとBに着目すると公式④「AがBに追いつく場合」が見えてきます。

STEP1 Aと荷物の旅人算を考える

「2分後にAが先ほどBとすれ違った荷物とすれ違い」を図示します。

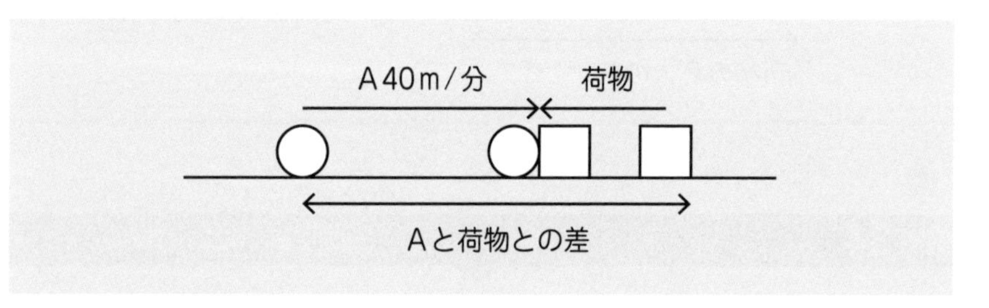

図より、旅人算の公式

（Aの速さ＋荷物の速さ）×時間＝Aと荷物との差

が得られます。荷物の速さを x（m/分）と置くと、

Aと荷物との差＝$(40+x)\times 2$ ……①

となります。

STEP2 AとBの旅人算を考える

「さらにその4分後（6分後）にAがBに追いついた」を図示します。

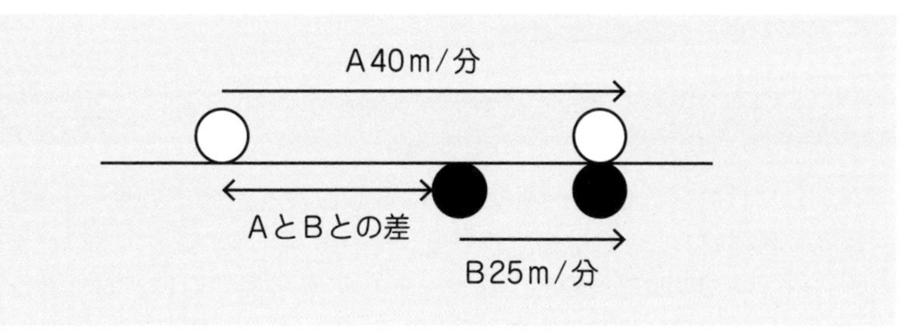

図より、旅人算の公式

（Aの速さ－Bの速さ）×時間＝AとBとの差

が得られます。条件を代入すると、

AとBとの差＝(40－25)×6
＝90（m）……②

となります。Bと荷物は同じ地点にいたので、Aと荷物との差＝AとBとの差です。したがって、①＝②より、

$(40+x)\times 2=90$
$\therefore x=5$（m/分）

荷物の速さ＝ベルトコンベアーの速さです。

となりますので正解は肢１です。

正解 1

理解できたら類題にtry!

類題 東京都Ⅰ類A 2023 難易度▸★★★

Ａ，Ｂ，Ｃの３人は、一周400ｍのトラックを、同じスタート地点から、Ａは反時計回り、ＢとＣは時計回りに、それぞれ一定の速さで同時に走り出した。Ａは１分36秒で一周し、スタートしてから最初にＢとすれ違うまでに32秒かかり、Ｂが一周したとき、ＣはＢの80ｍ後ろを走っていた。このとき、Ｃの速さとして、最も妥当なのはどれか。

1. 200ｍ/分
2. 300ｍ/分
3. 400ｍ/分
4. 500ｍ/分
5. 600ｍ/分

Ａは一周400ｍのトラックを１分36秒（$=\frac{96}{60}$分）かかっているので、速さは$400\div\frac{96}{60}=250$（ｍ/分）です。ここで、Ａは「スタートしてから最初にＢとすれ違うまでに32秒かかり（図Ⅰ）」より、旅人算の公式

（Ａの速さ＋Ｂの速さ）×時間＝トラック一周の距離

が成り立ちます。Ｂの速さをb（ｍ/分）と置いて方程式を立てます。

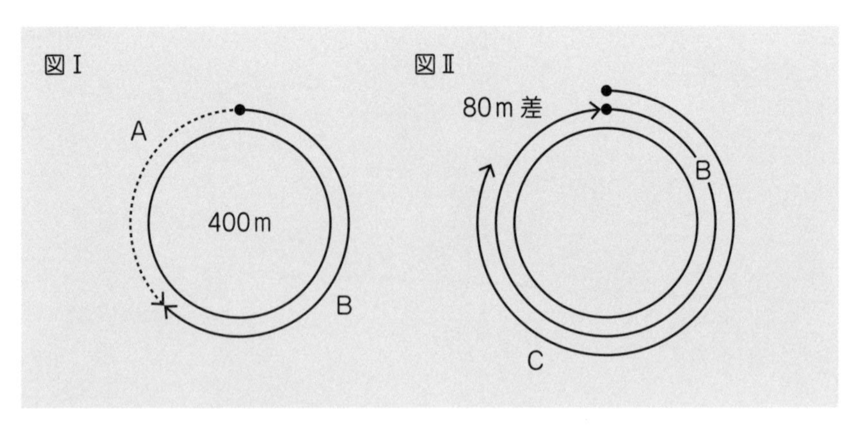

$$(250+b)\times\frac{32}{60}=400 \Rightarrow 250+b=750 \Rightarrow \therefore b=500\ (\text{m/分})$$

が得られます。なお、これによりBが一周走るのにかかる時間は $\frac{\text{一周の距離}}{\text{Bの速さ}}=\frac{400}{500}=\frac{4}{5}$（分）となります。

次に「Bが一周したとき、CはBの80m後ろを走っていた（図Ⅱ）」より、旅人算の公式

（Bの速さ－Cの速さ）×時間＝2人の差80m

が成り立ちます。Cの速さを c（m/分）と置いて方程式を立てます。

$$(500-c)\times\frac{4}{5}=80 \Rightarrow 500-c=100 \Rightarrow \therefore c=400\ (\text{m/分})$$

以上より、正解は肢3です。

正解 3

セクション
35 旅人算②

重要度 ★★★★★

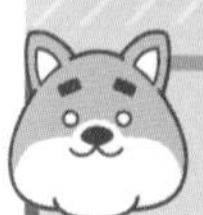

引き続き有名な旅人算のシチュエーションを解説します。

このセクションのGoal

・問題文から旅人算の表現を読み取ることができるようになる。
・旅人算の公式を用いて方程式が解けるようになる。

公式・基礎知識

A，Bの２人が同時にスタートすることを前提とします。

【旅人算の公式】

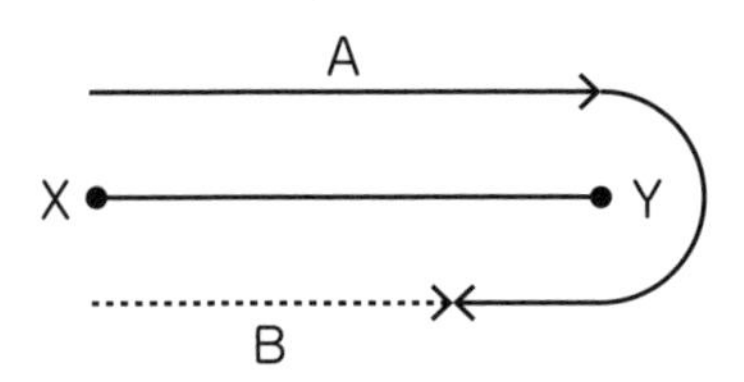

⑤A，BがXを出発して、AがYを折り返してからBとすれ違う場合
公式 （Aの速さ＋Bの速さ）× 時間 ＝ＸＹの距離 × 2

例題 35

特別区Ⅰ類 2014　難易度▸★★★

A～Cの3人が、スタートから20km走ったところで折り返し、同じ道を戻ってゴールする40kmのロードレースを行った。今、レースの経過について、次のア～ウのことが分かっているとき、Cがゴールしてから Bがゴールするまでに要した時間はどれか。ただし、A～Cの３人は同時にスタートし、ゴールまでそれぞれ一定の速さで走ったものとする。

ア　Aは、16km走ったところでCとすれ違った。
イ　Bが8km走る間に、Cは24km走った。
ウ　AとBは、スタートから３時間20分後にすれ違った。

1. 5時間20分
2. 5時間40分
3. 6時間
4. 6時間20分
5. 6時間40分

STEP1 条件ア、イを同時に考える

条件アを図示すると次図のようになります。Cは24km走ったところでAとすれ違っています。

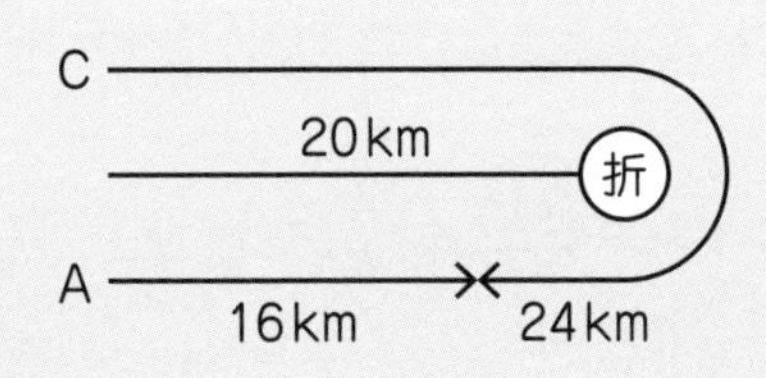

今度は条件イに注目してください。この条件でもCは24km走っています。つまり、条件ア、イより、Cが24km走っている間にAは16km、Bは8km走っていることがわかります。さらに同時にスタートしているのでこの間の時間は同じです。したがって、

【注意】
図より旅人算の公式⑤を使いたいところですが、時間と速さがわかっておらず方程式が立てづらいので、ここは比を使いました。

距離の比＝速さの比　A：B：C＝16：8：24＝2：1：3

が成り立ちます。

STEP2 条件ウを考える

「AとBは、スタートから3時間20分後にすれ違った」を図示します。

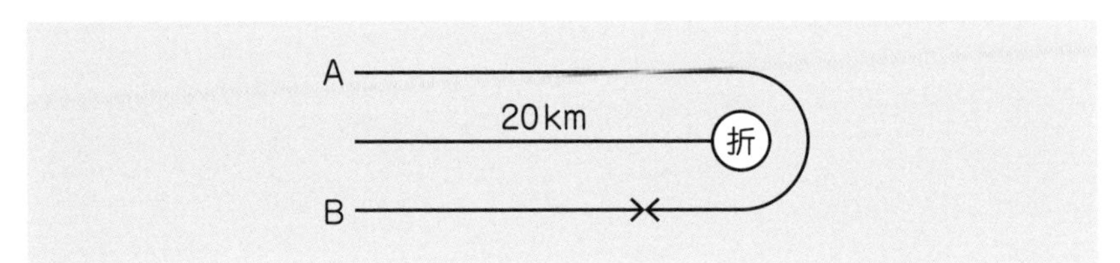

図より、旅人算の公式（Aの速さ＋Bの速さ）×時間＝往復の距離 40km が成り立ちます。ここで速さの比A：B＝2：1より2人の速さを $2x$km/時、$x$km/時と置いて公式に代入します。

今回は「3時間20分」と時間が判明しているので旅人算の公式を用いて方程式を立てました。

（Aの速さ＋Bの速さ）×時間＝往復の距離 40km

$(2x + x) \times \frac{10}{3} = 40$ $\left(3\text{時間}20\text{分} = \frac{10}{3}\text{時間}\right)$

$3x = 12$

$\therefore x = 4$ （km/時）

Bの速さは4km/時、Cの速さはBの3倍の12km/時となります。

Bのゴールタイム＝$\frac{\text{距離}}{\text{速さ}} = \frac{40}{4} = 10$ 時間

Cのゴールタイム＝$\frac{40}{12} = 3\frac{1}{3} = 3$ 時間 20 分

以上より、CがゴールしてからBがゴールするまでに要した時間は10時間から3時間20分を引いた6時間40分とわかります。

したがって、正解は肢5です。

正解 5

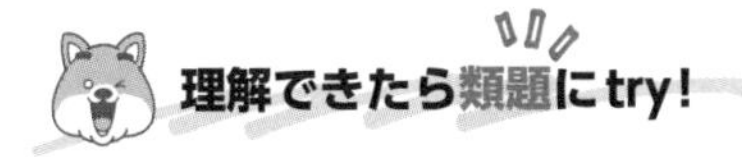

類題　東京都Ⅰ類B 2011　難易度▸★★★

5km 離れた２地点A，B間を同じ経路で、兄はオートバイで、弟は自転車でそれぞれ走って一往復することになり、13 時に弟が地点Aを出発した。その 32 分後に兄が地点Aを出発し、地点Bの手前 1km の地点で弟を追い越した。その後、復路を走る兄が弟とすれ違う時刻として、正しいのはどれか。ただし、兄弟が走る速さはそれぞれ一定であり、兄は弟の３倍の速さで走った。

1. 13 時 44 分
2. 13 時 54 分
3. 14 時 04 分
4. 14 時 14 分
5. 14 時 24 分

STEP1 兄が弟に追いつくまでを調べよう

便宜上、兄が弟に追いついた 4km 地点をC点とします。

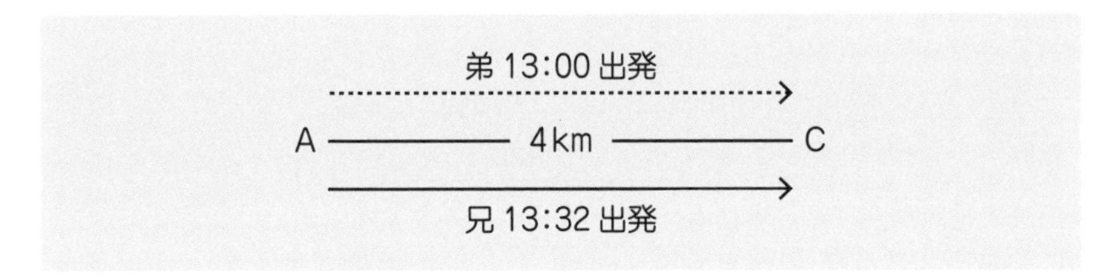

ＡＣ間の兄弟の距離は同じですから速さの比と時間の逆比が一致します。「兄は弟の３倍の速さ」より、速さの比は兄：弟＝３：１ですから時間の比は１：３になります。

時間の様子を図示します。

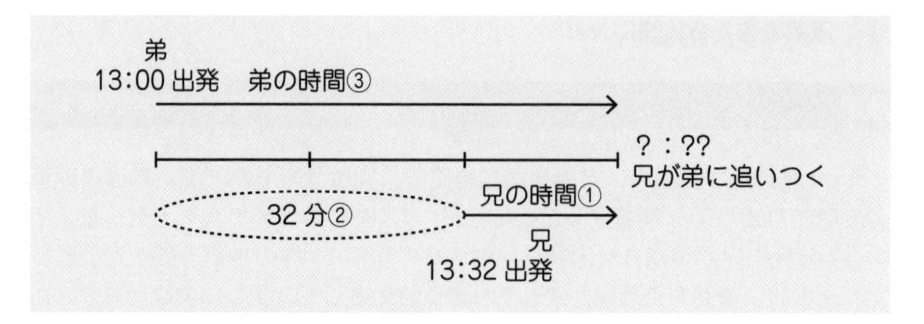

図より、②は32分に相当しますから、①＝16分となります。
これにより次のことがわかります。

・兄が弟に追いついたのは13時32分から16分後の13時48分
・兄の速さは$\frac{4000}{16}=250$（m/分）で、弟はその3分の1の$\frac{250}{3}$ m/分

STEP 2 C地点から兄と弟がすれ違うまでを調べよう

兄がC地点で追い越してからすれ違うまでの状況を図示すると次のようになります。

弟
13:48　C　1km　B
兄

図より、旅人算の公式（兄の速さ＋弟の速さ）×時間＝1000m×2が成り立ちます。時間をx分と置いて方程式を解きましょう。

（兄の速さ＋弟の速さ）×時間＝2000（m）

$\Rightarrow \left(250+\frac{250}{3}\right)\times x=2000$

$\frac{1000}{3}x=2000$

$\therefore x=6$（分）

以上より、兄弟がすれ違うのは、追い越した13時48分から6分後の13時54分となります。
したがって、正解は肢2となります。

正解 2

セクション

36 通過算

重要度 ★★☆☆☆

主役（主に電車）の長さも考慮する速さの問題を解説します。通過算には公式があり、方程式を立てて解くことが多いです。

このセクションのGoal

・通過算の問題を、公式から方程式を立てて解けるようになる。

公式・基礎知識

【通過算の公式】

①電車がトンネルや橋を通過する場合

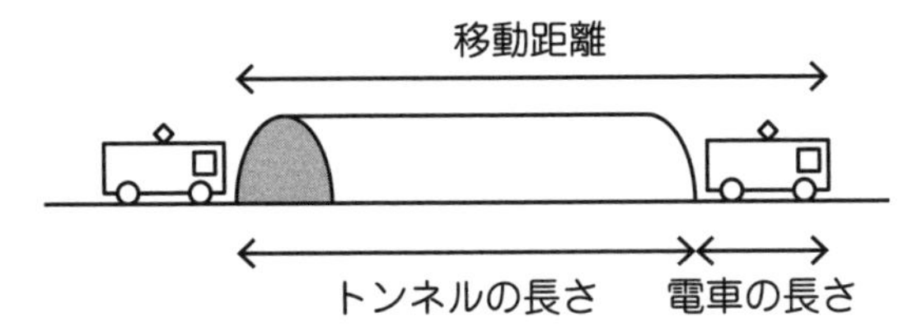

距離＝トンネルの長さ＋電車の長さ

公式 **電車の速さ×時間＝トンネルの長さ＋電車の長さ**

②電車Aが電車Bとすれ違う場合

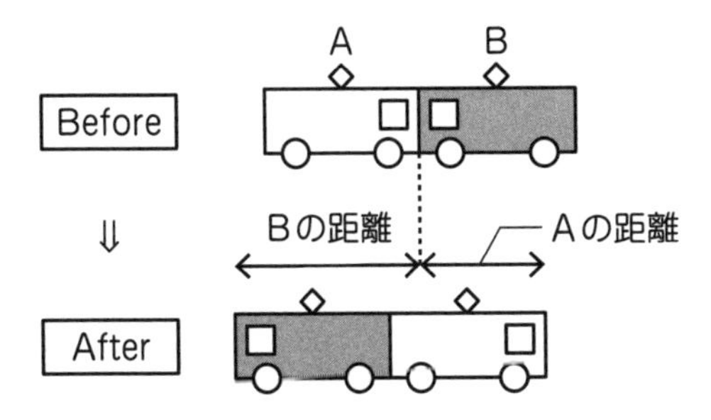

Aの距離＋Bの距離＝２つの電車の長さの和
⇒Aの速さ×時間＋Bの速さ×時間＝２つの電車の長さの和
公式（Aの速さ＋Bの速さ）×時間＝２つの電車の長さの和

③電車Aが電車Bを追い越すとき

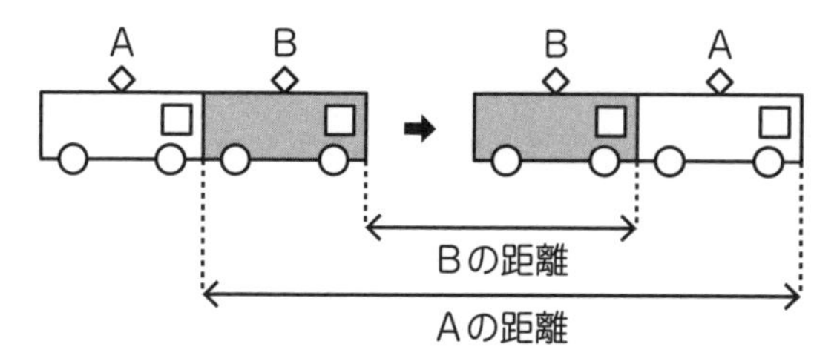

Aの距離－Bの距離＝２つの電車の長さの和
公式（Aの速さ－Bの速さ）×時間＝２つの電車の長さの和

【単位の変換（速さ）】

例）時速 72km を秒速に変換する

時速 72km は、1 時間で 72km 進むペースであることを意味します。これを 3,600 秒で 72,000m 進むと言い換えます。一方、秒速は 1 秒間で進むペースですから、72000 ÷ 3600 ＝ 20（m/秒）となります。

機械的に変換すると「距離を 1000 倍してそれを 3600 で割る」ってことだけど、こうやって速さの意味を理解して変換すると暗記に頼らなくて済みます。

例題 36　地方上級 2023　難易度▸★★★

長さが 90m の列車A，Bがある。この２つの列車がすれ違い始めてからすれ違い終わるのに６秒かかった。Bの速さがAの 1.5 倍であるとすると、Aの速さはいくらか。

1. 8m/秒
2. 10m/秒
3. 12m/秒
4. 14m/秒
5. 16m/秒

すれ違うときの通過算の公式

(Aの速さ＋Bの速さ)×時間＝列車の長さの和

が成り立ちます。「Bの速さがAの1.5倍」より，Aの速さをx(m/秒)、Bの速さを$1.5x$(m/秒)と置いて方程式を解きます。

$(x + 1.5x) \times 6 = 90 + 90$
$2.5x = 30$
$\therefore x = 12$ (m/秒)

よって、正解は肢3です。

正解 3

理解できたら類題にtry!

類題 東京都Ⅰ類B 2020 難易度▶★★★

直線の道路を走行中の長さ18mのトラックを、トラックと同一方向に走行中の長さ2mのオートバイと長さ5mの自動車が、追い付いてから完全に追い抜くまでに、それぞれ$\frac{8}{3}$秒と$\frac{46}{5}$秒かかった。オートバイの速さが自動車の速さの1.4倍であるとき、オートバイの時速として、正しいのはどれか。ただし、トラック、オートバイ、自動車のそれぞれの速さは、走行中に変化しないものとする。

1. 45km/時
2. 54km/時
3. 63km/時
4. 72km/時
5. 81km/時

追い越すときの通過算の公式、[(オートバイ〈自動車〉の速さ－トラックの速さ)×時間＝長さの和]が成り立ちます。自動車の速さをx(m/秒)、条件よりオートバイの速さを$1.4x$(m/秒)、トラックの速さをy(m/秒)と置いて、方程式を立てます。

①オートバイがトラックを追い越すとき

$$(1.4x - y) \times \frac{8}{3} = 2 + 18 \quad \Rightarrow \quad 11.2x - 8y = 60 \quad \cdots\cdots (1)$$

②自動車がトラックを追い越すとき

$$(x - y) \times \frac{46}{5} = 5 + 18 \quad \Rightarrow \quad 2x - 2y = 5 \quad \cdots\cdots (2)$$

(2)を 4 倍して、(1) − (2) × 4 を計算します。

$$(1) - (2) \times 4 \Rightarrow 3.2x = 40$$
$$\therefore x = 12.5 \text{（m/秒）}$$

オートバイの速さは 1.4 × 12.5 = 17.5（m/秒）となります。選択肢は時速ですので単位を変換します。

秒速 17.5m とは、1 秒間で 17.5m 進むペースであることを意味します。時速は 1 時間 = 3,600 秒で進むペースですから、17.5 × 3600 = 63000（m）= 63（km）進みます。

したがって、オートバイの速さは時速 63km ですので正解は肢 3 となります。

正解 3

セクション
37 流水算

重要度 ★★★☆☆

川の流れなど、自身以外の速さを加味しなくてはいけない問題を流水算と言います。流水算は、距離が同じシチュエーションがよく登場するため比を用いて解くことが多いです。

このセクションのGoal

・流水算の問題を、比を使って解けるようになる。

第9章 速さ

例題 37

国家一般職 2022　難易度▶★☆☆

流れの速さが秒速0.5mで一定の川があり、この川の上流地点Aと下流地点Bを、船で一定の速さで往復すると、上りは20分、下りは12分掛かった。いま、船の静水時における速さを1.5倍にして、一定の速さで下流地点Bから上流地点Aまで川を上ると、時間はいくら掛かるか。

1．10分　　2．12分　　3．14分　　4．16分　　5．18分

STEP1 速さの設定をしよう

静水時の船の速さを x（m/秒）とします。上りでは川の流れに逆らうので速さは $x-0.5$（m/秒）、下りは川の流れに従うので速さは $x+0.5$（m/秒）になります。

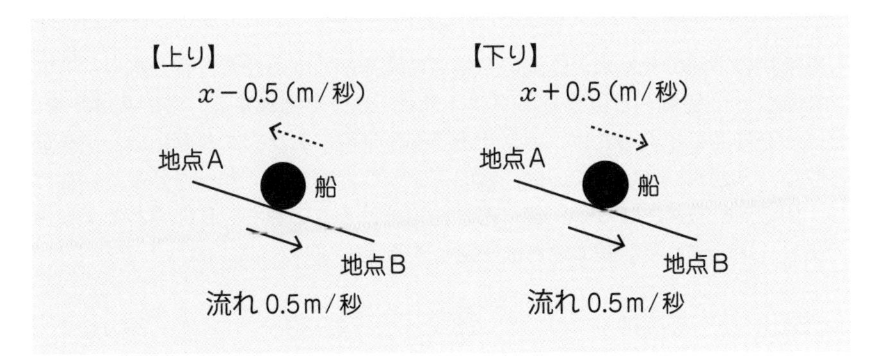

STEP2 上り、下りの距離が同じことを利用して比で解こう

上り（BからA）、下り（AからB）ともに距離は同じですので速さの比と時間の逆比が等しくなります。

	上り	下り
時間	20分 5	12分 3
速さ	$x-0.5$（m/秒）③	$x+0.5$（m/秒）⑤

表より、速さの比は上り：下り＝3：5ですので次の比例式が成り立ちます。

$$(x-0.5):(x+0.5)=3:5$$
$$5x-2.5=3x+1.5$$
$$\therefore x=2.0 \text{（m/秒）}$$

以上より、下りの速さは2＋0.5＝2.5（m/秒）となります。さらに「船の静水時における速さを1.5倍」は2.0×1.5＝3.0（m/秒）となりますので、この時の上りの速さは3－0.5＝2.5（m/秒）で下りの速さと同じです。したがって、かかる時間は12分となります。

よって、正解は肢2となります。

正解 2

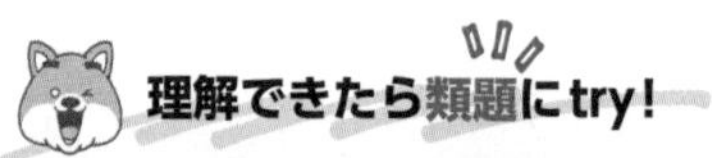

類題　特別区Ⅰ類2020　難易度▸★★★

ある川の下流のP地点と上流のQ地点の間を航行する船A，Bがあり、AはPからQへ3時間、BはQからPへ1時間30分で到着する。今、AはPを、BはQを同時に出発したが、Aは出発の48分後にエンジンが停止し、川を流された。BがAに追いつくのは、Aのエンジンが停止してから何分後か。ただし、川の流れの速さは8km/時、静水時におけるAの速さはBの速さの1.5倍であり、川の流れ及び船の速さは一定とする。

1. 24分　2. 26分　3. 28分　4. 30分　5. 32分

STEP 1 A，Bの速さを求めよう＆ＰＱ間の距離を求めよう

「静水時におけるAの速さはBの速さの1.5倍」より、A，Bの静水時の速さをそれぞれ $1.5x$（km/時）、x（km/時）と置きます。すると、AのＰからＱ（上り）の速さは $1.5x - 8$（km/時）、BのＱからＰ（下り）の速さは $x + 8$（km/時）となります。

「AはＰからＱへ３時間、BはＱからＰへ１時間30分で到着する」より、ＰＱ間の距離が同じなので、時間の比と速さの逆比は等しくなります。

	A（上り）	B（下り）
時間	３時間 ②	１時間30分 ①
速さ	$1.5x - 8$（km/時）[1]	$x + 8$（km/時）[2]

速さについて比例式 $(1.5x - 8) : (x + 8) = 1 : 2$ が成り立ちます。これを解くと $x = 12$（km/時）が得られますので、

・Aの静水時の速さ＝18(km/時) ⇒ 上りの速さ＝18－8＝10(km/時)
・Bの静水時の速さ＝12(km/時) ⇒ 下りの速さ＝12＋8＝20(km/時)

となります。

ここで、「AはＰからＱへ３時間」より、

$$\text{ＰＱ間の距離} = 10 \times 3 = 30\ (\text{km})$$

となります。

STEP 2 48分後 $\left(\frac{4}{5}\text{時間後}\right)$ を検討しよう

Aのエンジンが停止する48分後 $\left(\frac{4}{5}\text{時間後}\right)$ がどうなっているかを調べます。$\frac{4}{5}$ 時間で、

$$A : 10 \times \frac{4}{5} = 8\ (\text{km})$$

$$B : 20 \times \frac{4}{5} = 16\ (\text{km})$$

進んでいます。これを図示すると次のようになります（便宜上P，Qの高低差は省きます）。

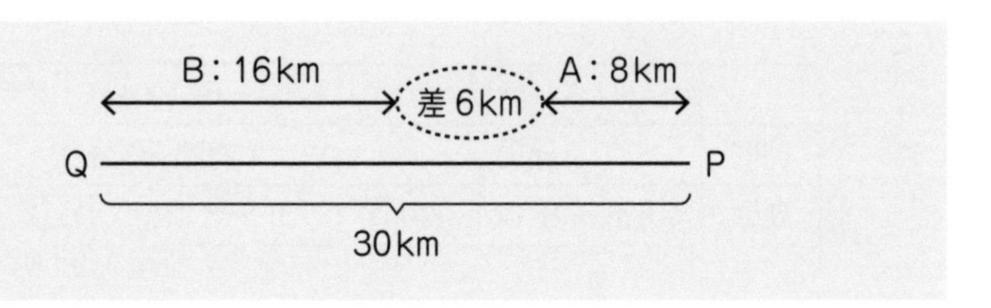

ここからBがAに追いつく状況を図示します。なお、Aはエンジンが停止しているので速さは川の流れである8km/時となります。

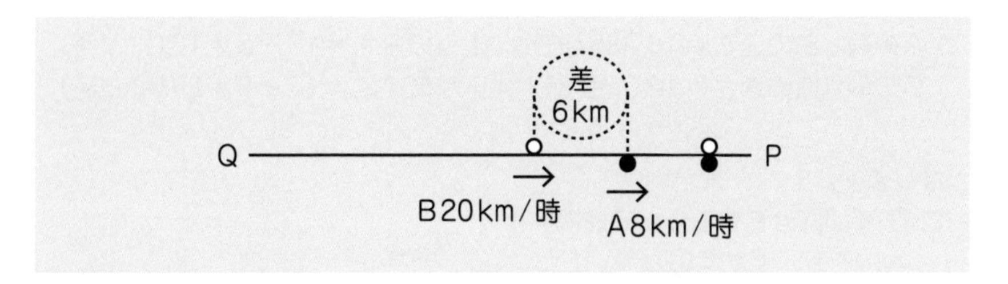

図より、旅人算の公式（Bの速さ－Aの速さ）×時間＝A，Bの差が成り立ちます。時間をx時間と置いて方程式を立てます。

$$(20-8) \times x = 6$$

$$\therefore x = \frac{1}{2}\ (\text{時間}) = 30\ (\text{分})$$

以上より、正解は肢4となります。

正解 4

第10章

記数法

ポイント講義は
こちら

セクション

38 記数法

重要度
★★☆☆☆

記数法の問題は出題頻度こそ高くないものの、変換の問題はやり方を知っていれば確実に正解できるので最低限の知識は覚えておきましょう。

このセクションのGoal

・n 進法を 10 進法に変換できるようになる。
・10 進法を n 進法に変換できるようになる。

公式・基礎知識

【位取り記数法①】

次図のように「●」が多数あります。何個ありますか？ このとき、10 個のかたまりでまとめて数を数える方法を 10 進法と言います。10 のかたまりが 2 個、バラが 1 個なので「21」と表記します。

では、例えば 6 個のかたまりで数える 6 進法ならどうなるでしょう？ 次図のように 6 のかたまりが 3 個、バラが 3 個なので「33」と表記します。このように n 個のかたまりでまとめて数を数える方法を n 進法と言います。

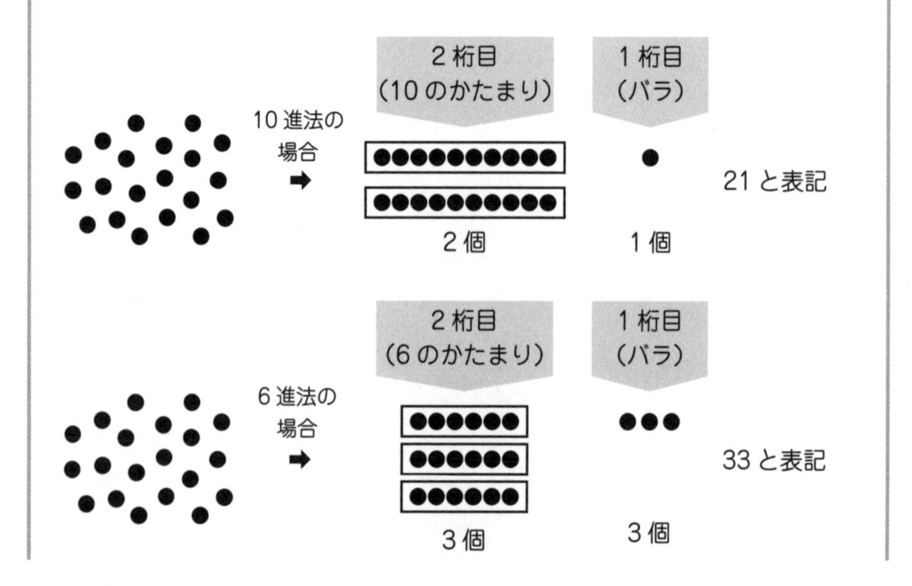

【位取り記数法②】

一般的な n 進法は 0 ～（n − 1）までの n 種類の数字を使って数の大きさを表します。例えば 10 進法なら 0 ～ 9 の 10 種類を、6 進法なら 0 ～ 5 の 6 種類を使用します。

それを踏まえて次図の「●」を 6 進法で表してみてください。以下に間違い例を示します。どこが間違っているかわかりますか？

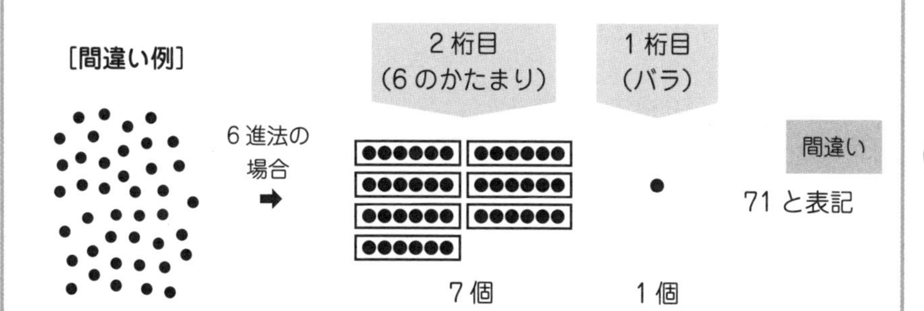

6 進法は 0 ～ 5 の 6 種類の数字で表すので「7」を使うことはできません。この場合、6 のかたまりの次に 6^2 のかたまりを数えます。

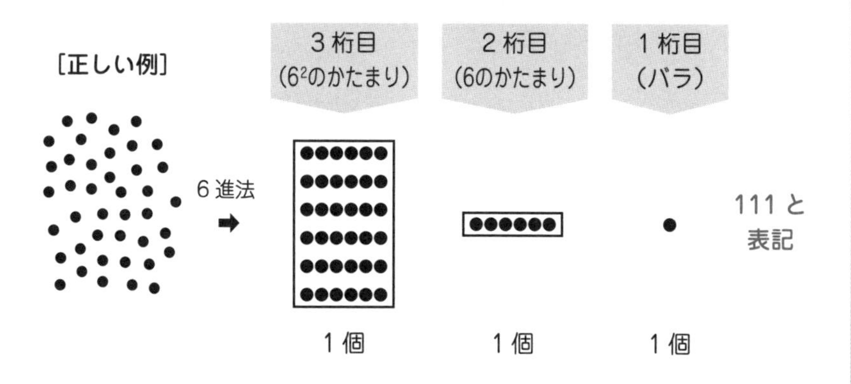

［まとめ（n 進法について）］

・一般的に 0 ～（n − 1）の n 種類の数字を用いて数を表す。

・1 桁目にバラ、2 桁目に n のかたまり、3 桁目に n^2 のかたまり、4 桁目に n^3 のかたまり……の数を数えていく。

【記数法の変換（n 進法 → 10 進法）】

例 1）5 進法の 2341 を 10 進法に変換する

$2341_{(5)}$

$= 2 \times 5^3 + 3 \times 5^2 + 4 \times 5 + 1$
$= 250 + 75 + 20 + 1$
$= 346$（← 10 進法）

4 桁目	3 桁目	2 桁目	1 桁目
5^3のかたまり	5^2のかたまり	5のかたまり	バラ
2 個	3 個	4 個	1 個

例 2）3 進法の 212 を 10 進法に変換する

$212_{(3)}$
$= 2 \times 3^2 + 1 \times 3 + 2$
$= 18 + 3 + 2$
$= 23$（← 10 進法）

3 桁目	2 桁目	1 桁目
3^2のかたまり	3のかたまり	バラ
2 個	1 個	2 個

【記数法の変換（10 進法→ n 進法）】

（例）10 進法の 346 を 5 進法に変換する

5 進法は 5 のかたまりですから、346 を 5 で割り続けます。

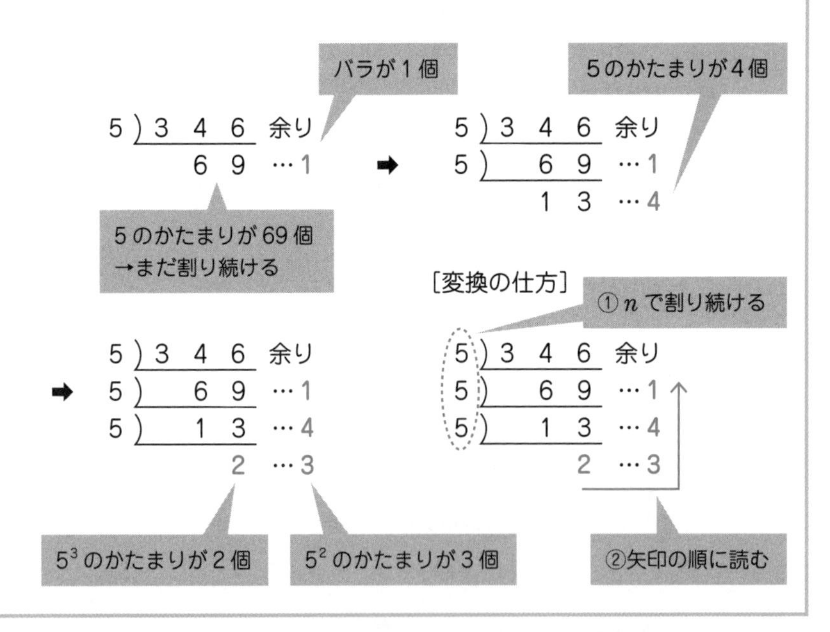

例題 38

東京消防庁 2011　難易度▶★★★

6 進法で表された 521 に、8 進法で表された 574 を加え、4 進法で表された 302 で割ったときの余りを 3 進法で表したものとして、最も妥当なのはどれか。

1. 112　　2. 113　　3. 210　　4. 212　　5. 221

各数字を 10 進法に変換します。

$$521_{(6)} = 5 \times 6^2 + 2 \times 6 + 1 = 193$$
$$574_{(8)} = 5 \times 8^2 + 7 \times 8 + 4 = 380$$
$$302_{(4)} = 3 \times 4^2 + 0 \times 4 + 2 = 50$$

「6 進法で表された 521 に、8 進法で表された 574 を加え、4 進法で表された 302 で割った」は、10 進法で次のように表されます。

$$(193 + 380) \div 50 = 11 \quad 余り\ 23$$

```
3 ) 2 3
3 )   7  …2 ↑
      2  …1 │
      └──────┘
```

23 を 3 進法で表すと 212 になりますので正解は肢 4 となります。

正解 4

理解できたら類題にtry!

類題　東京消防庁 2014　難易度▸ ★★★

10 進法で表された 84 をN進法（Nはある自然数）で表すと 124 になるとき、10 進法の数字をN進法で表してあるものとして、最も妥当なのはどれか。

10 進法		N進法
84	→	124

	10 進法		N進法
1.	62	→	64
2.	205	→	315
3.	343	→	570
4.	404	→	702
5.	1252	→	2596

N進法の124を10進法に変換すると$1 \times N^2 + 2 \times N + 4$と表すことができます。これが84ですから次の方程式が立ちます。

3桁目	2桁目	1桁目
N^2のかたまり	Nのかたまり	バラ
1個	2個	4個

$$N^2 + 2N + 4 = 84$$
$$N^2 + 2N - 80 = 0$$
$$(N + 10)(N - 8) = 0$$
$$\therefore N = 8, \ -10$$

Nは自然数ですからN＝8、つまり8進法だとわかります。

選択肢の数を8進法に変換します。なお、肢5については「2596」と8進法では使われない「9」があるので明らかに間違いとわかります。

次図より、正解は肢2の$205_{(10)} = 315_{(8)}$です。

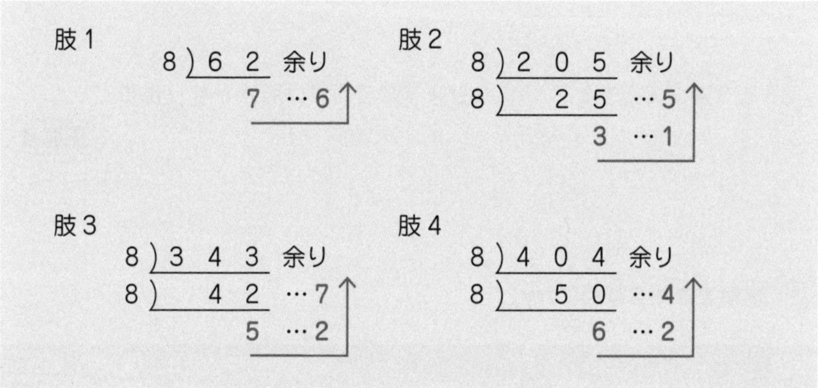

肢1

```
8 ) 6 2  余り
      7 …6
```

肢2

```
8 ) 2 0 5  余り
8 )   2 5 …5
        3 …1
```

肢3

```
8 ) 3 4 3  余り
8 )   4 2 …7
        5 …2
```

肢4

```
8 ) 4 0 4  余り
8 )   5 0 …4
        6 …2
```

正解2

応用問題を解いてみよう！

応用　裁判所職員（高卒程度）2020　難易度▶★★

3 × 3 のマス目を使い、ある規則に従って模様を作ると、上の数字を表すという。

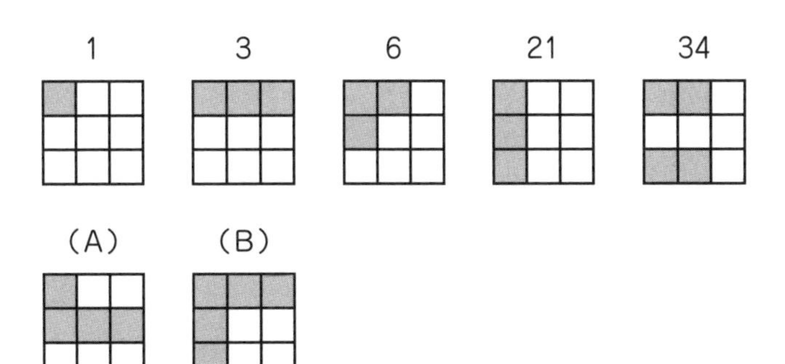

このとき、（A）+（B）の結果を表したものは、次のうちどれか。

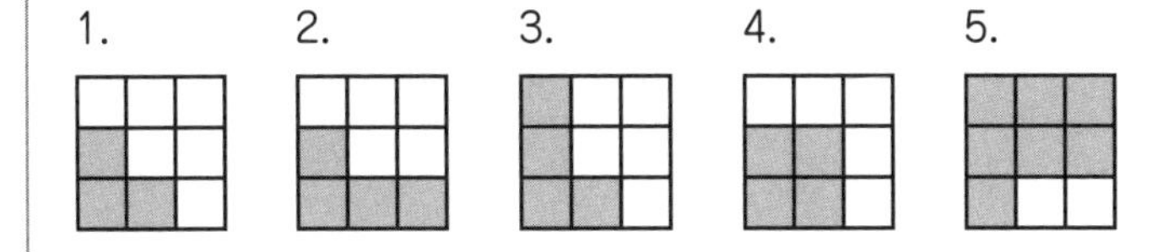

問題の 1，3，6 から 2，4，5 を推測します。

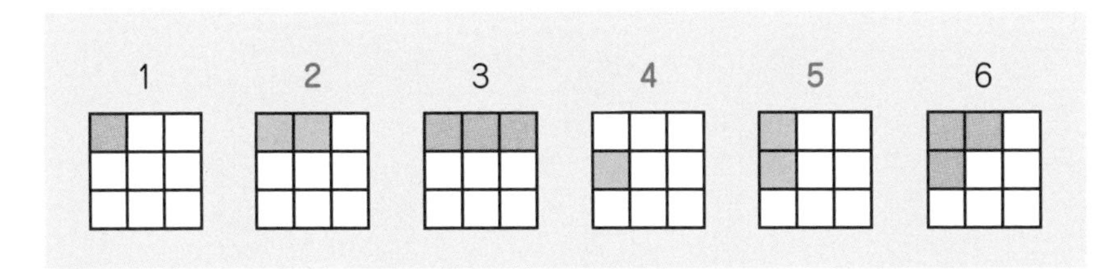

これより、上段の列が 3 マス埋まると次は中段の列が 1 マス埋まると推測できます。つまりマスが 4 つにならず 1 つ繰り上がっているので、この問題は **4 進法**だと推測できます。上段を 1 のかたまり、中段を 4 のかたまり、下段を $4^2 = 16$ のかたまりとすると、問題の 21，34 とも合致するのでこの推測で間違いないでしょう。

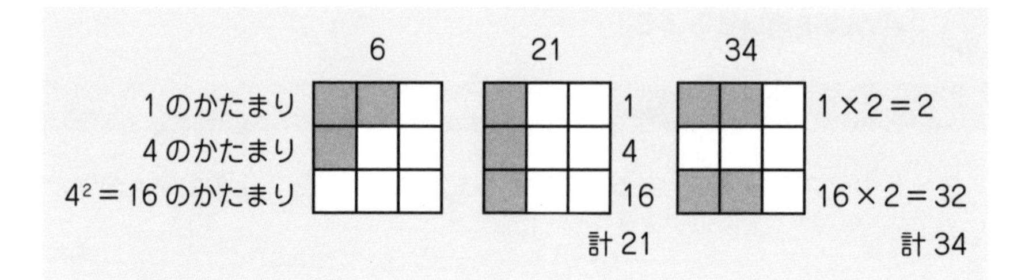

A，Bは、

A＝1のかたまり×1個＋4のかたまり×3個＝13
B＝1のかたまり×3個＋4のかたまり×1個＋4^2のかたまり×1個＝23

とわかります。したがって、A＋B＝36です。
36は、4^2のかたまり×2個＋4のかたまり×1個で表すことができます。

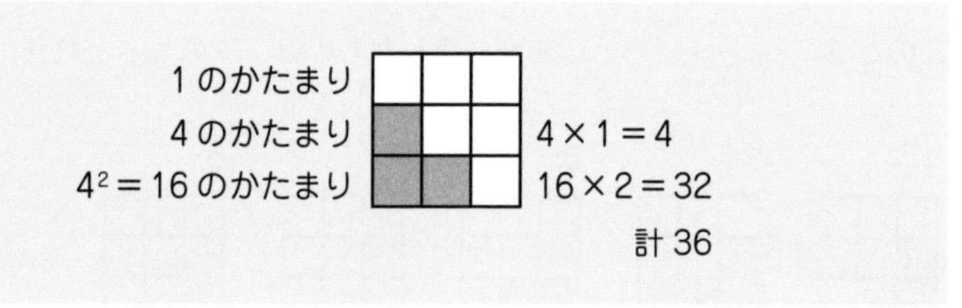

したがって、正解は肢1となります。

正解 1

第11章

セクション

39 等差数列

重要度 ★★☆☆☆

数学で扱う「数列」ですが、数的推理でも出題されます。特に等差数列と階差数列がよく出題されます。公式を覚えていれば解ける問題もありますので、苦手意識がある人も公式は覚えておきましょう。

このセクションのGoal

・等差数列の一般項の公式を扱えるようになる。
・等差数列の和の公式を扱えるようになる。

公式・基礎知識

【等差数列】

同じ数（公差）を足し続けることで得られる数列を等差数列と言います。

例）初項（1 番目の数）2、公差 3 の等差数列

初項	第 2 項	第 3 項	第 4 項	第 5 項	第 6 項
2	5	8	11	14	17

+3　+3　+3　+3　+3

数列では「○番目」のことを「第○項」と言います。

【等差数列の公式】

［一般項の公式］

・第 n 項（n 番目）の数＝初項＋（$n-1$）×公差

例えば「第 100 項目の数を求めよ」なんてときに使います。

［和の公式］

・初項から第 n 項までの和＝ $\dfrac{\text{数列の個数}\times(\text{初項の数}+\text{最後の数})}{2}$

特に、初項 1、公差 1 の等差数列の和 $1+2+3+\cdots\cdots+(n-1)+n$ の和も覚えておきましょう。

・$1+2+3+\cdots\cdots+(n-1)+n=\dfrac{n\times(1+n)}{2}$

「数列の個数」に n、「初項の数」に 1、「最後の数」に n を代入します。

例題 39

特別区Ⅰ類 2009　難易度▶★★★

次の図のように、同じ長さの線でつくった小さな正三角形を組み合わせて、大きな正三角形をつくっていくとき、12段組み合わせるのに必要な線の合計の本数はどれか。

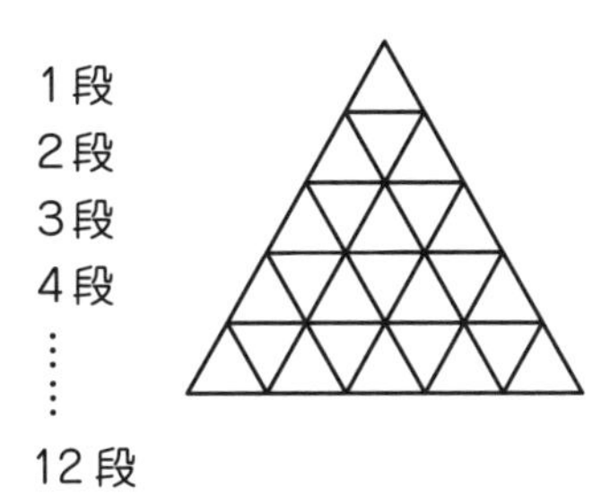

1. 198本　2. 216本　3. 228本　4. 234本　5. 252本

まずは各段に使われている線の本数を調べましょう。

段	本数
1段	3本
2段	6本
3段	9本
4段	12本
5段	15本

線の本数が、初項3、公差3の等差数列になっていることがわかります。

STEP1 12段目に使われている線の本数を調べよう

等差数列の一般項の公式「第n項の数＝初項＋($n-1$)×公差」より、

12段目の本数＝3＋(12－1)×3＝36（本）

$n=12$を代入します。

となります。

STEP 2 1段目から12段目までの和を求める

「12段組み合わせるのに必要な線の合計」より、各段の線の本数を全部足します。

等差数列の和の公式「$\dfrac{\text{数列の個数} \times (\text{初項の数} + \text{最後の数})}{2}$」より、

$$3 + 6 + 9 + 12 + 15 + \cdots\cdots + 36$$
$$= \frac{12 \times (3 + 36)}{2}$$
$$= 234\text{（本）}$$

「数列の個数」に12、「初項の数」に3、「最後の数」に36を代入します。

したがって、正解は肢4となります。

正解 4

理解できたら類題にtry!

類題 東京都Ⅰ類B 2015 難易度▸★★★

下図のように、白と黒の碁石を交互に追加して正方形の形に並べていき、最初に白の碁石の総数が120になったときの正方形の一辺の碁石の数として、正しいのはどれか。

```
○● ⇒ ○●○ ⇒ ○●○● ⇒ ○●○●○ ⇒ ・・・
●●    ●●○    ●●○●    ●●○●○
      ○○○    ○○○●    ○○○●○
             ●●●●    ●●●●○
                     ○○○○○
```

1. 11　　2. 13　　3. 15　　4. 17　　5. 19

白のみに着目して考えます。次図のように白$_1$，白$_2$，白$_3$，……として白の数を数えます。

	白$_1$	白$_2$	白$_3$
碁石	1	5	9

+4　+4

白$_1$　白$_2$　白$_3$
○●○●○
●●○●○
白$_2$ ○○○●○
●●●●○
白$_3$ ○○○○○

白の碁石の数は初項1、公差4の等差数列に則って増えていることがわかります。白$_n$のとき、碁石の数は等差数列の一般項の公式より、

$$
\begin{aligned}
白_n &= 初項 + (n - 1) \times 公差 \\
&= 1 + 4(n - 1) \\
&= 4n - 3
\end{aligned}
$$

となります。

	白$_1$	白$_2$	白$_3$	……	白$_n$
碁石	1	5	9	……	$4n - 3$
合計	1	6	15	……	120

問題文「白の碁石の総数が120になったとき」及び等差数列の和の公式より、次の式が成り立ちます。

$$
\begin{aligned}
&白_1 + 白_2 + 白_3 + \cdots\cdots + 白_n = 120 \\
&\Rightarrow \frac{数列の個数(初項の数 + 第n項の数)}{2} = 120 \\
&\Rightarrow \frac{n(1 + 4n - 3)}{2} = 120 \\
&\Rightarrow 2n^2 - n - 120 = 0
\end{aligned}
$$

解の公式より、

$$n = \frac{-(-1) \pm \sqrt{(-1)^2 - 4 \times 2 \times (-120)}}{2 \times 2}$$
$$= \frac{1 \pm \sqrt{961}}{4}$$
$$= \frac{1 \pm 31}{4}$$
$$\therefore n = 8,\ -\frac{15}{2}$$

二次方程式の解の公式
$ax^2 + bx + c = 0$
$x = \dfrac{-b \pm \sqrt{b^2 - 4ac}}{2a}$

n は自然数ですので、$n = 8$ となります。

白$_8$ まで並べるのに黒は 7 列並べますから、正方形の一辺の碁石の数は $8 + 7 = 15$ となります。

したがって、正解は肢 3 となります。

正解 3

応用　東京消防庁 2017　難易度 ★★★

数列 $\frac{1}{1}$, $\frac{1}{2}$, $\frac{3}{2}$, $\frac{1}{3}$, $\frac{3}{3}$, $\frac{5}{3}$, $\frac{1}{4}$, $\frac{3}{4}$, $\frac{5}{4}$, $\frac{7}{4}$, $\frac{1}{5}$, …において、この数列の第 100 項の数として、最も妥当なのはどれか。

1. $\frac{17}{14}$　2. $\frac{7}{12}$　3. $\frac{19}{14}$　4. $\frac{20}{12}$　5. $\frac{21}{14}$

STEP 1 規則を見抜こう

与えられた数列を次のようなグループに分けます。

グループ	第1	第2		第3			第4			
項	1	2	3	4	5	6	7	8	9	10
数列	$\frac{1}{1}$	$\frac{1}{2}$	$\frac{3}{2}$	$\frac{1}{3}$	$\frac{3}{3}$	$\frac{5}{3}$	$\frac{1}{4}$	$\frac{3}{4}$	$\frac{5}{4}$	$\frac{7}{4}$

次のようなことがわかります。

規則①：第 n グループには n 個の数列がある
規則②：第 n グループの分母は n
規則③：第 n グループの分子は初項 1、公差 2 の等差数列
〈一般項 $1+(n-1)\times 2$〉

第 100 項が第 n グループにあるとします。

グループ	第 n グループ					
項						
数列	$\frac{1}{n}$	$\frac{3}{n}$	$\frac{5}{n}$	$\frac{7}{n}$	…	$\frac{1+2(n-1)}{n}$

この中のどこかに第 100 項があります（第 n グループの最後が第 100 項とは限りません）。

STEP2 n を求めよう

規則①より、第 n グループまでの数列の個数は $1+2+3+4+\cdots\cdots n=\frac{n(1+n)}{2}$（個）と表すことができます。第 n グループの中に第 100 項目の数があるわけですから、$\frac{n(1+n)}{2}$ 項目は 100 項目以降です。したがって $\frac{n(1+n)}{2}\geqq 100$ が成り立ちます。n が正の整数であることを利用して次のように解きます。

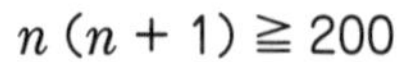

$n(n+1) \geqq 200$

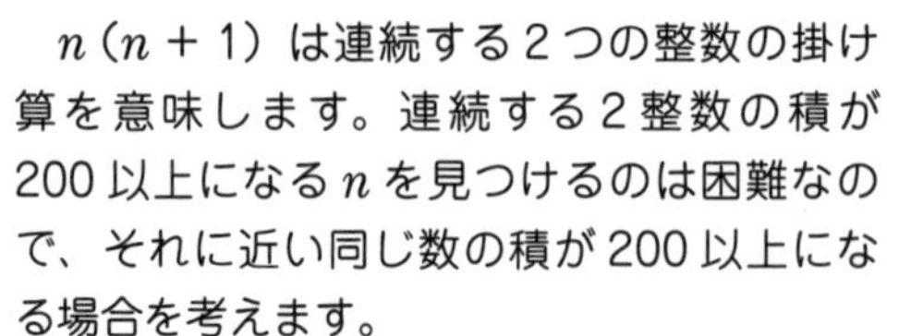

$n(n+1)$ は連続する 2 つの整数の掛け算を意味します。連続する 2 整数の積が 200 以上になる n を見つけるのは困難なので、それに近い同じ数の積が 200 以上になる場合を考えます。

【難解な不等式】
普通に 2 次不等式を解こうとすると計算量が多すぎるので、解説のように解きました。実際に整数を当てはめてみましょう。

$$14 \times 14 = 196$$
$$15 \times 15 = 225$$

より、$14 \times 15 = 210 \geqq 200$ だとわかります。したがって、$n = 14$ となります。

STEP 3 第 100 項を求めよう

第 14 グループの最後は $\dfrac{14 \times (1 + 14)}{2}$ ＝第 105 項です。表に $n = 14$ を代入します。

グループ	第 14 グループ					
項						105
数列	$\frac{1}{14}$	$\frac{3}{14}$	$\frac{5}{14}$	$\frac{7}{14}$	…	$\frac{27}{14}$

第 105 項から分子を 2 ずつ減らしながら第 100 項を求めましょう。

グループ	第 14 グループ										
項						100	101	102	103	104	105
数列	$\frac{1}{14}$	$\frac{3}{14}$	$\frac{5}{14}$	$\frac{7}{14}$	…	$\frac{17}{14}$	$\frac{19}{14}$	$\frac{21}{14}$	$\frac{23}{14}$	$\frac{25}{14}$	$\frac{27}{14}$

以上より、正解は肢 1 となります。

正解 1

セクション

40 階差数列

重要度 ★★☆☆☆

規則性を見つけるとき、隣り合う項の差をとる方法があります。このセクションでは差をとる階差数列について学習します。近年の階差数列は計算量が多くなく、1つ1つ調べていけば正解にたどり着ける問題が多く出題されるので、数列の問題が出たらとりあえず差をとってみる習慣を持つことが大事です。

このセクションのGoal

・規則性を見つけるために差をとることができるようになる。

公式・基礎知識

【階差数列】

次の数列 $\{a_n\}$ は規則性がないように見えますが、隣り合う項の差をとってみると、差の数列 $\{b_n\}$ が等差数列になっていることに気づきます。$\{b_n\}$ のことを $\{a_n\}$ に対する階差数列と言います。

	初項	第2項	第3項	第4項	第5項	第6項
a_n	2	3	5	8	12	17
b_n	1	2	3	4	5	

【$\{a_n\}$ の一般項】

$\{a_n\}$ の一般項 a_n = a_n の初項 + b_n の第 $(n-1)$ 項までの和

例）上の表の $\{a_n\}$ の第6項 $\{a_6\}$

$a_6 = a_1 + b_1$ から b_5 までの和

$= 2 + (1 + 2 + 3 + 4 + 5)$

$= 17$

例題 40

警視庁 2017　難易度▶★★★

下図は円内の平面に３本の直線を引き、円内の平面を分割したところを表している。この円内に５本の直線を書き加えることによって分割される平面の最大の数として、最も妥当なのはどれか。

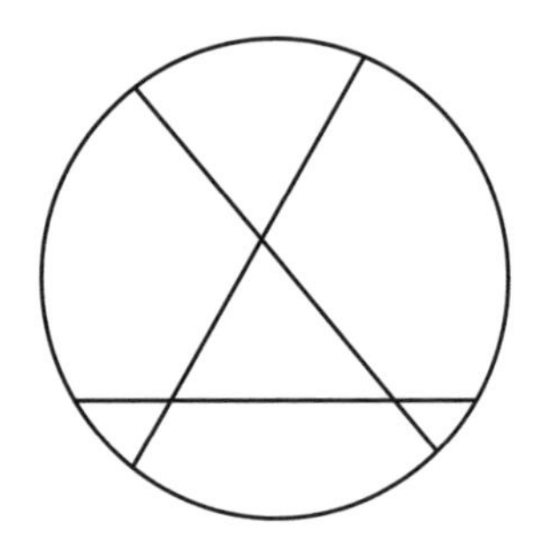

1．34　　2．35　　3．36　　4．37　　5．38

「この円内に５本の直線を書き加える」は、「既に引いてある３本に５本を加えて計８本の線を引く」という意味ですので気をつけてください。

まずは、「分割される平面の最大の数」とはどういうことかを確認します。直線が３本の場合を例に見てみます。

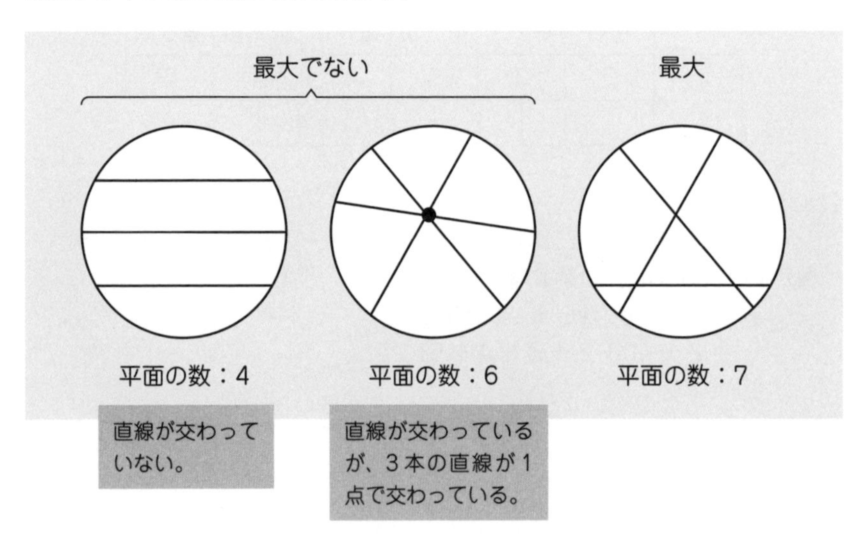

直線が交わっていない。

直線が交わっているが、３本の直線が１点で交わっている。

最大でない例を逆説的に考えると、最大に分割されるのは、

・どの直線同士も必ず交わる
・ただし、3本以上の直線が1点で交わってはいけない

を満たす場合だとわかります。

以上を踏まえて直線が1本，2本，3本，4本のときいくつの平面ができるか調べ、規則性を見抜きます。

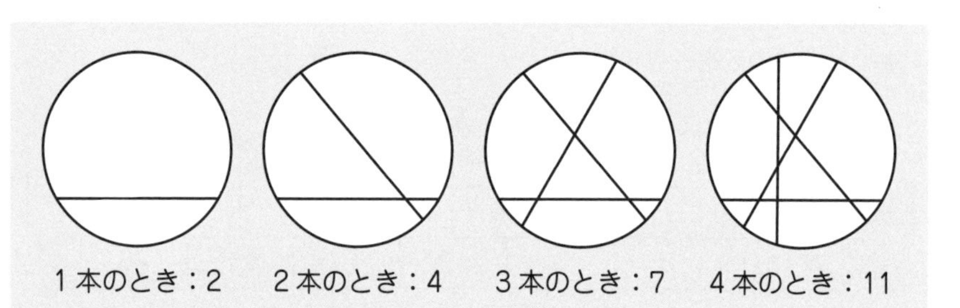

平面の数の差をとると、2，3，4 …… と増えていることに気づきます。

直線	1	2	3	4
平面	2	4	7	11
差	2	3	4	

これを8本まで続けていくと次のようになるはずです。

直線	1	2	3	4	5	6	7	8
平面	2	4	7	11	16	22	29	37
差	2	3	4	5	6	7	8	

以上より、正解は肢4となります。

正解 4

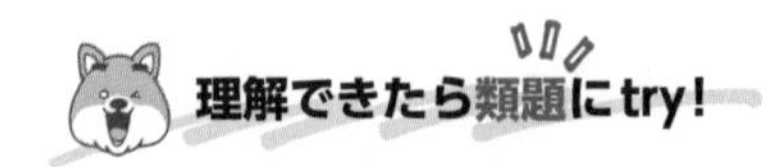

類題

特別区経験者採用 2009　難易度▸★★★

0，5，14，27，44，65，90 …… で表される数列の第 48 項を 47 で割った値はどれか。

1．47　　2．97　　3．191　　4．2255　　5．4559

隣り合う項の差をとります。

項	初項	第 2 項	第 3 項	第 4 項	第 5 項	第 6 項	第 7 項
数列 $\{a_n\}$	0	5	14	27	44	65	90

差 $\{b_n\}$	5	9	13	17	21	25

差の数列 $\{b_n\}$ が、**初項 5、公差 4 の等差数列**になっていることに気づきます。したがって、求める数列 $\{a_n\}$ の第 48 項 $\{a_{48}\}$ は次のように表されます。

$\{a_{48}\}$ ＝初項 $\{a_1\}$ ＋差の数列 $\{b_n\}$ の第 47 項までの和
＝0＋$(\underline{5+9+13+17+\cdots\cdots b_{47}})$

下線部の値を求めます。

初項 5、公差 4 の等差数列の第 47 項は、$b_{47}=5+(47-1)\times 4=189$ です。したがって、差の数列の第 47 項までの和は、

$$\frac{\text{数列の個数}\times(\text{初項}+\text{第47項})}{2}$$
$$=\frac{47\times(5+189)}{2}$$
$$=47\times\frac{194}{2}$$
$$=47\times 97$$

となります。これより、

$$
\begin{aligned}
\{a_{48}\} &= 0 + \underline{47 \times 97} \\
&= 47 \times 97
\end{aligned}
$$

です。この数を 47 で割った 97 の肢 2 が正解となります。

なお、この問題はもっと簡単に解ける別解があるので紹介します。

「差をとる」ほど出ないけど「積に分解する」規則性の見つけ方もあります。

【別解】「掛け算の分解」を使う解法

各項の数字を次のように分解してみます。

項	初項	第 2 項	第 3 項	第 4 項	第 5 項	第 6 項	第 7 項
数列	0	5	14	27	44	65	90
掛け算	0	1 × 5	2 × 7	3 × 9	4 × 11	5 × 13	6 × 15

掛け算の左の部分に注目してください。第 n 項の場合、$n-1$ を掛けていることがわかります。さらに掛け算の右側も見てください。ちょっとわかりづらいですが、第 n 項の場合、$2n+1$ を掛けていることに気づきます。つまり、$\{a_n\} = (n-1) \times (2n+1)$ と表されることがわかります。

これより、第 48 項は、$(48-1) \times (2 \times 48 + 1) = 47 \times 97$ となります。この数を 47 で割った値は 97 となります。

正解 2

第11章 数列

MEMO

第12章

場合の数

ポイント講義は
こちら

セクション

41 和の法則・積の法則

重要度

場合の数は確率でも使用しますので出題頻度以上に重要です。中でも複数の場合の数を足し集めるのか（和の法則)、掛け算でまとめるのか（積の法則）の判別が重要になります。

このセクションのGoal

・和の法則、積の法則の使いどころの判別ができるようになる。

公式・基礎知識

【和の法則】

ある事柄A，Bがあり、それぞれ a 通り，b 通りの場合が起こるとします。このとき、AまたはBが起こる場合は、$a+b$（通り）あります。

場合分けは足し算と覚えましょう。

例）X，X，X，Y，Yの５文字から３文字選んで並べる並べ方は何通りあるか？

最初の１文字目に何を選ぶかで「Xを選ぶ場合（←事柄Aに相当)」または「Yを選ぶ場合（←事柄Bに相当)」が考えられます。

樹形図より、１文字目にXを選ぶ場合またはYを選ぶ場合の数は４＋３＝７（通り）あります。

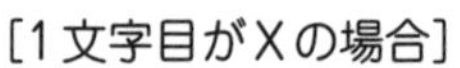

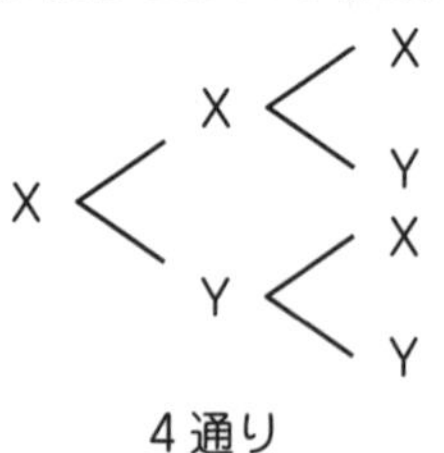

４通り

［1文字目がYの場合］

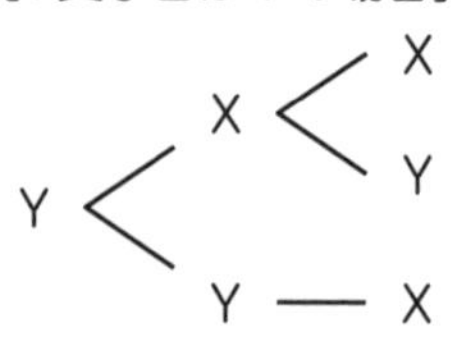

３通り

［樹形図］
もれなく、重複なく数えるとき、樹形図は有効です。

【積の法則】

ある事柄A，Bがあり、それぞれa通り，b通りの場合が起こるとします。このとき、Aが起こり、そしてBが起こる場合は、$a \times b$（通り）あります。

重要

「〇〇して△△する」と事柄が連続する場合は掛け算です。

例）サイコロを３回振ったとき，出た目の組合せは何通りあるか？

１回目のサイコロを振って（６通り）、２回目のサイコロを振って（６通り）、３回目のサイコロを振る（６通り）より、６×６×６＝216（通り）あります。

例題 41

国家専門職 2019　難易度▶★★★

あるレストランには、前菜、肉料理、魚料理、サラダ、スープ、デザートの６種類の料理がある。これらのうちから、２種類以上を組み合わせて食事をするとき、その組合せは何通りか。

ただし、サラダ、スープ、デザートのうちから、２種類以上を選択することはないものとする。

1．22通り　2．25通り　3．28通り　4．31通り　5．34通り

「サラダ、スープ、デザートのうちから、２種類以上を選択することはないものとする」より、サラダ、スープ、デザートを１種類も選択しないか、１種類選択するかで場合を分けます。

場合を分けているので、最終的にケース１とケース２を足します。

ケース１　サラダ、スープ、デザートを１種類も選択しない場合

前菜、肉料理、魚料理から２種類以上を選択することになります。

選び方は（前菜，肉）（前菜，魚）（肉，魚）（前菜，肉，魚）の４通りあります。

ケース２　サラダ、スープ、デザートから１種類を選択するとき

選び方は①「サラダ、スープ、デザートから１種類を選択して」、②「前菜、肉料理、魚料理から１種類以上選ぶ」となります。「①をして②をする」ですので、①の場合の数×②の場合の数と掛け算になります。

【①の場合の数】

サラダ、スープ、デザートから１種類を選択する場合の数は３通りあります。

【②の場合の数】

前菜、肉料理、魚料理から1種類以上選ぶ場合を検討しましょう。樹形図より、7通り考えられます。

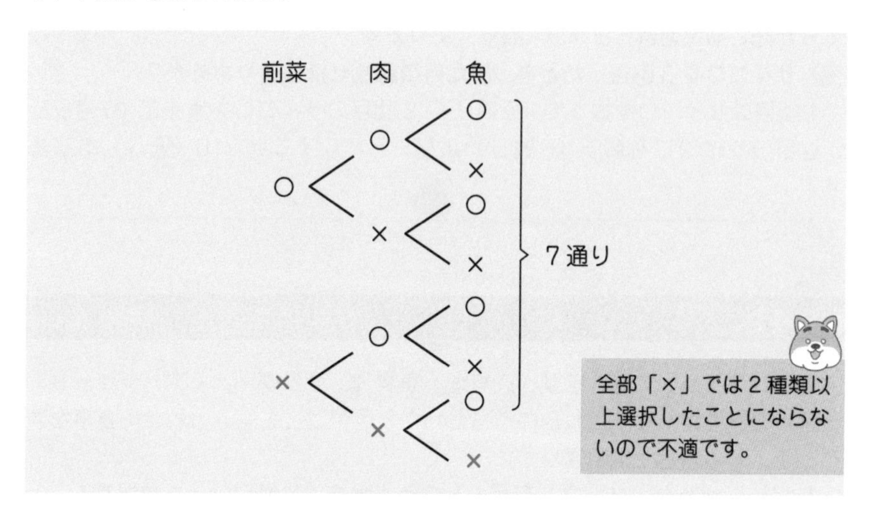

前菜
肉
魚
○
×
7通り
全部「×」では2種類以上選択したことにならないので不適です。

以上より①×②＝3×7＝21（通り）あります。

したがって、求める場合の数はケース1＋ケース2＝4＋21＝25（通り）ありますので正解は肢2となります。

正解 2

理解できたら類題にtry！

類題① 国家総合職教養区分 2019 難易度▶★★★

図のような16個のマス目が書かれた紙片がある。これらのマス目の中に、7個の○を1個ずつ、縦方向及び横方向に○が隣り合わないように書き入れる。このような○の書き入れ方は何通りあるか。

ただし、紙片は回転させたり裏返したりしないものとする。

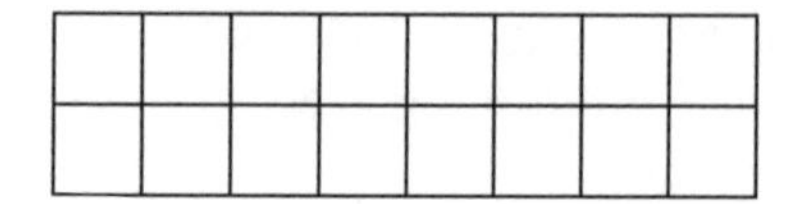

1. 28通り　2. 30通り　3. 32通り　4. 34通り　5. 36通り

図のように８つの列に①～⑧と名前を付けます。「縦方向及び横方向に〇が隣り合わないように書き入れる」より、〇は各列に２つ入ることはありません。〇は７個なので、①～⑧のいずれか１列に〇を入れないで、残り７列に１個ずつ〇を入れることになります。

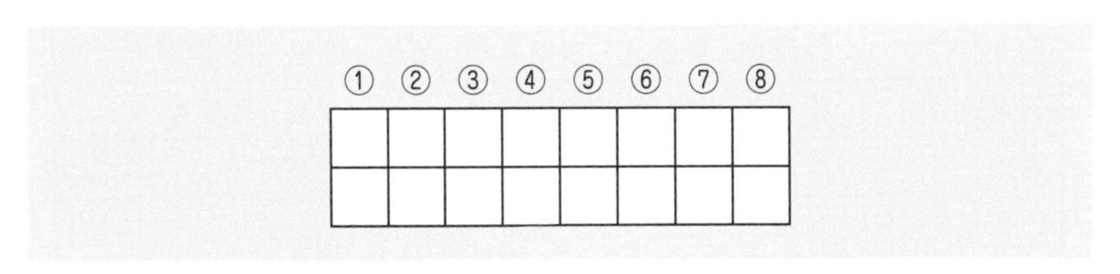

ケース１　①や⑧に〇を入れない場合

例えば①に〇を入れない（②～⑧に〇を入れる）場合は次の２通りが考えられます。

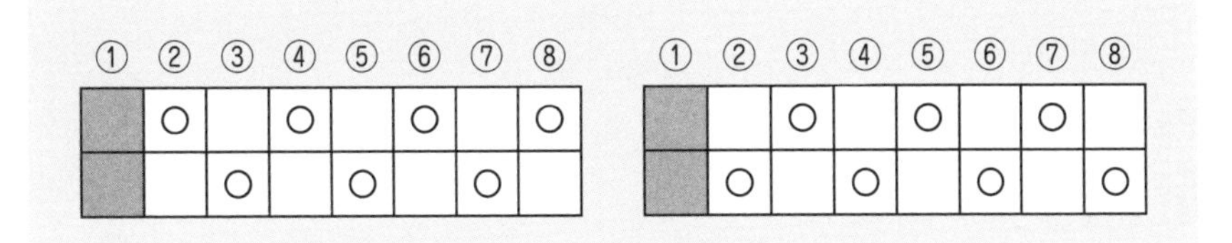

⑧も同じく２通りが考えられますので、計４通りあります。

ケース２　②～⑦に〇を入れない場合

例えば④に〇を入れない場合、左側の〇の配置が２通り、右側の〇の配置が２通りあるので２×２＝４（通り）あります。

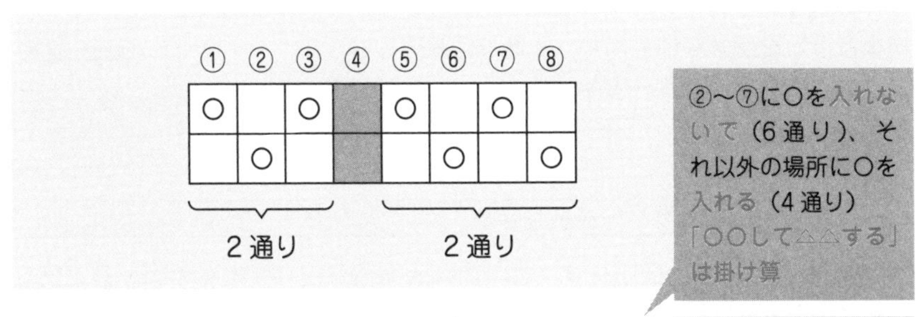

②～⑦の６つのケースとも４通りずつあるので６×４＝24（通り）あります。

ケース１またはケース２で場合分けなので足し算

以上より、4＋24＝28（通り）ですので正解は肢１となります。

正解 1

類題② 国家総合職教養区分 2017 難易度▸★★★

表の中から、以下の条件で、シャツ、ズボン、履物を一つずつと、アクセサリーを二つ選んで組み合わせるとき、その組合せは何通りか。

シャツ	白無地、紺無地、水玉模様、チェック柄、縞模様
ズボン	黒無地、茶無地、水玉模様、チェック柄、縞模様
履物	サンダル、革靴、スニーカー、ブーツ、草履
アクセサリー	帽子、サングラス、ベルト、腕時計、ショルダーバッグ

〔条件〕
○シャツとズボンは、水玉模様どうし、チェック柄どうし、縞模様どうしを選ばない。
○帽子を選ぶときには、必ずスニーカーを選ぶ。

1. 668 通り
2. 688 通り
3. 708 通り
4. 728 通り
5. 748 通り

STEP1 シャツとズボンを数えよう

シャツ、ズボンそれぞれ 5 通りずつの選び方がありますので、5 × 5 = 25（通り）の選び方があります。ただし、「水玉模様どうし、チェック柄どうし、縞模様どうしを選ばない」より、3 通りは除外しないといけないので 25 − 3 = 22（通り）となります。

重要
全体を求めてから余計な数を除外するテクニック！

STEP2 履物とアクセサリーを数えよう

「帽子を選ぶときには、必ずスニーカーを選ぶ」より、帽子を選ぶか選ばないかで場合を分けます。

ケース 1　帽子を選ぶ場合

帽子が含まれるアクセサリーの選び方は（帽子，サングラス）（帽子，ベルト）（帽子，腕時計）（帽子，ショルダーバッグ）で、履物はスニーカーに決まりますので履物とアクセサリーの選び方は 4 通りです。

ケース 2　帽子を選ばない場合

帽子が含まれないアクセサリーの選び方は 6 通りあります。

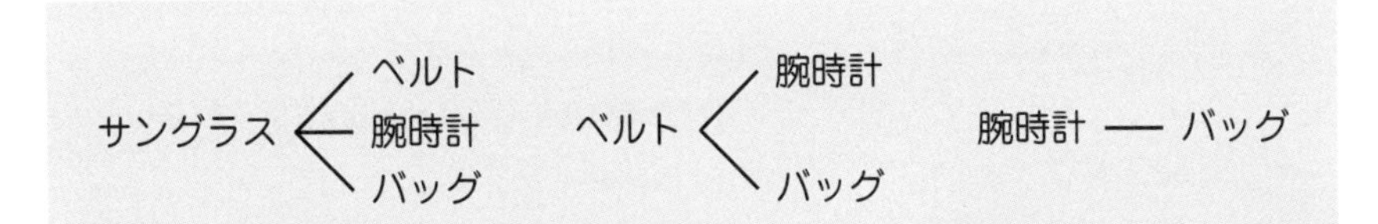

このときの履物は 5 通り考えられますので 6 × 5 = 30（通り）あります。

したがって履物とアクセサリーの選び方は 4 + 30 = 34（通り）あります。

以上より、選び方は全部で 22 × 34 = 748（通り）ありますので正解は肢 5 となります。

シャツとズボンを選んで（STEP1）、履物とアクセサリーを選ぶ（STEP2）「○○して△△する」は掛け算

正解 5

セクション
42 順列

重要度
★★★☆☆

このセクションでは順列の中でも出題頻度が高い「区別のつかないものを含む並び替え」の考え方を中心に解説します。

このセクションのGoal

・区別のつかないものを含む並び替えの公式を使った計算ができるようになる。

公式・基礎知識

【順列とは】

複数の区別がつくものからいくつかを選び、さらに選んだものの位置や順番を決める場合の数のことを順列と言います。次のセクションで学習する組合せと混同しないように気をつけましょう。

【順列の計算】

例1）A，B，C，D，E，Fの6文字から3文字を選んで並べるときの場合の数

異なる6文字から3文字を選んでさらに並べるので順列です。計算は次のようになります。

$_{6}P_{3} = 6 \times 5 \times 4 = 120$（通り）

・6から始めて1つずつ減らして掛け算をする
・3回でストップ

例2）10人いる部員からキャプテンと副キャプテンを選ぶときの場合の数

異なる10人から2人を選び、キャプテンと副キャプテンに配置するので順列です。

$_{10}P_{2} = 10 \times 9 = 90$（通り）

・10から始めて1つずつ減らして掛け算をする
・2回でストップ

【全てを並び替える順列（階乗）】

例 3）A，B，C，D，E，Fの 6 文字全てを並び替える場合の数

異なる 6 文字から 6 文字選んで並べる順列と解釈できますので、${}_6P_6$ と表すことができます。このとき、

$${}_6P_6 = 6 \times 5 \times 4 \times 3 \times 2 \times 1 = 6! \text{（通り）}$$

と表現できます。これを階乗と言います。

【区別がつかないものを含む並び替え】

例 4）A，A，A，B，B，Cの 6 文字全てを並び替える場合の数

A 3 つ、B 2 つが、区別がつかないので単純に 6！通りと計算することはできません。この場合は次のように計算します。

$$\frac{6!}{3! \times 2!} \text{（通り）}$$

重複している個数（A 3 個とB 2 個）の階乗で割り算をする

区別のつかないA 3 個の並べ方（同じ結果になるもの）が 3！通りあるので、3！で割ります。Bも同様です。

例題 42　東京都Ⅰ類A 2022　難易度▶ ★★★

NＩPPONという 6 文字から任意の 3 文字を選んで横一列に並べるとき、3 文字の並べ方は何通りあるか。

1．24 通り　2．30 通り　3．36 通り　4．42 通り　5．48 通り

N，N，P，P，Ｉ，Oと、Nが 2 個、Pが 2 個重複しています。そこで選んだ 3 文字が、区別がつくかつかないかで場合を分けます。

ケース 1　区別がつくとき

区別がつくとは、N，P，Ｉ，Oの**異なる 4 種類の文字から 3 種類を選んで並べる順列**です。したがって、

$${}_4P_3 = 4 \times 3 \times 2 = 24 \text{（通り）}$$

あります。

ケース２　区別がつかないとき（Ｎを２つまたはＰを２つ選ぶとき）

区別がつかないのは、Ｎを２つ選ぶか、Ｐを２つ選ぶかのいずれかです。

Ｎを２つ選ぶということは、３文字目はＰ，Ｉ，Ｏから選ぶ３通りあります（便宜上「★」と表します）。Ｎ，Ｎ，★を並べるのは $\frac{3!}{2!}=3$（通り）あります。したがって、Ｎを２つ選ぶ場合の並べ方は３×３＝９（通り）あります。

Ｐが２つの場合も同様に９通りあります。

したがって、全部で24＋９＋９＝42（通り）ありますので正解は肢４です。

この程度であれば公式を使わなくても（Ｎ，Ｎ，★），（Ｎ，★，Ｎ），（★，Ｎ，Ｎ）って書いても構いません。

★の候補を選んで（３通り）、並べる（３通り）「○○して△△する」は掛け算

正解４

類題　特別区Ｉ類 2019　難易度▸★★★

ＴＯＫＵＢＥＴＵの８文字を並べるとき、２つのＴの間に他の文字が１つ以上入る並べ方は何通りあるか。

1.　1260通り
2.　2520通り
3.　7560通り
4.　8820通り
5.　10080通り

「２つのＴの間に他の文字が１つ以上入る並べ方」を数えるのは面倒なので、

８文字の並べ方－２つのＴが隣り合う（Ｔの間に文字が入らない）並べ方 ……★

を計算します。

STEP1 8文字の並べ方を計算しよう

8文字の並べ方ですが、「T」2文字と「U」2文字については区別がつかないので、区別がつかない並べ方の公式より $\frac{8!}{2!\times 2!}$（通り）となります。

$$\frac{8!}{2!\times 2!}=\frac{8\times 7\times 6\times 5\times 4\times 3\times 2\times 1}{2\times 2}$$
$$=2\times 7\times 6\times 5\times 4\times 3\times 2\times 1\text{（通り）}$$

計算が面倒くさいのでいったんこのままにしておきます。

STEP2 2つのTが隣り合う並べ方を計算しよう

2つのTを、[TT]と1つのかたまりとみなします。つまり、U，U，[TT]，O，K，B，Eの7文字の並び方を数えます。「U」2文字については区別がつかないので、$\frac{7!}{2!}$（通り）となります。

$$\frac{7!}{2!}=\frac{7\times 6\times 5\times 4\times 3\times 2\times 1}{2}$$
$$=7\times 6\times 5\times 4\times 3\times 1\text{（通り）}$$

STEP3 答えを求めよう

★より、

$$2\times \underline{7\times 6\times 5\times 4\times 3}\times 2\times 1-\underline{7\times 6\times 5\times 4\times 3}\times 1$$
$$=7\times 6\times 5\times 4\times 3\times (2\times 2\times 1-1)$$
$$=2520\times 3$$
$$=7560\text{（通り）}$$

したがって、正解は肢3となります。

正解 3

第12章 場合の数

応用　国家総合職 2023　難易度▶★★★

数字の0が書かれた札が5枚、数字の1が書かれた札が3枚ある。これらの8枚の札を全て使用して8桁の2進法の数を作るとき、できる2進法の数のうち、20番目に大きい2進法の数はいくつか。

1. 10000101
2. 10001001
3. 10010100
4. 10011000
5. 10100010

「8桁の2進法」より、8桁目は必ず「1」になります。1桁目～7桁目は5枚の「0」と2枚の「1」を並び替えることになります。

8桁目	7桁目	6桁目	5桁目	4桁目	3桁目	2桁目	1桁目
1	○	○	○	○	○	○	○

5枚の「0」と2枚の「1」を並べて数を作る

並べ方は $\frac{7!}{5!\times 2!}=21$（通り）あります。つまり、全部で21個の8桁の数ができるので、20番目に大きい数とは2番目に小さい数ということになります。

1番小さい数は「1」をできる限り小さい桁に並べた「10000011」です。2番目に小さい数はこれに1を加えた「10000100」になります。しかしこれは「数字の1が書かれた札が3枚ある」を満たせないので不適です。さらに1を加えた「10000101」であれば条件を満たします。

【10000011】

桁	8桁	7桁	6桁	5桁	4桁	3桁	2桁	1桁
かたまり	2^7	2^6	2^5	2^4	2^3	2^2	2	バラ
数	1	0	0	0	0	0	1	1

⬇1を加える

【10000100】

桁	8桁	7桁	6桁	5桁	4桁	3桁	2桁	1桁
かたまり	2^7	2^6	2^5	2^4	2^3	2^2	2	バラ
数	1	0	0	0	0	1	0	0

⬇1を加える

【10000101】

桁	8桁	7桁	6桁	5桁	4桁	3桁	2桁	1桁
かたまり	2^7	2^6	2^5	2^4	2^3	2^2	2	バラ
数	1	0	0	0	0	1	0	1

2進法は「2」を使って表すことができないので、繰り上がります。

この場合は「1」の札が少ないので不適です。

したがって、正解は肢1となります。

正解1

セクション

43 組合せ

重要度 ★★★★★

場合の数が苦手な人ほど、組合せの公式を理解できていない傾向があります。組合せの公式はどういうときに使うのか？ 順列との違いは何なのか？ を丁寧に解説します。

このセクションのGoal

- 順列と組合せの違いを説明できるようになる。
- 組合せの公式を適切に扱えるようになる。

公式・基礎知識

【組合せとは】

複数の区別がつくものからいくつかを選ぶ場合の数のことを組合せと言います。

	選ぶ	並べる
順列	異なるものからいくつか選ぶ	並べる
組合せ	異なるものからいくつか選ぶ	何もしない

選ぶところまでは順列と同じです。「選んでから並べたり配置したりするのが順列」「選ぶだけが組合せ」と覚えておきましょう。

【組合せの計算】

例1）A，B，C，D，E，Fの6文字から3文字を選ぶときの場合の数

異なる6文字から3文字を選ぶだけなので組合せです。計算は次のようになります。

$${}_6C_3 = \frac{6 \times 5 \times 4}{3 \times 2 \times 1} = 20 \text{（通り）}$$

分子：${}_6P_3$の計算をする
分母：3！の計算をする

例 2）10 人いるグループから掃除当番を 2 人選ぶときの場合の数

異なる 10 人から 2 人選ぶだけなので組合せです。

$$ {}_{10}C_2 = \frac{10 \times 9}{2 \times 1} = 45 \text{（通り）} $$

分子：${}_{10}P_2$ の計算をする
分母：2！の計算をする

例題 43

裁判所職員 2015　難易度▶ ★★★

男性 7 人、女性 5 人の中から代表を 4 人選びたい。女性が 2 人以上含まれる選び方は何通りあるか。

1. 165 通り
2. 219 通り
3. 285 通り
4. 420 通り
5. 495 通り

「女性が 2 人以上含まれる」より、選び方は次の 3 つのケースがあります。

ケース 1：(男，女) = (2 人，2 人)
ケース 2：(男，女) = (1 人，3 人)
ケース 3：(男，女) = (0 人，4 人)

ケース 1 のとき

(男，女) = (2 人，2 人) とは、男性 7 人から 2 人選び、女性 5 人から 2 人選ぶことです。

$$ {}_7C_2 \times {}_5C_2 $$
$$ = \frac{7 \times 6}{2 \times 1} \times \frac{5 \times 4}{2 \times 1} $$
$$ = 210 \text{（通り）} $$

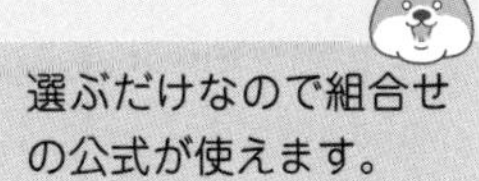

選ぶだけなので組合せの公式が使えます。

ケース２のとき

（男，女）＝（１人，３人）とは、男性７人から１人選び、女性５人から３人選ぶことです。

$$7 \times {}_5C_3 = 7 \times \frac{5 \times 4 \times 3}{3 \times 2 \times 1} = 70\text{（通り）}$$

男性について、$_7C_1$ って書いてもいいけど、７人から１人選ぶ場合の数なんてカンタンに数えられるので組合せの公式を使うまでもありません。

ケース３のとき

（男，女）＝（０人，４人）とは、女性５人から４人選ぶことですので、５通りあります。

以上より、全部で 210 ＋ 70 ＋ 5 ＝ 285（通り）ありますので、正解は肢３となります。

「５人の女性から代表を４人選ぶ」とは「５人の女性から代表にならない人を１人選ぶ」と同じことです。

正解 3

理解できたら類題にtry！

類題① 東京消防庁 2018 難易度▸★★★

Ａ～Ｆの６人をＸ，Ｙの２つの部屋に分けて入れる場合の数として、最も妥当なのはどれか。ただし、部屋の定員はなく、空き部屋ができないように分けるものとする。

1. 32 通り　2. 36 通り　3. 62 通り　4. 64 通り　5. 720 通り

Ｘの部屋に何人入れるかで場合を分けて考えます。

ケース１　Ｘに１人入れる場合

Ａ～Ｆの６人から１人を選べばいいので６通りあります。

Ｘに入れる人さえ選べば残りは自動的にＹに決まるので、Ｙを検討する必要はありません。

ケース２　Xに２人入れる場合

A～Fの６人から２人を選ぶので $_6C_2 = \frac{6 \times 5}{2 \times 1} = 15$（通り）あります。

ケース３　Xに３人入れる場合

A～Fの６人から３人を選ぶので $_6C_3 = \frac{6 \times 5 \times 4}{3 \times 2 \times 1} = 20$（通り）あります。

ケース４　Xに４人入れる場合

A～Fの６人から４人を選ぶので $_6C_4 = \frac{6 \times 5 \times 4 \times 3}{4 \times 3 \times 2 \times 1} = 15$（通り）あります。なお、Xに入れる４人を選ぶことと、Yに入れる２人を選ぶことは同じことですので、A～Fの６人からYに入れる２人を選ぶ $_6C_2$ を計算しても同じです。

ケース５　Xに５人入れる場合

Xに入れる５人を選ぶことと、Yに入れる１人を選ぶことは同じことですので、A～Fの６人からYに入れる１人を選ぶ場合を考えましょう。６通りあります。

以上より、$6 + 15 + 20 + 15 + 6 = 62$（通り）あるので正解は肢３となります。

正解３

類題②　国家一般職 2020　難易度▸★★★

あるイベント会場に、職員８人、アルバイト４人の合わせて12人のスタッフがいる。４人のスタッフが１グループとなって受付業務を行うが、そのうちの１人は必ず職員でなければならない。１グループが１日ずつ受付業務を行うとき、異なるグループで受付業務を行うことができるのは最大で何日間か。

ただし、グループのスタッフ４人のうち少なくとも１人が異なれば、異なるグループとして数えるものとする。

1．106日間
2．212日間
3．392日間
4．494日間
5．848日間

「少なくとも 1 人が異なれば、異なるグループとして数えるものとする」より、問題文「異なるグループで受付業務を行うことができるのは最大で何日間か」は「グループは何通りできるか」と読み替えることができます。

12 人から 4 人選ぶ場合の数は $_{12}C_4 = 495$（通り）です。この 495 通りのうち 1 通りはアルバイト 4 人の場合ですが、「そのうちの 1 人は必ず職員でなければならない」より、この 1 通りを除外した $495 - 1 = 494$（通り）となります。

したがって、正解は肢 4 です。

正解 4

セクション
44 分配問題

重要度
★★☆☆☆

「x 個のモノを y 人に分配する場合の数」のような問題は公式があるので得点源にしやすいです。「1 個ももらえない者がいても構わない」場合と「少なくとも 1 個はもらえる」場合の解法が若干異なるので気をつけましょう。

このセクションのGoal

・公式を用いて分配問題を解けるようになる。

公式・基礎知識

【分配問題の公式】

x 個あるモノを y 人で分配する（ただし、1 個ももらえない者がいても構わない）ときの場合の数

公式　${}_{x+y-1}C_{y-1}$（通り）

公式の成り立ちを例題 44 で詳しく解説します。

【少なくとも 1 個はもらえる場合】

先に 1 個ずつ配ってしまい、残りを分配します。

例題 44　国家総合職 2013　難易度▶★★★

三つの異なるカゴA，B，Cにミカン10個を入れるものとする。このとき、①空になるカゴがあってもよい場合、②どのカゴにも必ず1個以上ミカンを入れる場合、A，B，Cに入れるミカンの分け方の組合せはそれぞれ何通りあるか。

	①	②
1.	66通り	36通り
2.	66通り	45通り
3.	120通り	36通り
4.	120通り	45通り
5.	120通り	66通り

①を数えよう

A，B，C 3つのカゴに分けるには、2つの仕切り（「|」で表します）が必要です。ここで⑴〜⑿と表し、仕切りがどこに入るかによってミカンがどのように分配されるのか見てみましょう。

【なぜ⑿？】
10個のミカンと2つの「|」の和です。「|」の数は、カゴの数－1で表すことができます。

【⑶，⑻に「|」が入るとき】

⑴	⑵	⑶	⑷	⑸	⑹	⑺	⑻	⑼	⑽	⑾	⑿
ミ	ミ	|	ミ	ミ	ミ	ミ	|	ミ	ミ	ミ	ミ
A2			B4					C4			

この場合（A，B，C）＝（2，4，4）と分配されています。

【⑹，⑺に「|」が入るとき】

⑴	⑵	⑶	⑷	⑸	⑹	⑺	⑻	⑼	⑽	⑾	⑿
ミ	ミ	ミ	ミ	ミ	|	|	ミ	ミ	ミ	ミ	ミ
A5							C5				

この場合（A，B，C）＝（5，0，5）と分配されています。

これより、(1)〜(12)の 12 か所から 2 か所「|」が入る場所を選べば自動的にミカンが分配されることがわかります。したがって場合の数は $_{12}C_2 = \frac{12 \times 11}{2 \times 1} = 66$（通り）となります。

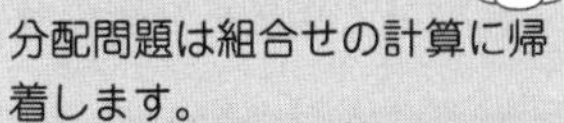

分配問題は組合せの計算に帰着します。
公式 $_{x+y-1}C_{y-1}$ の「$x + y - 1$」はミカンと「|」の和で、「$y - 1$」は「|」の数を表します。

②を数えよう

「どのカゴにも必ず 1 個以上ミカンを入れる」より、先に 3 個のミカンを 1 個ずつ入れてしまい、残り 7 個を①のように（0 個のカゴがあっても構わない）考えていきます。

少なくとも 1 個配るときは先に配って、残りを「0 個があっても構わない」状況に置き換えて解きます。

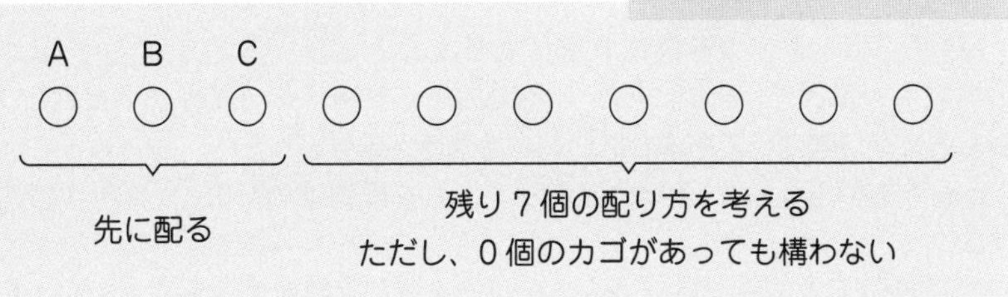
A
B
C
先に配る
残り 7 個の配り方を考える
ただし、0 個のカゴがあっても構わない

A，B，C 3 つに分けるには 2 つの仕切り「|」が必要です。7 個のミカンを分けるのですから(1)〜(9)から 2 か所「|」が入る場所を選べば自動的に分配されることがわかります。

【(3)，(8)に「|」が入るとき】

(1)	(2)	(3)	(4)	(5)	(6)	(7)	(8)	(9)
ミ	ミ	|	ミ	ミ	ミ	ミ	|	ミ
A2			B4					C1

あらかじめ先に配った 1 個を加えれば（A，B，C）＝（3，5，2）となります。

したがって、場合の数は $_9C_2 = \frac{9 \times 8}{2 \times 1} = 36$（通り）となります。

以上より、正解は肢 1 です。

正解 1

第12章 場合の数

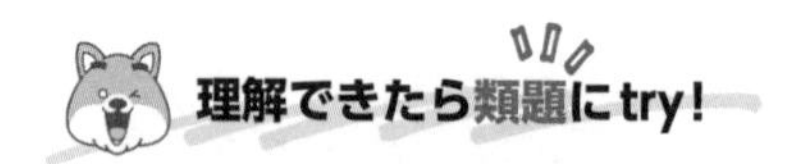

類題　警視庁 2016　難易度▶★★★

20個のあめ玉を4人で分ける時、分け方の数として正しいのはどれか。ただし、最低でも1人につき最低3個はもらえるものとし、1つ1つのあめ玉は区別しないものとする。

1. 145通り　　2. 150通り　　3. 155通り
4. 160通り　　5. 165通り

「最低でも1人につき最低3個はもらえる」より、先に3×4＝12（個）のあめ玉を配ってしまい、残り8個のあめ玉を4人に分配する（ただし1個ももらえない者がいても構わない）場合を考えます。

8個のあめ玉「○」、3つの仕切り「｜」を配置するため①～⑪を設定します。

11か所から3か所「｜」が入るところを選べば自動的に「○」が入ります。

11か所から3か所選ぶ場合の数は $_{11}C_3 = \frac{11 \times 10 \times 9}{3 \times 2 \times 1} = 165$（通り）あります。

したがって、正解は肢5となります。

正解 5

セクション
45 最短経路

重要度
★★☆☆☆

格子状の道を最短でゴールに着く経路の数を求める最短経路の問題は、決まった解法があるので得点源にしやすいです。

このセクションのGoal

・最短経路の問題を、経路数を丁寧に記入することで解けるようになる。

公式・基礎知識

【最短経路の数え方】

　スタートから数えて各交差点に行くまでに何通りの経路数があるかを数えていくのが基本的な解法です。以下に方法を示します。

（1）経路数が 1 通りしかない交差点に「1」を記入

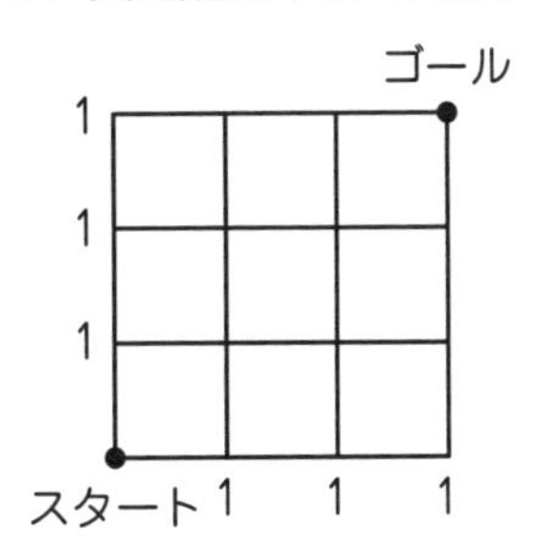

（2）1 つ手前の交差点の経路数を足す

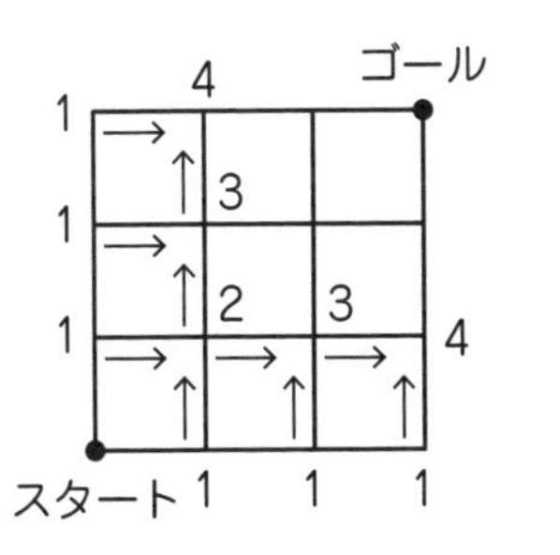

➡

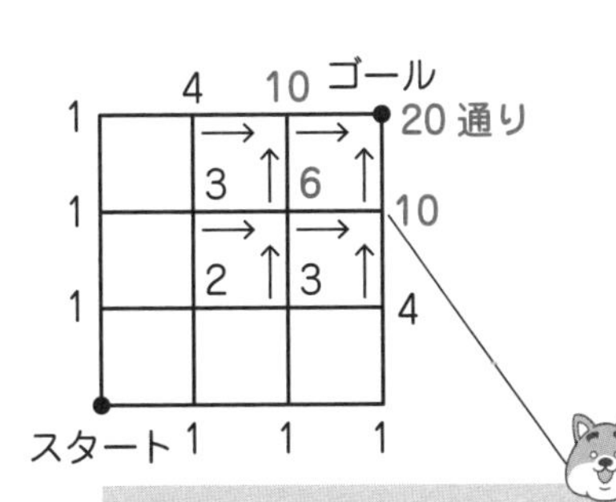

例えばこの点であれば左の 6 通りと下の 4 通りを足して 10 通りになります。

例題 45　特別区Ⅰ類 2016　難易度▶★★★

次の図のような、直角に交わる道路がある。点線部は通行することができないとき、自宅から駅まで遠回りせずに行く経路は何通りか。

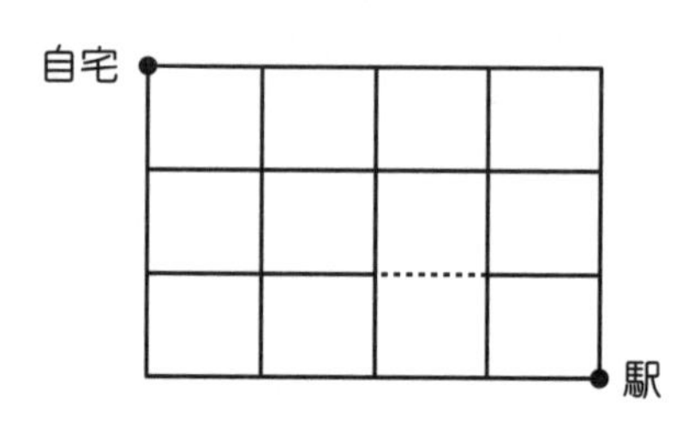

1. 17通り　2. 23通り　3. 29通り　4. 35通り　5. 41通り

自宅から各交差点までの経路数を書き込みます。

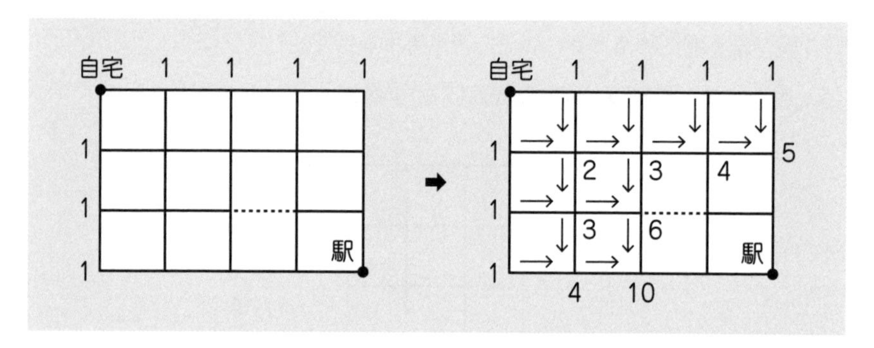

通行できない点線部の経路数は足さないように気をつけてください。

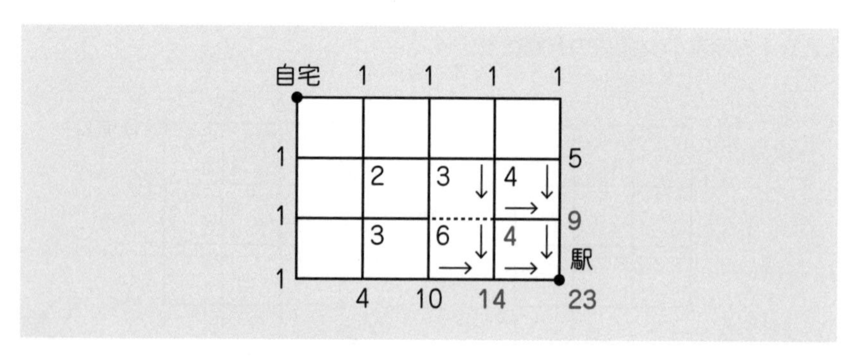

図より23通りの肢2が正解です。

正解 2

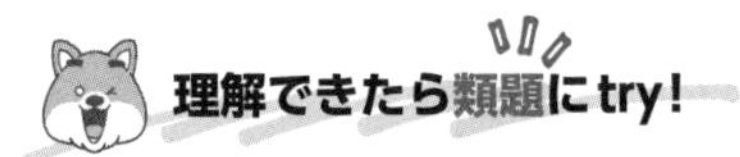

類題 国家Ⅱ種 2010 難易度▸★★★

図のような経路で、点Aを出発して点Pを通り点Bへ行く最短経路は何通りあるか。

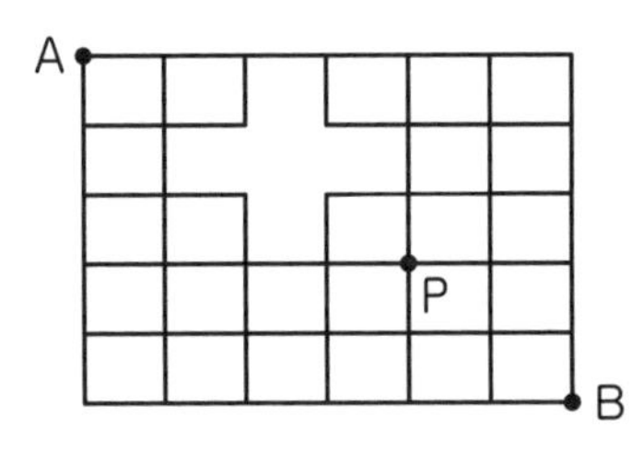

1. 40通り　2. 48通り　3. 54通り　4. 60通り　5. 72通り

点Aから点P、点Pから点Bへの最短経路数をそれぞれ数えます。

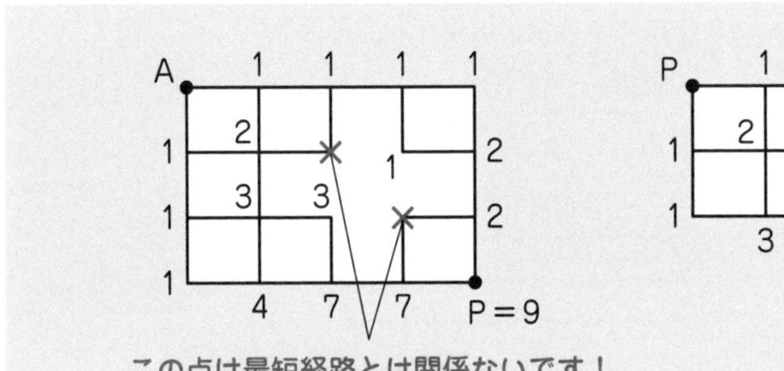

図より、点Aから点Pまで9通り、点Pから点Bまで6通りですので全体で$9 \times 6 = 54$（通り）あります。

したがって、正解は肢3となります。

正解 3

セクション

46 平行四辺形の個数

重要度
★★★★★

平行四辺形の個数の問題は組合せの公式に帰着します。解法を覚えておけば正解できるので、出題頻度は高くはありませんが勉強する価値はあります。なお、判断推理（空間把握）で出題される三角形の個数の問題には使えない解法ですので注意してください。

このセクションのGoal

・平行四辺形の個数を、組合せの公式を用いて解けるようになる。

公式・基礎知識

◆平行四辺形の個数

例）次の図のように、平行四辺形を 3 本の斜めの平行線、7 本の横の平行線で区切ったとき、その中にできる全ての平行四辺形の数はいくつか。

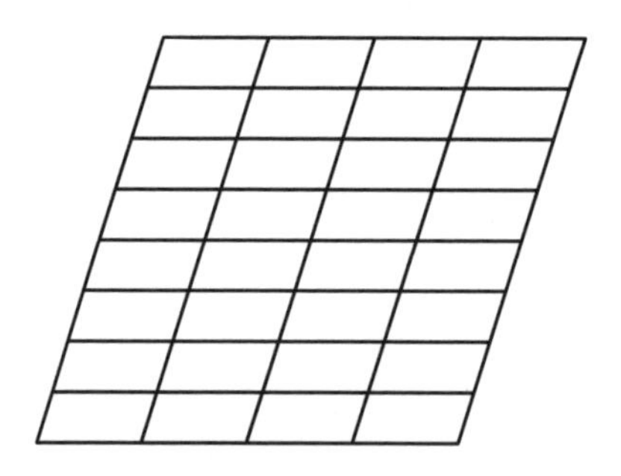

5 本の斜め線（もともとある平行四辺形の 2 本＋区切った 3 本の線）から 2 本、9 本の横線から 2 本選びます。選んだ線によって囲まれた箇所が平行四辺形になります。

平行四辺形の個数 ＝ $\underset{\text{斜め線}}{{}_5C_2} \times \underset{\text{横線}}{{}_9C_2}$ ＝ 360（個）

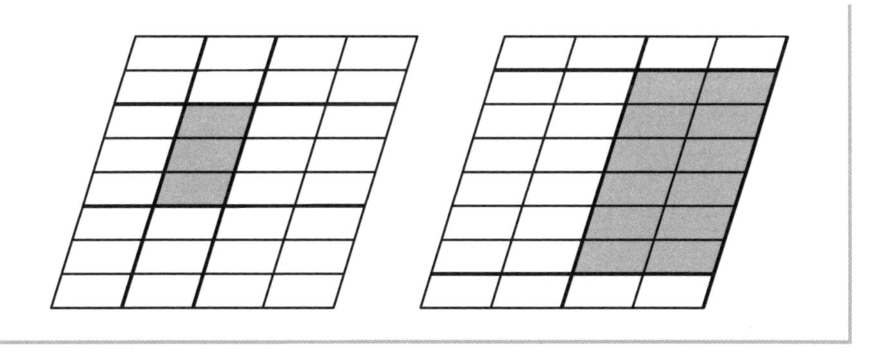

例題 46

特別区Ⅰ類 2013（改題）　難易度▸★★★

次の図のように、正方形の各辺を6等分して各辺に対し平行線を引いたとき、その中にできる正方形を除いた長方形の数はどれか。

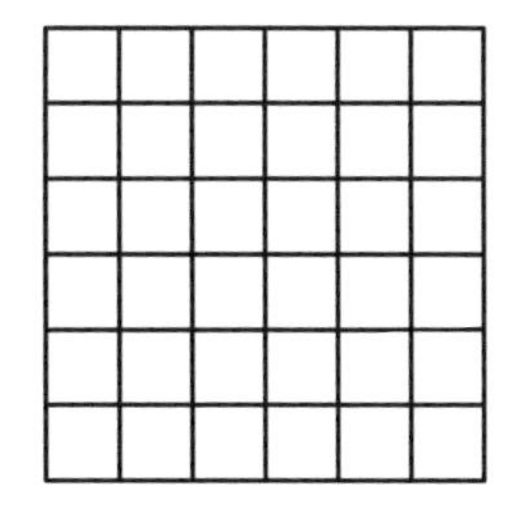

1．134　　2．225　　3．298　　4．350　　5．441

正方形を含めた長方形は、7本ある横線から2本選び（${}_7C_2$通り）、7本ある縦線から2本選ぶ（${}_7C_2$通り）ので、全部で

$$ {}_7C_2 \times {}_7C_2 = \frac{7 \times 6}{2 \times 1} \times \frac{7 \times 6}{2 \times 1} = 441\text{（個）} $$

できます。

この441個の中には正方形も含まれますのでこれを除きます。1×1の大きさから6×6の大きさまでいくつあるか地道に数えましょう。

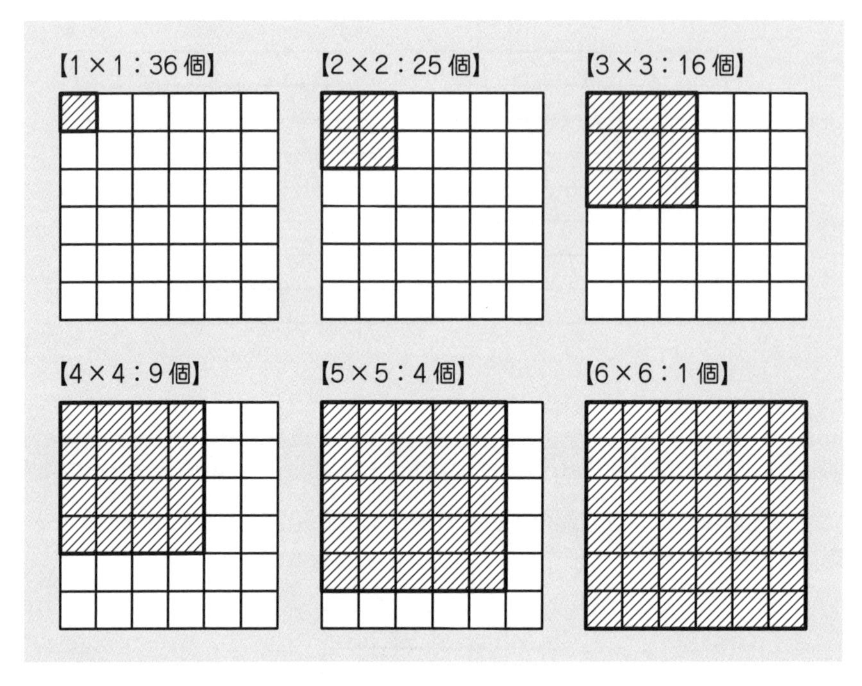

全部で91個の正方形がありますので、それを除いた長方形は441 − 91 = 350（個）あります。

したがって、正解は肢4となります。

正解 4

理解できたら類題にtry!

類題 東京都Ⅰ類B 2021 難易度 ★★★

下の図のように、五本の平行な線a～eが、他の六本の平行な線p～uと交差しており、a, e, q, s, tは細線、b, c, d, p, r, uは太線である。これらの平行な線を組み合わせてできる平行四辺形のうち、少なくとも一辺が細線である平行四辺形の総数として、正しいのはどれか。

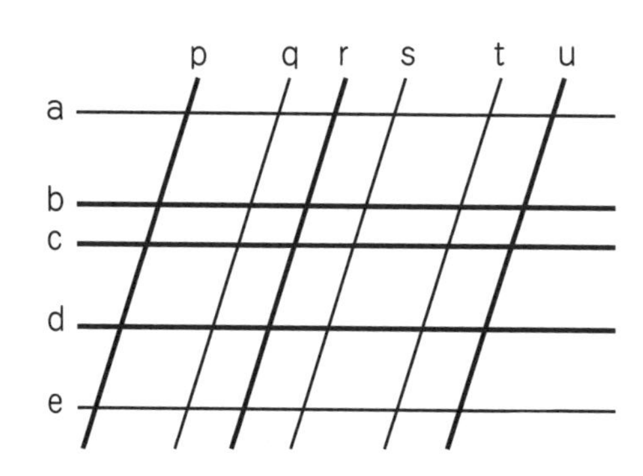

1. 141　2. 142　3. 143　4. 144　5. 145

「少なくとも一辺が細線である平行四辺形の総数」を数えるのは面倒なので、**全ての平行四辺形の個数－全て太線の平行四辺形の個数**を計算します。

STEP1 全ての平行四辺形の個数を数えよう

平行四辺形ができるとは、5本ある横線から2本の線を選び、6本ある斜線から2本の線を選ぶということです。

横線の選び方：$_5C_2 = \dfrac{5 \times 4}{2 \times 1} = 10$（通り）

斜線の選び方：$_6C_2 = \dfrac{6 \times 5}{2 \times 1} = 15$（通り）

全ての平行四辺形：$10 \times 15 = 150$（個）

STEP2 全て太線の平行四辺形の個数を数えよう

横線はb, c, dの3本から2本を選びます（$_3C_2 = 3$〈通り〉）。斜線はp,

第12章 場合の数

r，uの３本から２本を選びます（${}_3C_2 = 3$〈通り〉）。したがって、

　　全て太線の平行四辺形の個数
$= 3 \times 3$
$= 9$（個）

となります。

　以上より、少なくとも一辺が細線である平行四辺形の総数は $150 - 9 = 141$ ですので正解は肢１となります。

正解１

第13章

確率

ポイント講義は
こちら

セクション

47 確率の定義

重要度
★★★★★

人気分野の確率の中でも場合の数を数え上げるタイプの確率は１番人気です。場合の数がベースになりますので前章も合わせてしっかりと学習しましょう。

このセクションのGoal

- 問われている「試行」が読み取れるようになる。
- 問われている「事象」が読み取れるようになる。
- 起こり得る全ての事象の場合の数、問われている事象の場合の数が数えられるようになる。

公式・基礎知識

【確率の用語・確率の定義】

例）サイコロを１回振って偶数の目が出る確率はいくらか？

［用語解説］

「サイコロを１回振る」のような行動のことを試行と言います。試行に対して起こる結果のことを事象と言います。例えば「2の目が出る」という事象、「奇数の目が出る」という事象などさまざまな言い方が考えられます。

［確率の定義］

ある試行において、起こり得る全ての事象に対し、その中の一部の事象（「事象A」と名付けます）が起こり得る割合を「事象Aが起こる確率」と言います（確率は割合の仲間です）。確率の定義は次のように表されます。

$$\text{事象Aが起こる確率} = \frac{\text{事象Aが起こる場合の数}}{\text{試行に対して起こり得る全ての事象の場合の数}}$$

[イメージ図]

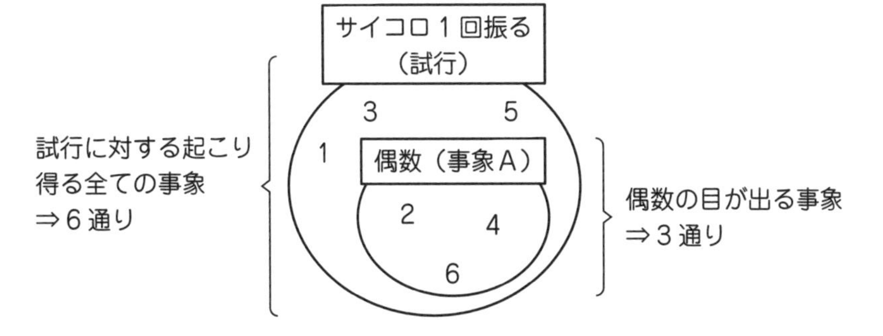

$$偶数の目が出る確率 = \frac{3通り}{6通り} = \frac{1}{2}$$

【確率の注意点(全てのものは異なる)】

例)区別がつかない2枚のコインを投げたとき、2枚とも表になる確率はいくらか?

「区別がつかない」とありますが、確率の問題は全てのものに区別がつくと考えて計算します。間違い例も含めて紹介します。

[間違い(区別をつけない)]

ケース1	オモテ	オモテ
ケース2	ウラ	ウラ
ケース3	オモテ	ウラ

区別がないから、(オモテ、ウラ)になるのは1通り

⬇

全部で3通りだから確率は $\frac{1}{3}$ →×

[正解(区別をつける)]

	コインA	コインB
ケース1	オモテ	オモテ
ケース2	ウラ	ウラ
ケース3	オモテ	ウラ
ケース4	ウラ	オモテ

全部で4通りだから確率は $\frac{1}{4}$

例題 47　東京都Ⅰ類B 2022　難易度▸★★★

白組の生徒 10 人、赤組の生徒 9 人及び青組の生徒 8 人の中から、くじ引きで 3 人の生徒を選ぶとき、白組、赤組及び青組の生徒が一人ずつ選ばれる確率として、正しいのはどれか。

1. $\dfrac{1}{720}$　2. $\dfrac{80}{2187}$　3. $\dfrac{8}{195}$　4. $\dfrac{16}{65}$　5. $\dfrac{121}{360}$

まずは「試行」と「事象」の確認をします。

・試行 …計 27 人の生徒から 3 人選ぶ。
・求める事象 … 白組、赤組、青組から 1 人ずつ選ばれる。

STEP 1 試行を行うことによって起こり得る全ての事象の数を求めよう

起こり得る全ての事象の場合の数は、計 27 人から 3 人を選ぶので $_{27}C_3 = \dfrac{27 \times 26 \times 25}{3 \times 2 \times 1} = 9 \times 13 \times 25$（通り）となります。

計算が面倒くさいので 9 × 13 × 25 のままにしておきます。後で約分するので大丈夫です。

STEP 2 求める事象の数を求めよう

白組、赤組及び青組の生徒が一人ずつ選ばれる場合の数は、白組から 1 人選んで（10 通り）、赤組から 1 人選んで（9 通り）、青組から 1 人選ぶ（8 通り）ので、10 × 9 × 8（通り）考えられます。

STEP 3 確率を求めよう

求める確率

$$= \frac{\text{各組一人ずつ選ばれる場合の数}}{\text{起こり得る全ての場合の数}}$$

$$= \frac{10 \times 9 \times 8}{9 \times 13 \times 25}$$

$$= \frac{16}{65}$$

となりますので正解は肢４となります。

正解 4

理解できたら類題にtry!

類題① 裁判所職員 2023 難易度▶★★★

> 4人がじゃんけんを1回するとき、2人だけが勝つ確率として正しいものはどれか。
>
> 1. $\frac{1}{2}$　2. $\frac{1}{3}$　3. $\frac{2}{9}$　4. $\frac{1}{4}$　5. $\frac{5}{9}$

STEP1 全ての場合の数を求めよう

各人の出す手はグー、チョキ、パーの3通りありますので、4人の出す手の組合せは$3\times3\times3\times3=3^4$（通り）あります。

STEP2 2人だけが勝つ場合の数を求めよう

「2人だけが勝つ」とは、4人から2人勝者を選び、その2人がグー、チョキ、パーのいずれかで勝つことです。

> 4人から2人勝者を選ぶ場合の数$={}_4C_2=6$（通り）
> グー、チョキ、パーのいずれかで勝つ場合の数＝3通り

したがって、4人のうち2人だけが勝つ場合の数は${}_4C_2\times3=18$（通り）となります。

STEP3 確率を求めよう

確率は$\frac{{}_4C_2\times3}{3^4}=\frac{6\times3}{3\times3\times3\times3}=\frac{2}{9}$となりますので正解は肢3となります。

正解 3

【参考：じゃんけんの確率】

x 人が 1 回じゃんけんをして y 人だけ勝つ確率は $\frac{{}_{x}C_{y} \times 3}{3^{x}}$ となります。

類題② 国家専門職 2014 難易度▸★★★

図のように、A～F の 6 人が丸いテーブルを囲み、テーブルの中心を向いて座っており、次のようなルールで皿を移動させながら、皿に置かれたパンケーキの上に「が」「ん」「ば」「れ」「日」「本」と 1 文字ずつチョコレート・クリームで書くこととした。

① 皿を渡されたら、「が」「ん」「ば」「れ」「日」「本」の順に 1 文字書く。
② 1 文字書いたら、コインを 1 枚投げ、表が出たら右隣の人に、裏が出たら左隣の人に皿を渡す。
③ 6 文字書き終わるまで皿を渡し続ける。

このルールに基づいて、まずAが「が」の文字を書いてから、皿を移動させるとき、Bが最後の文字「本」を書く確率はいくらか。

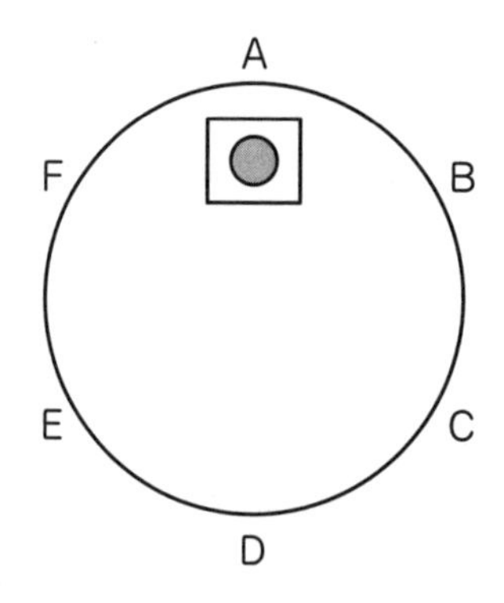

1. $\frac{1}{8}$　2. $\frac{1}{5}$　3. $\frac{1}{4}$　4. $\frac{5}{16}$　5. $\frac{11}{32}$

試行は「5 回コインを投げる（1 文字目はコインを投げる前にAが書くので、1 投目はAが渡す 2 文字目を書く人を決定）」、求める事象は「5 投目後にBに渡される」です。

STEP1 起こり得る全ての場合の数を求めよう

各回とも表が出るか裏が出るかの２通りがあるので２×２×２×２×２＝32（通り）考えられます。

STEP2 ５投目後にＢに回ってくる場合の数を求めよう

樹形図を描いて解きます。まず「が」「ん」「ば」まで描いてみましょう。

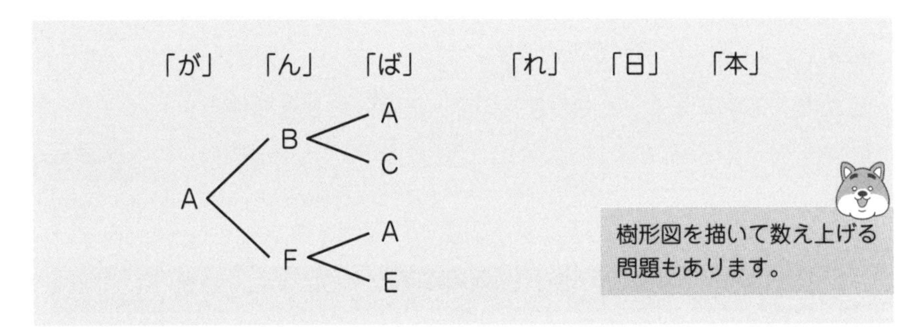

「れ」以降も描いていかなくてはいけないですが、全部描くと面倒なので少し工夫をします。

この問題は最後の「本」をＢが書く場合を求めます。つまりその手前の「日」を書くのはＡかＣです。さらにその手前の「れ」を書くのは……と**逆をたどります**。

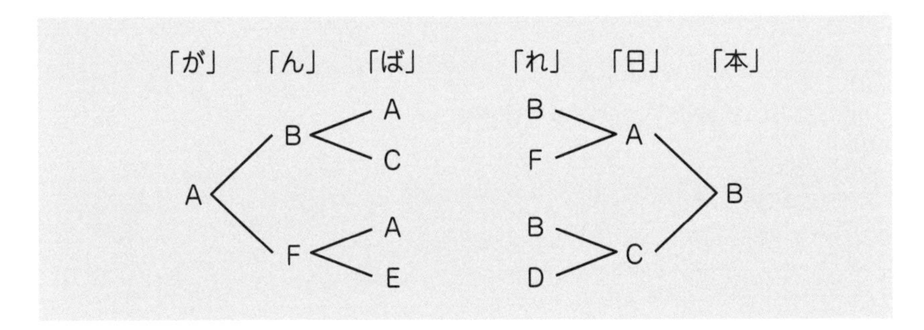

ここで「ば」と「れ」をつなぎます。ＡからはＢ，Ｆに移動でき、ＣからはＢ，Ｄに、ＥからはＤ，Ｆに移動できます。

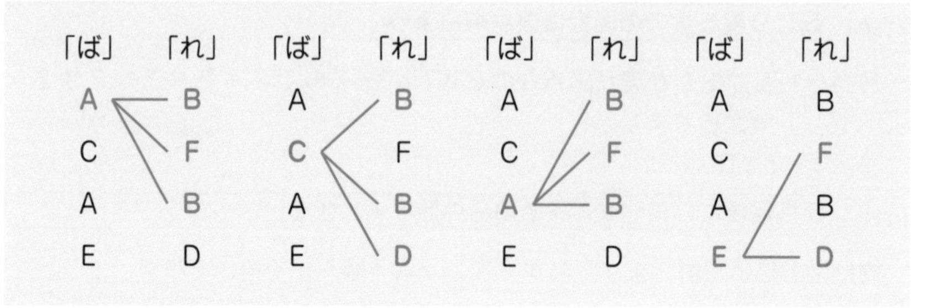

図より、11通りの場合があります。

したがって確率は $\frac{11}{32}$ となりますので、正解は肢5となります。

正解 5

類題③ 国家一般職 2019 難易度▸★★★

箱の中に同じ大きさの7個の玉があり、その内訳は青玉が2個，黄玉が2個、赤玉が3個である。この中から玉を1個ずつ取り出して左から順に横一列に7個並べるとき、色の配置が左右対称となる確率はいくらか。

1. $\frac{1}{105}$　2. $\frac{2}{105}$　3. $\frac{1}{35}$　4. $\frac{4}{105}$　5. $\frac{1}{21}$

準備：各玉に区別をつけよう

次のように7個の玉に区別をつけます。

・青$_A$，青$_B$
・黄$_A$，黄$_B$
・赤$_A$，赤$_B$，赤$_C$

STEP1 すべての場合の数を求めよう

区別がつく7個の玉を並べる場合の数は7！通りあります。

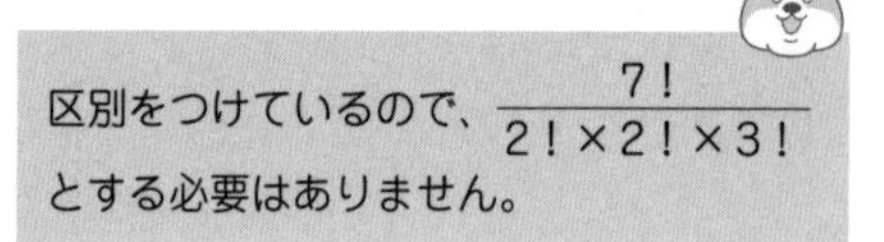

区別をつけているので、$\frac{7!}{2!\times2!\times3!}$
とする必要はありません。

STEP2 左右対称になる場合の数を求めよう

7個の配置が左右対称になるとは、次のような場合になります。

□ △ ○ 赤 ○ △ □

真ん中には3個ある赤が入ることになります。赤$_A$、赤$_B$、赤$_C$の3通りが考えられます。

次に○，△，□に入る色の配置を調べましょう。次に示す6通りが考えられます。

①	青 黄 赤 赤 赤 黄 青	②	青 赤 黄 赤 黄 赤 青
③	黄 青 赤 赤 赤 青 黄	④	黄 赤 青 赤 青 赤 黄
⑤	赤 青 黄 赤 黄 青 赤	⑥	赤 黄 青 赤 青 黄 赤

最後に各色のA，B（赤はCも）が左右どちらに入るかを数えましょう。

【例：①の配置で、真ん中の赤がCの場合】

青A/B	黄A/B	赤A/B	赤C	赤B/A	黄B/A	青B/A

各色ともA，Bが左右どちらに入るかで2通りずつが考えられますので2×2×2＝8（通り）が考えられます。

以上より全部で3×6×8（通り）が考えられます。

真ん中に赤を入れて（3通り）、左右対称に並べて（6通り）、各色2個の玉を左右に入れ替える（8通り）。

STEP3 確率を求めよう

以上より求める確率は $\frac{3\times6\times8}{7!}=\frac{1}{35}$ となります。

したがって、正解は肢3となります。

正解 3

類題④ 国家総合職教養区分 2016 難易度▶★★★

ある店では、購入者に、赤玉6個、白玉4個が入った袋から中を見ずに同時に玉を3個取り出してもらい、3個とも赤玉が出た場合を「当たり」として試供品をプレゼントしていた。

ある日、店主は玉の1個を紛失してしまったため、玉の代わりにサイコロを用いて「当たり」を決めることにした。新しい方法では、正六面体のサイコロを2個同時に振って、出た目の和が n 以上のときを「当たり」とする。

今までの方法で「当たり」が出る確率と等しい確率で、新しい方法でも「当たり」が出るようにするとき、n の値はいくらとすればよいか。

1．6　　2．7　　3．8　　4．9　　5．10

STEP 1 今までの方法の「当たり」の確率を求めよう

10個の玉から3個取り出すとき、起こり得る全ての場合の数は $_{10}C_3 = \frac{10 \times 9 \times 8}{3 \times 2 \times 1} = 120$（通り）です。

6個ある赤玉から3個取り出す場合の数は $_{6}C_3 = \frac{6 \times 5 \times 4}{3 \times 2 \times 1} = 20$（通り）ですから、「当たり」の確率は $\frac{20\text{通り}}{120\text{通り}} = \frac{1}{6}$ となります。

STEP 2 n の値を求めよう

新しい方法でも「当たり」の確率を $\frac{1}{6}$ にしなくてはいけません。

サイコロを2個同時に振って出得る目の組合せは $6 \times 6 = 36$（通り）です。つまり、新しい方法での「当たり」の確率は $\frac{1}{6} = \frac{6\text{通り}}{36\text{通り}}$ と表すことができます。ということは、「出た目の和が n 以上」が6通りになるような n を調べればいいことがわかります。

最も大きい和12から順に組合せを書き出しましょう。

和	組合せ
12	(6, 6)
11	(6, 5) (5, 6)
10	(6, 4) (5, 5) (4, 6)

和が10のときにちょうど合計で6通りとなり、確率が$\frac{6通り}{36通り}=\frac{1}{6}$となります。

したがって、$n = 10$ですので正解は肢5となります。

正解 5

セクション

48 確率の和・積

重要度
★★★★★

確率でも場合の数と同様に複数の確率を足し算したり、掛け算したりします。数学の教科書では「排反」「独立」「従属」など難しい言葉が出てきますが、公務員試験程度の難易度であれば関係ないので本書では省いて解説します。

このセクションのGoal

・複数の確率を、足し算、掛け算できるようになる。

公式・基礎知識

【確率の足し算・掛け算】

基本的には場合の数と同様です。2つの試行A，Bがあり、求める確率それぞれをP_A，P_Bと置いたとき、次のように計算します。

・AまたはBが起きる確率 ⇒ $P_A + P_B$
・Aが起こり、Bが起こる確率 ⇒ $P_A \times P_B$

例題 48

刑務官 2019　難易度▶★★★

A，Bが対戦ゲームを行っており、1回の対戦でのAの勝敗の確率は表のとおりである。

Aの勝敗	確率
勝つ	$\frac{1}{7}$
引き分ける	$\frac{2}{7}$
負ける	$\frac{4}{7}$

いま、1 回の対戦に勝った場合は 3 点、引き分けた場合は 2 点、負けた場合は 1 点を与えることとし、対戦を続けていき、先に合計で 6 点を取った方を勝者とすることとした。A が 3 点、B が 0 点の状態から対戦ゲームを始めるとき、A が勝者となる確率はいくらか。

1. $\frac{13}{49}$　2. $\frac{18}{49}$　3. $\frac{23}{49}$　4. $\frac{4}{7}$　5. $\frac{33}{49}$

A が勝者となる（先に 6 点に到達する）のは次の場合が考えられます。

ケース 1：1 回目に A が勝つ $\left(\text{確率}\ \frac{1}{7}\right)$

ケース 2：1 回目に引き分ける $\left(\text{確率}\ \frac{2}{7}\right)$

ケース 3：1 回目に A が負け $\left(\text{確率}\ \frac{4}{7}\right)$、2 回目に A が勝つ $\left(\frac{1}{7}\right)$

ケース 4：1 回目に A が負け $\left(\text{確率}\ \frac{4}{7}\right)$、2 回目に引き分ける $\left(\frac{2}{7}\right)$

A は 1 回目に引き分けた時点で 3 + 2 = 5（点）になり、2 回目は負けても 6 点に到達します。

ケース 3、4 の確率を求めます。

$$\text{ケース 3 の確率} = \frac{4}{7} \times \frac{1}{7} = \frac{4}{49}$$

$$\text{ケース 4 の確率} = \frac{4}{7} \times \frac{2}{7} = \frac{8}{49}$$

したがって、求める確率はケース 1 ～ 4 の和になるので、

$$\frac{1}{7} + \frac{2}{7} + \frac{4}{49} + \frac{8}{49}$$

$$= \frac{7}{49} + \frac{14}{49} + \frac{4}{49} + \frac{8}{49}$$

$$= \frac{33}{49}$$

したがって、正解は肢 5 となります。

正解 5

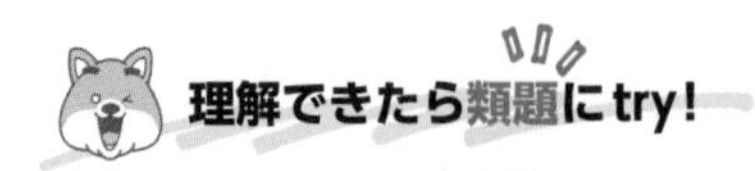

類題　国家一般職 2013　難易度▶★★★

ある格付け会社は企業をA，B，C，D（ランク外）の４段階で格付けしている。表は、この格付け会社によってA，B，Cに格付けされた企業が１年後にどのような格付けになるかの確率を示したものである。これによれば、現在Aに格付けされている企業が４年以内にD（ランク外）の格付けになる確率はいくらか。ただし、いったんD（ランク外）の格付けになった企業が再びA，B，Cの格付けを得ることはないものとする。

１年後の格付け／現在の格付け	A	B	C	D（ランク外）
A	90%	10%	0%	0%
B	10%	80%	10%	0%
C	5%	10%	80%	5%

1．0.1%　　2．0.125%　　3．0.15%　　4．0.175%　　5．0.2%

４年以内にAからDになるのは４年後か３年後です。場合を分けて検討します。

① ４年後にDなる場合

次の場合が考えられます。

	現在		1年後		2年後		3年後		4年後
ケース１	A	90% →	A	10% →	B	10% →	C	5% →	D
ケース２	A	10% →	B	80% →	B	10% →	C	5% →	D
ケース３	A	10% →	B	10% →	C	80% →	C	5% →	D

それぞれの確率は次のようになります。

ケース 1：0.9 × 0.1 × 0.1 × 0.05 = 0.00045
ケース 2：0.1 × 0.8 × 0.1 × 0.05 = 0.00040
ケース 3：0.1 × 0.1 × 0.8 × 0.05 = 0.00040

② 3 年後に D になる場合

次の場合が考えられます。

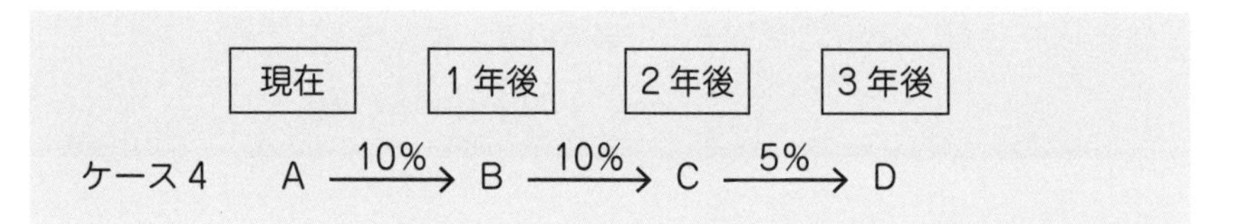

確率は次のようになります。

ケース 4：0.1 × 0.1 × 0.05 = 0.00050

以上より求める確率は、

　ケース 1 + ケース 2 + ケース 3 + ケース 4
= 0.00045 + 0.00040 + 0.00040 + 0.00050
= 0.00175（0.175%）

となります。

したがって、正解は肢 4 となります。

正解 4

セクション

49 余事象の確率

重要度
★★★★★

このセクションからは確率の応用を紹介します。余事象を用いると、確率の計算の手間が大幅に簡略化できることがあります。大事なのは「余事象の問題だと気づくポイント」です。

このセクションのGoal

・場合が多く計算が面倒な問題を、余事象の考え方を導入して解けるようになる。

公式・基礎知識

【余事象】

ある試行において、求める事象ではない事象を余事象と言います。例えばサイコロを 1 回振る試行に対し、「偶数の目が出る」事象の余事象は「奇数の目が出る」になります。

【余事象を使った計算】

全ての事象が起こる確率は 100% = 1 です。

求める事象の場合の数が多くて数えるのが面倒なとき、1 から余事象の確率を引けば求めたい事象の確率が求められます。

求めたい事象の確率 = 1 − 余事象の確率

［イメージ図］

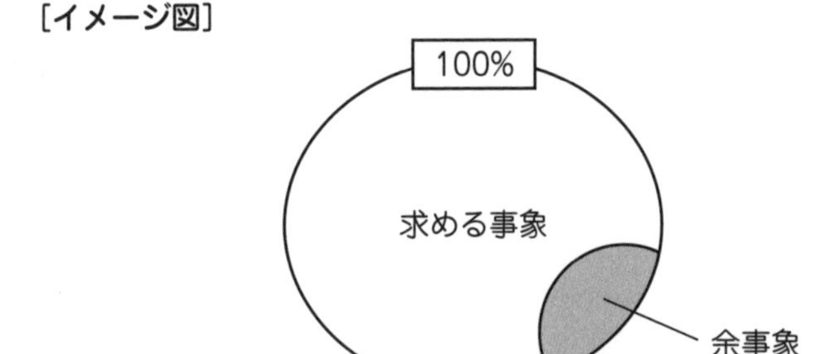

100%から余事象の確率を引けば、求めたい事象の確率がわかります。

【余事象に気づくポイント】

「少なくとも〇〇」「〇〇以上」といった条件が載っているときは計算が多くなる特徴があるので、余事象の使いどころです。しかし、簡単な問題であればそういった語句が載っているので気づけるのですが、難易度が上がると載っていないので自分で気づくしかありません。

ちなみに、じゃんけんの「あいこ」の確率も余事象を用いて解きます。

例題 49　東京都Ⅰ類B 2021　難易度▸★★★

サービスエリアがA，B，C，Dの順にある高速道路を利用するとき、「AB間で渋滞に巻き込まれる確率」は0.2、「BC間で渋滞に巻き込まれる確率」は0.1、「CD間で渋滞に巻き込まれる確率」は0.3である。この高速道路をAからDまで走るとき、少なくともAB間、BC間、CD間のいずれかで渋滞に巻き込まれる確率として、正しいのはどれか。

1. 0.418　2. 0.442　3. 0.496　4. 0.504　5. 0.507

第13章　確率

「少なくともAB間、BC間、CD間のいずれかで渋滞に巻き込まれる」事象を調べるのはケースが多く面倒です。このような場合は余事象である「AB間、BC間、CD間の全てで渋滞に巻き込まれない」を求め、100％（＝1）からそれを引きます。

条件より、各区間で渋滞に巻き込まれない確率は、AB間＝0.8，BC間＝0.9，CD間＝0.7なので、全ての区間で渋滞に巻き込まれない確率は、$0.8 \times 0.9 \times 0.7 = 0.504$ です。したがって、

$$
\begin{aligned}
\text{求める確率} &= 1 - 0.504 \\
&= 0.496
\end{aligned}
$$

となります。

よって、正解は肢3となります。

正解 3

理解できたら類題にtry！

類題 国家一般職 2022 難易度▸★★★

Ａ村では、ある人が１～12月のいずれかの月に生まれる確率は、ちょうど$\frac{1}{12}$ずつであるという。Ａ村において４人をランダムに選んだとき、２人以上の誕生月が同じになる確率はいくらか。

1. $\frac{1}{6}$　2. $\frac{1}{3}$　3. $\frac{19}{56}$　4. $\frac{41}{96}$　5. $\frac{151}{288}$

「２人以上の誕生月が同じになる」ケースを数えるのは面倒なので、余事象「４人とも誕生月が異なる」を考えます。

例えばＸ，Ｙの２人がいたとします（誕生月をそれぞれx月、y月とします）。Ｘの誕生月x月に対して、Ｙの誕生月y月がx月ではない確率は$\frac{11}{12}$です。

x月以外の11か月という意味です。

ではＸ，Ｙ，Ｚ（z月生まれ）の３人の場合はどうでしょうか。Ｘ，Ｙに対してＺの誕生月z月がx月、y月ではない確率は$\frac{11}{12}\times\frac{10}{12}$です。

Ｘ，Ｙ，Ｚ，Ｗ（w月生まれ）の４人の場合も同じように考えると、Ｘ，Ｙ，Ｚに対してＷの誕生月w月がx月、y月、z月ではない確率は$\frac{11}{12}\times\frac{10}{12}\times\frac{9}{12}$です。これが余事象の確率となります。

したがって、

２人以上の誕生月が同じになる確率＝１－４人とも誕生月が異なる確率

$$=1-\frac{11}{12}\times\frac{10}{12}\times\frac{9}{12}$$

$$=1-\frac{55}{96}$$

$$=\frac{41}{96}$$

ですので、正解は肢４となります。

正解４

セクション

50 反復試行の確率

重要度 ★★★★☆

「○回中△回起こる確率」を反復試行の確率（独立試行の確率）と言います。公式があるので得点源にしやすいですが、ひっかけのポイントがあるので注意が必要です（「類題」で紹介します）。

このセクションのGoal

・反復試行の確率を、公式を用いて解けるようになる。

公式・基礎知識

【反復試行の確率】

ある試行を何回も繰り返し行うことを「反復試行」と言います（例：サイコロを5回振る）。

ある試行を x 回行い、事象Aが y 回起こる確率（例：サイコロを5回振って2回「1」の目が出る確率）は次のように表すことができます。

公式：${}_xC_y$ × 事象Aの確率^y × 事象Aの余事象の確率$^{x-y}$

公式だけだとわかりづらいので、例題を用いて公式の成り立ちを解説します。

例題 50

国家専門職 2018　難易度▸ ★☆☆

1～6の異なる数字が各面に一つずつ書かれた正六面体のサイコロを振って、1又は2の目が出たら5点加点し、3～6の目が出たら3点減点するゲームを行うとき、サイコロを5回振った時点の点数が9点である確率はいくらか。

ただし、ゲームは0点から開始するものとし、点数がマイナスになることもある。

1. $\frac{4}{243}$　2. $\frac{26}{243}$　3. $\frac{40}{243}$　4. $\frac{7}{15}$　5. $\frac{13}{27}$

5回振った時点で9点になるのは、1 or 2の目が3回出て（+15点）、3～6の目が2回出たとき（−6点）です。

つまり、この問題は「5回中3回1 or 2が出る確率」と読み替えることができます。

STEP1 「5回中3回1 or 2が出る」場合が何通りあるか数える

5回中3回1 or 2が出るとは、1回目～5回目の5回のうちから3回、1 or 2になるところを選ぶ組合せとみなすことができます。

【一例】

1回目	2回目	3回目	4回目	5回目
○	○	○	×	×

○：1 or 2
×：3～6

5回の中から3回「○」が入るところを選ぶ組合せ $_5C_3$

したがって、全部で $_5C_3 = 10$（通り）考えられます。

これが公式の「$_xC_y$」に該当します。

STEP2 10通りのうち1通りの確率を求める

1 or 2の確率は $\frac{1}{3}$、3～6の確率は $\frac{2}{3}$ ですので、「5回中3回1 or 2が出る」10通りのうち、1つのケースの確率は $\left(\frac{1}{3}\right)^3 \times \left(\frac{2}{3}\right)^2 = \frac{4}{243}$ と表すことができます。

これが公式の「事象Aの確率^y × 事象Aの余事象の確率$^{x-y}$」に該当します。

STEP3 求める確率を計算する

$\frac{4}{243}$ はあくまで10通りのうちの1つの確率です。10通りとも、確率は $\frac{4}{243}$ になりますので、求める確率は $10 \times \frac{4}{243} = \frac{40}{243}$ となります。

したがって、正解は肢3となります。

公式のようにまとめると $_5C_3 \times \left(\frac{1}{3}\right)^3 \times \left(\frac{2}{3}\right)^2$ となります。

正解 3

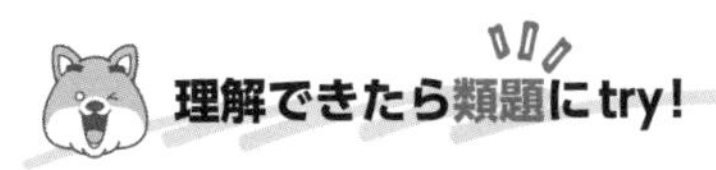

類題 国家一般職 2023 難易度 ★★★

ある大会でAチームとBチームが野球の試合を行い、先に3勝したチームを優勝とし、その時点で大会を終了する。AチームがBチームに勝つ確率が $\frac{2}{3}$ であるとき、AチームがBチームに3勝2敗で優勝する確率はいくらか。ただし、引き分けはないものとする。

1. $\frac{16}{81}$　2. $\frac{20}{81}$　3. $\frac{8}{27}$　4. $\frac{10}{27}$　5. $\frac{4}{9}$

AチームがBチームに3勝2敗で優勝するとは、Aは第4戦目まででで2勝2敗で、第5戦に勝利するということです。第4戦目まで2勝2敗である確率を求めます。

ひっかけ注意！
「5回中3回勝つ」と考えてしまうと（○，○，○，×，×）と第3戦目で3勝してしまい、その時点で終了する場合も含んでしまうので不適です。

STEP1 **2勝2敗になる場合の数を計算する**

2勝2敗になるとは、第1～4戦のうち2戦勝利するところを選ぶことですので、${}_4C_2 = 6$（通り）考えられます。

【一例】

1戦目	2戦目	3戦目	4戦目
○	○	×	×

STEP2 **2勝2敗になる確率を求めよう**

上の例の確率は $\frac{2}{3} \times \frac{2}{3} \times \frac{1}{3} \times \frac{1}{3} = \frac{4}{81}$ です。先ほど求めたように、2勝2敗になる場合は6通りあり、そのすべてが $\frac{4}{81}$ の確率ですから、

2勝2敗となる確率

$$= {}_4C_2 \times \left(\frac{2}{3}\right)^2 \times \left(\frac{1}{3}\right)^2$$

$$= 6 \times \frac{4}{81}$$

$$= \frac{8}{27}$$

となります。

最後に第5戦目に勝てばいいので、求める確率は $\frac{8}{27} \times \frac{2}{3} = \frac{16}{81}$ となります。

したがって、正解は肢1です。

正解 1

セクション
51 期待値

重要度
★★☆☆☆

期待値とは、1回の試行で得られる平均値のことです。公式があるので得点源になります。「期待値を求めさせるタイプ」と「期待値がわかっていて逆に確率を求めさせるタイプ」の2つの出題形式がありますがどちらも難しくありません。

このセクションのGoal

・期待値の問題を、公式を用いて解けるようになる。

公式・基礎知識

【期待値①（期待金額)】

お金を例にして解説します。試行1回当たりの平均的な獲得金額を「期待値(期待金額)」と言い、「金額×確率」で表すことができます。

例1）10％の確率で100万円当たるくじがあるとする。1回当たりの期待金額はいくらか。

期待金額 ＝ 100万円 × 0.1 ＝ 10万（円/回）

【期待値②】

複数の確率がある場合は「『金額×確率』の和」で表すことができます。

例2）50％の確率で5万円が、50％の確率で3,000円が当たるくじがある。1回当たりの期待金額はいくらか。

期待金額 ＝ 50000 × 0.5 ＋ 3000 × 0.5 ＝ 26500（円/回）

例題 51

裁判所職員 2011　難易度▶★★★

6階建てのビルがあり、その中にエレベーターが1基ある。このエレベーターの使用状況を調べると、利用者が1階離れたフロアへ移動する確率は $\frac{1}{20}$ であり、2階、3階、4階、5階離れたフロアへ移動する確率はそれぞれ $\frac{2}{20}$, $\frac{5}{20}$, $\frac{6}{20}$, $\frac{6}{20}$ であった。

今3階にいるAさんがエレベーターの下りボタンを押したのと1階でBさんを乗せたエレベーターが動き出したのは同時であった。また6階ではCさんがすでにエレベーターのボタンを押して待っている。他にエレベーターを使用する人はいない。エレベーターはボタンが先に押された階にまず移動する設定となっており、上下一つの階を移動するのに10秒を要し、乗り降りのための停止時間が5秒で、ドアの開閉に要する時間は考慮しないものとするとき、Aさんの前で下りのエレベーターのドアが開くまでの待ち時間の期待値に最も近いのはどれか。

1. 85秒　2. 90秒　3. 94秒　4. 97秒　5. 120秒

Cさんのほうが先にボタンを押しているので、エレベーターは1階→6階→3階の順に移動します。

STEP1 6階に上るまでを調べよう

まずは6階に到着するまでの時間を調べます。Bさんが降りる階によって次の2つのケースが考えられます。

・Bさんが6階で降りる場合　⇒ 50秒 $\left(\text{確率}\ \frac{6}{20}\right)$

・Bさんが6階以外で降りる場合　⇒ 55秒 $\left(\text{確率}\ 1-\frac{6}{20}=\frac{14}{20}\right)$

6階に到着するまでの時間の期待値は次のようになります。

$$\text{期待値} = \underset{\boxed{6階}}{50 \times \frac{6}{20}} + \underset{\boxed{6階以外}}{55 \times \frac{14}{20}}$$

$$= \frac{1070}{20}$$

$$= 53.5\ (\text{秒})$$

6 階に到着したらCさんが乗ります（5 秒）。ここまで 53.5 + 5 = 58.5（秒）かかる見込みです。

STEP 2 3階に下りるまでを調べよう

このまま 3 階まで直行せず、Cさんが 5 階，4 階で降りる可能性もあります。

・Cさんが 5 階か 4 階で降りてからエレベーターが 3 階に行く場合
$\Rightarrow$ 35 秒 $\left(\text{確率}\ \frac{1}{20} + \frac{2}{20} = \frac{3}{20}\right)$

・Cさんが 5 階か 4 階で降りずエレベーターが 3 階まで直行する場合
$\Rightarrow$ 30 秒 $\left(\text{確率}\ 1 - \frac{3}{20} = \frac{17}{20}\right)$

3 階に到着するまでの時間の期待値は次のようになります。

$$\text{期待値} = \underset{\boxed{5階\ \text{or}\ 4階}}{35 \times \frac{3}{20}} + \underset{\boxed{3階直行}}{30 \times \frac{17}{20}}$$

$$= \frac{615}{20}$$

$$= 30.75\ (\text{秒})$$

全部で 58.5 + 30.75 = 89.25（秒）かかる見込みとなります。
問題は「最も近いのはどれか」ですので、肢 2 の 90 秒となります。

正解 2

理解できたら類題にtry!

類題 国家専門職 2022 難易度▸ ★★★

Aは100万円の元金を有しており、これを株式投資か債券投資のいずれか一方で1年間、運用することを考えている。

株式投資については、1年後に元金が25万円増加するか15万円減少するかのいずれかであると仮定する。なお、1年後に株式投資で、増加する確率や減少する確率については分かっていない。一方、債券投資については、元金に対して1年間で確実に10%の利子が付くと仮定する。

Aが、1年後に、株式投資により得られる金額の期待値が債券投資により得られる金額を上回れば株式投資を選択するとした場合、株式投資を選択するのは、株式投資により元金が増加する確率が、次のうち、最低限いくらより大きいと予想するときか。

1. 62.5%　2. 65.0%　3. 67.5%　4. 70.0%　5. 72.5%

条件より、債券投資については100万円×0.1＝10万円の利子が付きます。つまり、株式投資で10万円を上回る期待があれば株式投資を選択することになります。

ここで、株式投資において25万円増加する確率をp、15万円減少する確率を$(1-p)$と置きます。期待金額は次のように表すことができます。

＋25万　－15万

期待金額＝$25p + (-15)(1-p)$（円）

これが10万円を上回るので次の不等式が成り立ちます。

$$25p + (-15)(1-p) > 10$$
$$25p - 15 + 15p > 10$$
$$40p > 25$$
$$\therefore p > \frac{25}{40} = 0.625\ (62.5\%)$$

したがって、正解は肢1となります。

正解 1

セクション

52 条件付き確率

重要度

★☆☆☆☆

条件付き確率は確率の中では難易度が高く、それでいて出題頻度は高くはないので、苦手意識がある受験生は後回しで良いかもしれません。

このセクションのGoal

・条件付き確率を比・割合の概念を導入して解けるようになる。

公式・基礎知識

【条件付き確率のイメージ】

ある試行において、事象Aが起こったと判明したもとで事象Bが起こる確率を条件付き確率と言います。イメージとしては、事象Aが起こったことで全体のうち一部が削られます。そのうえで事象Bが起こる確率は、残った部分に占める事象Bの割合と解釈することができます。確率を割合と読み替えるとイメージしやすいです。

【普通の確率（イメージ）】

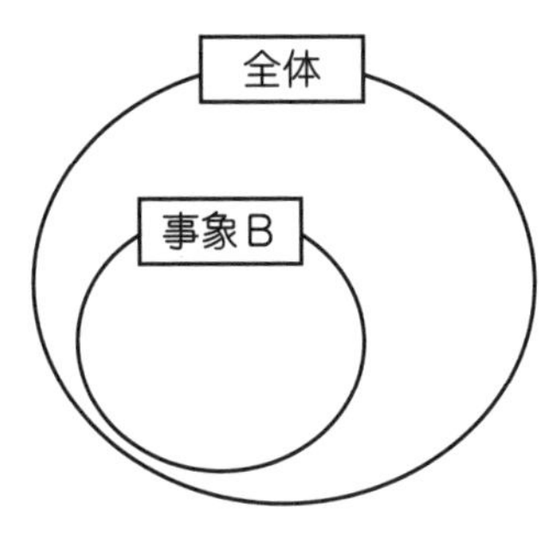

事象Bが起きる確率
＝全体に占めるBの割合

【条件付き確率（イメージ）】

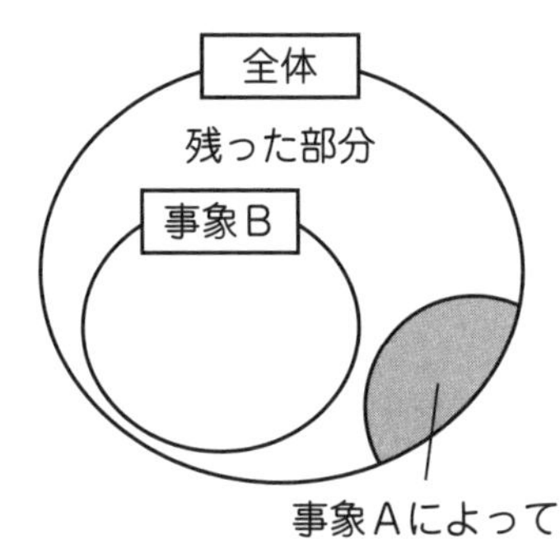

事象Bが起きる条件付き確率
＝残った部分に占めるBの割合

例）表裏両面に肖像の描かれているメダル１枚と、同じ大きさで片面のみに肖像の描かれているメダル１枚が袋の中に入っている。袋から無作為に取り出した１枚のメダルの初めに見えた面に肖像が描かれていたとき、その裏面にも肖像が描かれている確率はいくらか。

メダルを１枚取ったとき、起こり得る場合は次の４通りです。

	取ったメダル	初めに見た面
①	両面とも肖像があるメダル	表（肖像あり）
②	両面とも肖像があるメダル	裏（肖像あり）
③	片面のみ肖像があるメダル	表（肖像あり）
④	片面のみ肖像があるメダル	裏（肖像なし）

しかし、条件「袋から無作為に取り出した１枚のメダルの初めに見えた面に肖像が描かれていたとき」より、④の場合はあり得ないことになります。

「その裏面にも肖像が描かれている確率」は①、②、③の３通りに占める①、②の２通りの割合と解釈することができます。その確率は $\frac{2\text{通り}}{3\text{通り}}=\frac{2}{3}$ となります。

例題 52

国家一般職 2015　難易度▶★★★

自動車の故障を診断できる装置（「故障している」又は「故障していない」だけが表示される。）があり、これを故障している車に使用すると、99％の確率で「故障している」という正しい診断結果が出て、また、故障していない自動車に使用すると、1％の確率で「故障している」という誤った診断結果が出る。

いま、自動車１万台のうち100台が故障していることが分かっている。この１万台の自動車の中から無作為に１台を選び、同装置を使用したところ、「故障している」という診断結果が出た。このとき、この自動車が実際に故障している確率はいくらか。

1．10％　2．33％　3．50％　4．90％　5．99％

起こり得る可能性を表示します。

	車	診断結果
①	故障している	「故障している」
②	故障している	「故障していない」
③	故障していない	「故障している」
④	故障していない	「故障していない」

問題文に〈同装置を使用したところ、「故障している」という診断結果が出た〉とあるので、②、④の場合は考える必要はありません。したがって、求める「この自動車が実際に故障している確率」は①、③に占める①の割合と解釈することができます。

①、③の確率を求め、2つのシチュエーションの起こりやすさの比率を算出します。

	車	診断結果	確率（比率）
①	故障している 0.01	「故障している」 0.99	0.0099 1
③	故障していない 0.99	「故障している」 0.01	0.0099 1

以上より、①：③＝1：1となりますので、①、③に占める①の割合は $\frac{1}{1+1} = 0.5 = 50$（%）となります。

したがって、正解は肢3です。

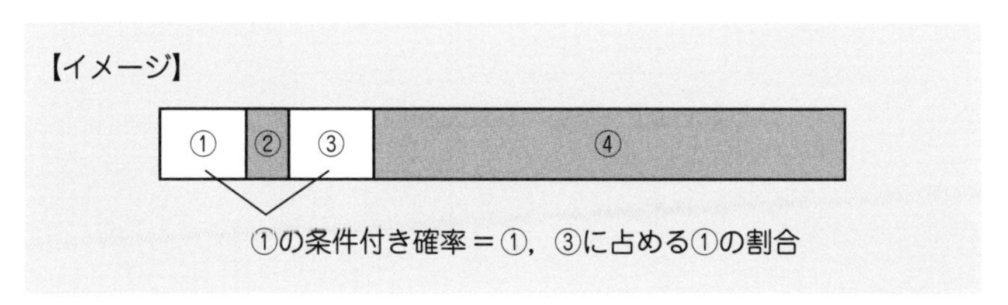

正解 3

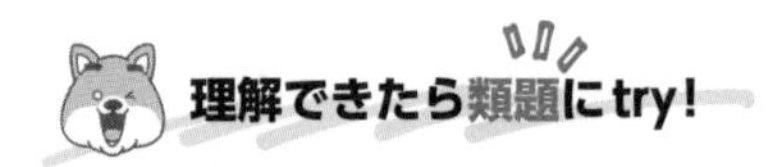

類題 警視庁 2010 難易度▸★★★

A，Bの2個の箱があり、Aの箱の中には赤球6個と白球4個、Bの箱の中には赤球3個と白球6個がそれぞれ入っている。1個のサイコロを投げて3の倍数の目が出たときにAの箱から球を1個、それ以外の目が出たときはBの箱から球を1個取り出す。いま、取り出した球が赤球であるとき、Aの箱から取り出した球である確率として、正しいものはどれか。ただし、箱の中は見えず、球の大きさは同じものとする。

1. $\frac{1}{3}$　2. $\frac{1}{5}$　3. $\frac{2}{9}$　4. $\frac{9}{19}$　5. $\frac{19}{45}$

まずは準備から。サイコロを投げて3の倍数が出る確率、各箱から赤球を取り出す確率は以下の通りです。

・3の倍数の目が出る確率（箱Aから取り出す）＝$\frac{2}{6}$

・3の倍数でない目が出る確率（箱Bから取り出す）＝$\frac{4}{6}$

・箱Aから赤球を取り出す確率＝$\frac{6}{10}$

・箱Bから赤球を取り出す確率＝$\frac{3}{9}$

サイコロを投げて箱から球を取り出す事象は、次の4通りが考えられます。

	サイコロ	箱	球
①	3，6	A	赤
②	3，6	A	白
③	1，2，4，5	B	赤
④	1，2，4，5	B	白

ここで問題文「いま、取り出した球が赤球であるとき」より、白球を取り出した場合を考慮する必要はありませんので②，④の場合は除外されます。つま

り，求める確率は①，③に占める①の割合と解釈できます。
①，③の確率を計算して、起こりやすさの比率を求めます。

	サイコロ	箱	球	確率	比率
①	3，6	A	赤	$\frac{2}{6} \times \frac{6}{10} = \frac{1}{5} = \frac{9}{45}$	9
③	1，2，4，5	B	赤	$\frac{4}{6} \times \frac{3}{9} = \frac{2}{9} = \frac{10}{45}$	10

求める確率（＝割合）は、①，③に占める①の割合ですから、

$$\text{取り出した赤球が箱Aであった確率} = \frac{9}{9+10} = \frac{9}{19}$$

となります。
したがって、正解は肢 4 です。

【イメージ】

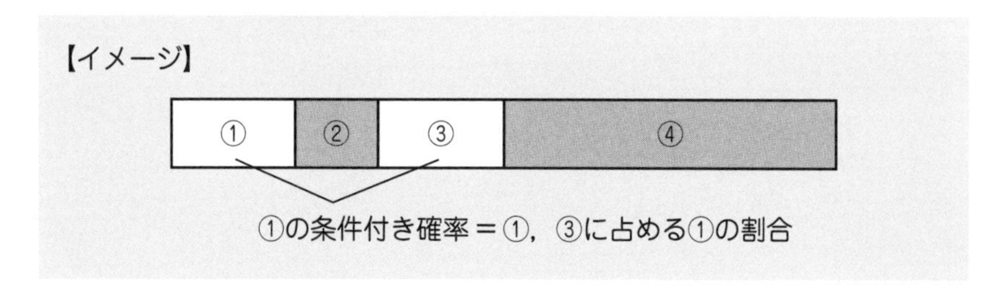

正解 4

MEMO

第14章

図形の計量

ポイント講義は
こちら

セクション

53 三平方の定理①

重要度
★★★★★

図形の計量は範囲が広いですが、数的処理に限って言えば「三平方の定理」と「相似比」が人気です。まずはこの2つに絞って学習しても良いでしょう。

このセクションのGoal

・三平方の定理を用いて問題が解けるようになる。

公式・基礎知識

【三平方の定理】

直角三角形の3辺の長さ（c が最も長い辺です）に対して次の式が成り立ちます。

三平方の定理 $a^2 + b^2 = c^2$

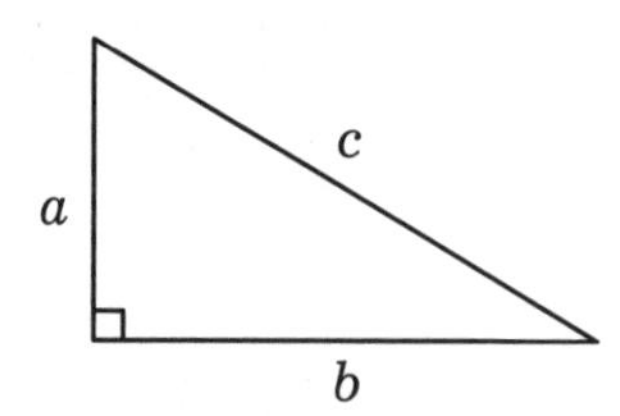

例題 53

東京都Ⅰ類B 2023　難易度▸ ★★★

下の図のように、AB＝12cm、BC＝16cmの長方形ABCDを、対角線BDで折り、点Cの移った点を点C′とし、辺ADと辺BC′の交点を点Pとしたとき、線分APの長さとして、正しいのはどれか。

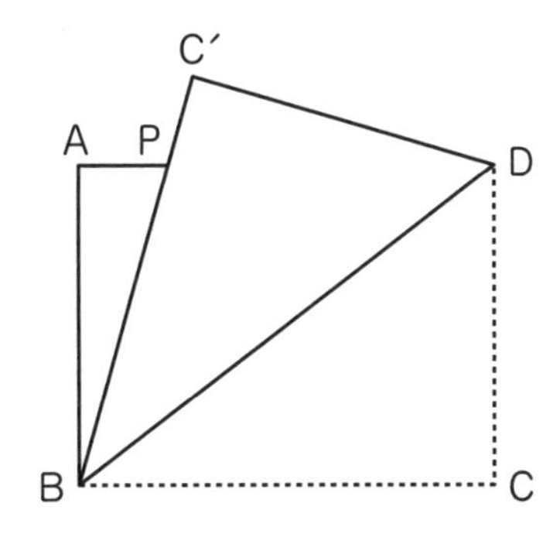

1．3cm　　2．3.5cm　　3．4cm　　4．$3\sqrt{3}$cm　　5．5cm

折り返してできた図形は，折れ線を軸に対称になります。したがって、∠PBD＝∠CBD（●部分）となります。また、平行線の錯角の性質より、∠CBD＝∠ADB（●部分）となります。つまり、△PBDは二等辺三角形であるとわかります。

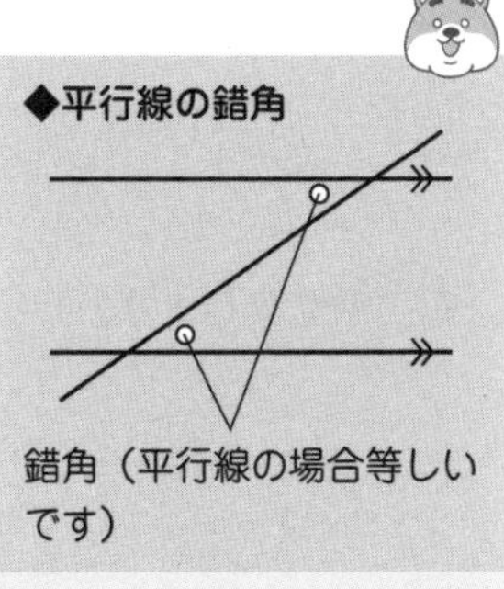

◆平行線の錯角
錯角（平行線の場合等しいです）

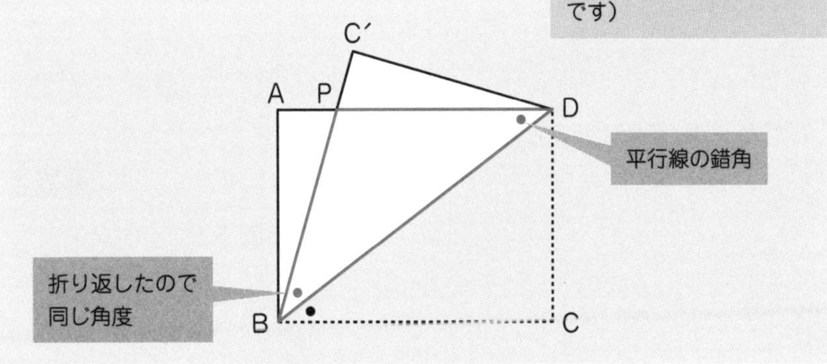

ここでAP＝x（cm）と置きます。するとPD＝16－x（cm）となります。また直角三角形ABPに注目すると、三平方の定理より、

$$BP^2 = x^2 + 12^2$$
$$BP = \sqrt{x^2 + 12^2}$$

となります。

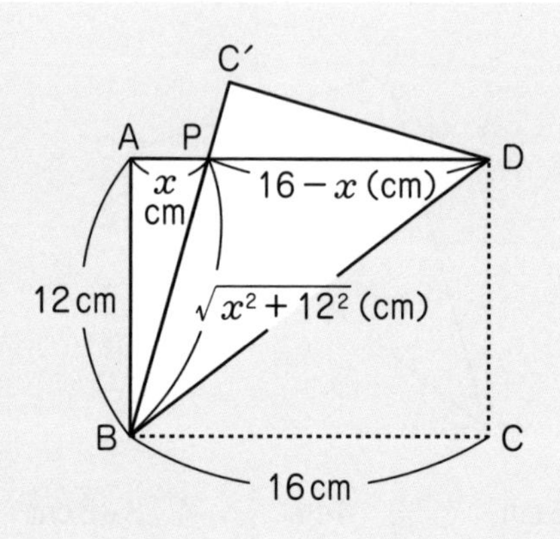

△ＰＢＤは二等辺三角形ですから、ＰＢ＝ＰＤが成り立ちます。

$$\sqrt{x^2 + 12^2} = 16 - x$$

両辺を２乗します。

$$x^2 + 144 = 256 - 32x + x^2$$
$$32x = 112$$
$$\therefore x = 3.5 \text{ (cm)}$$

したがって、正解は肢２となります。

正解 2

理解できたら類題にtry！

類題　東京都Ⅰ類A 2023　難易度▶★★★

下の図のように、面積196cm² の正方形ＡＢＣＤの辺ＡＢ，ＢＣ，ＣＤ，ＤＡの上に、それぞれ点Ｅ，Ｆ，Ｇ，Ｈをとり、四角形ＥＦＧＨが面積100cm² の正方形となるとき、線分ＥＢの長さとして、正しいのはどれか。ただし、ＡＥ＜ＥＢとする。

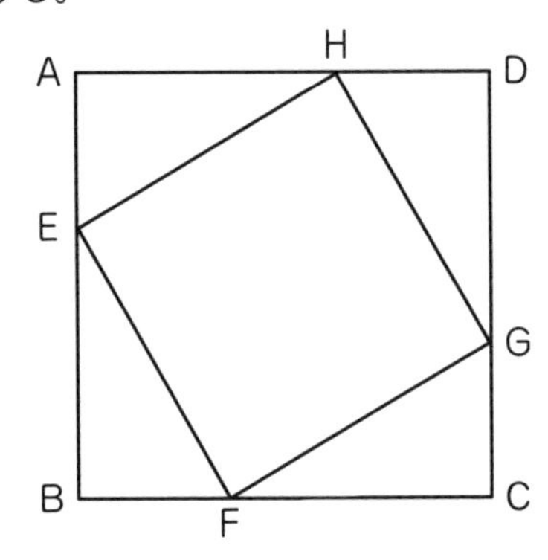

1．$5\sqrt{2}$cm　　2．7.5cm　　3．8cm　　4．$5\sqrt{3}$cm　　5．9cm

「面積196cm² の正方形ＡＢＣＤ」より、正方形ＡＢＣＤの一辺の長さは14cm です。同様に「四角形ＥＦＧＨが面積100cm² の正方形」より、正方形ＥＦＧＨの一辺の長さは10cm です。

ここで、ＥＢ＝x（cm），ＡＥ＝14 － x（cm）と置きます。すると△ＡＥＨ≡△ＢＦＥより（【補足】参照）、ＢＦ＝14 － x（cm）となります。

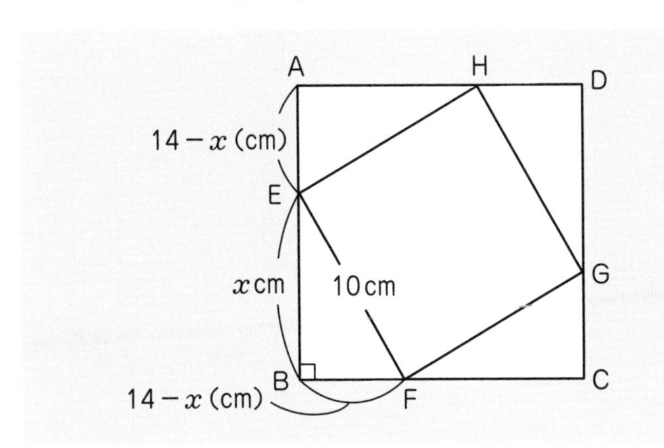

第14章　図形の計量

△ＢＦＥにおいて、三平方の定理が成り立ちます。

$$x^2 + (14 - x)^2 = 10^2$$
$$x^2 + 196 - 28x + x^2 = 100$$
$$2x^2 - 28x + 96 = 0$$
$$x^2 - 14x + 48 = 0$$
$$(x - 8)(x - 6) = 0$$
$$\therefore x = 8,\ 6$$

ＡＥ＜ＥＢより、$x = 8$（cm）となります。
したがって、正解は肢３です。

【補足（△ＡＥＨ≡△ＢＦＥの証明）】

図のように∠ＢＥＦ＝★と置きます。△ＡＥＨにおいて、直線ＡＢは180°ですから、∠ＡＥＨ＝180°－（90°＋★）＝90°－★と表すことができます。また、△ＢＦＥにおいて、∠ＢＦＥは三角形の内角180°から★と90°を引いた∠ＢＦＥ＝90°－★と表すことができます。したがって、∠ＡＥＨ＝∠ＢＦＥとなり、直角三角形の合同条件「斜辺と１つの鋭角がそれぞれ等しい」が成り立つので合同とわかります。

マークシートの試験なので、ここまで細かい証明は不要です。時には見た目で判断しちゃっても大丈夫です。

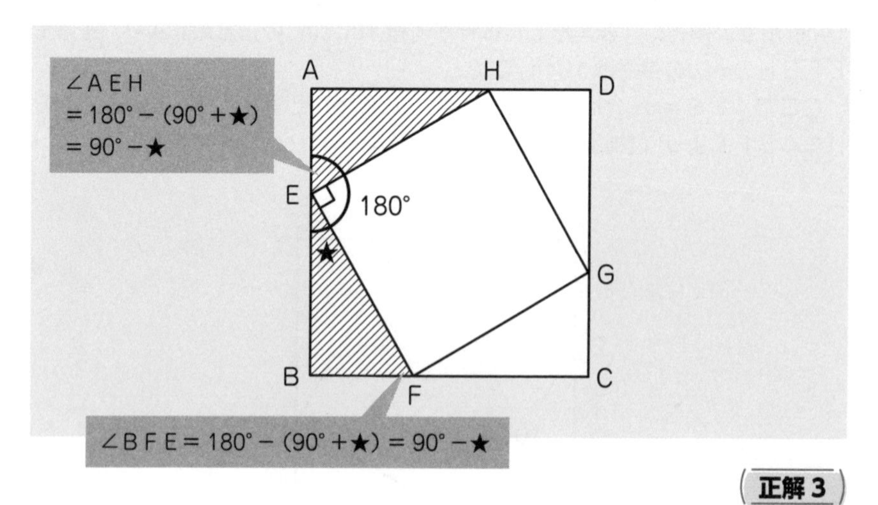

正解３

セクション
54 三平方の定理②

重要度
★★★★★

直角三角形の中には有名な形状のものがあります。角度、辺の長さの比率を暗記しましょう。

このセクションのGoal

・有名な直角三角形の辺の長さを用いて問題を解けるようになる。

公式・基礎知識

【有名な角度の直角三角形】

・45°，45°，90°の直角三角形 ⇒ 辺の長さの比率が $1:1:\sqrt{2}$ になります。
・30°，60°，90°の直角三角形 ⇒ 辺の長さの比率が $1:2:\sqrt{3}$ になります。

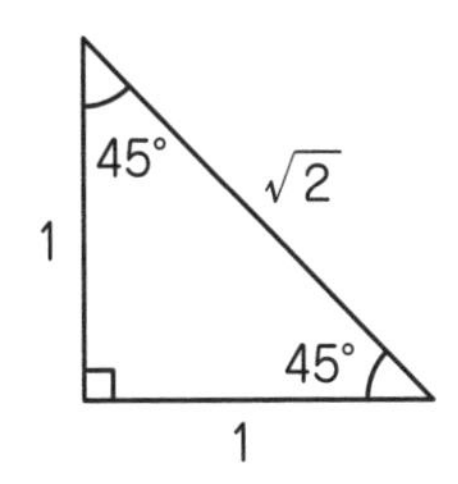

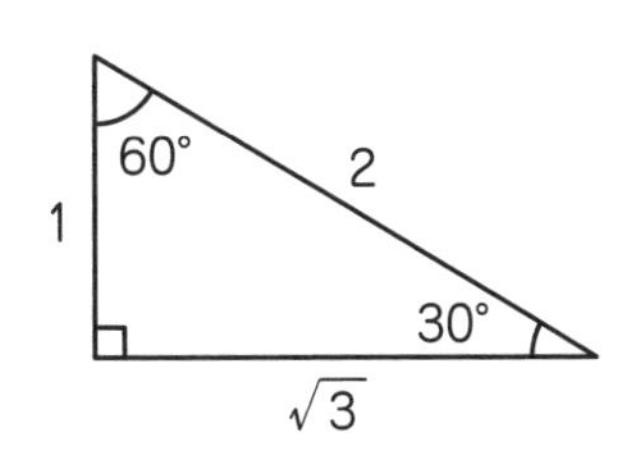

【有理化】

　分数式において、$\sqrt{\ }$ が分母にあるとき、有理化を行い分母から取り除くことがあります。2つのタイプがあります。

例1）$\dfrac{1}{\sqrt{2}}$ を有理化しなさい。

$$\frac{1}{\sqrt{2}}$$

$$= \frac{1}{\sqrt{2}} \times \frac{\sqrt{2}}{\sqrt{2}}$$

$$= \frac{\sqrt{2}}{2}$$

分母の $\sqrt{2}$ をなくすため、さらに $\sqrt{2}$ を掛けます。当然、そのようなことをしたら違う値になってしまうので、分子にも $\sqrt{2}$ を掛けて帳尻を合わせます。

例 2） $\dfrac{1}{\sqrt{3}+\sqrt{2}}$ を有理化しなさい。

$$\frac{1}{\sqrt{3}+\sqrt{2}}$$
$$=\frac{1}{\sqrt{3}+\sqrt{2}}\times\frac{\sqrt{3}-\sqrt{2}}{\sqrt{3}-\sqrt{2}}$$
$$=\frac{\sqrt{3}-\sqrt{2}}{3-2}$$
$$=\sqrt{3}-\sqrt{2}$$

例 1 と同じように分母と同じ数 $\sqrt{3}+\sqrt{2}$ を掛けてしまうと $\sqrt{\ }$ が消えません。このようなタイプでは展開公式
$(\sqrt{a}+\sqrt{b})\times(\sqrt{a}-\sqrt{b})=a-b$
より、$\sqrt{3}-\sqrt{2}$ を掛けます。

例題 54

国家専門職 2023　難易度▸ ★★★

1,500 m 離れた 2 地点Ａ，Ｂと、山頂Ｐの角度を見ると、∠ＡＢＰ＝45°，∠ＢＡＰ＝105° であり、地点Ａから山頂Ｐを見た仰角は 30° であった。

山頂Ｐと地点Ａの標高差ＰＨはいくらか。

1. $500\sqrt{3}$m
2. $750\sqrt{2}$m
3. $750\sqrt{3}$m
4. $750\sqrt{6}$m
5. $1{,}000\sqrt{2}$m

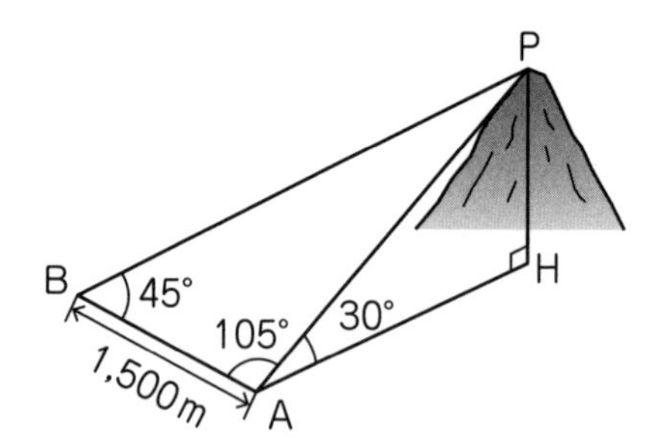

STEP 1 △ＡＢＰに注目しよう

△ＡＢＰを検討します。Ａから辺ＢＰへ垂線を下ろし、その足をＣとします。すると、△ＣＡＢは 45°，45°，90° の直角二等辺三角形となります。

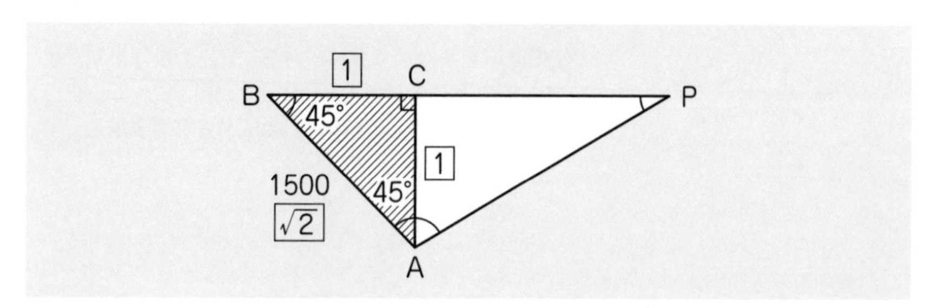

辺の長さの比は1：1：$\sqrt{2}$となります。図より、比例式ＡＢ：ＡＣ＝$\sqrt{2}$：1が成り立ちます。

$$1500 : AC = \sqrt{2} : 1$$
$$\sqrt{2}AC = 1500$$
$$AC = \frac{1500}{\sqrt{2}}$$
$$= \frac{1500}{\sqrt{2}} \times \frac{\sqrt{2}}{\sqrt{2}}$$
$$= \frac{1500\sqrt{2}}{2}$$
$$= 750\sqrt{2}\ (m)$$

さらに、△ＡＣＰは30°，60°，90°の直角三角形となります。

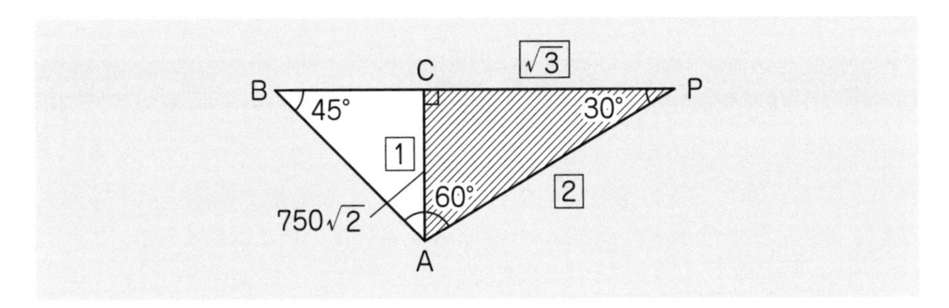

辺の長さの比率は1：2：$\sqrt{3}$となります。ＡＣ：ＡＰ＝1：2ですから、

$$AP$$
$$= 2 \times 750\sqrt{2}$$
$$= 1500\sqrt{2}\ (m)$$

となります。

STEP2 △ＡＨＰに注目しよう

△ＡＨＰは30°，60°，90°の直角三角形です。辺の長さの比率は1：2：$\sqrt{3}$で、ＡＰ：ＰＨ＝2：1です。したがって、ＰＨの長さは1500$\sqrt{2}$ｍの半分の750$\sqrt{2}$ｍとなります。

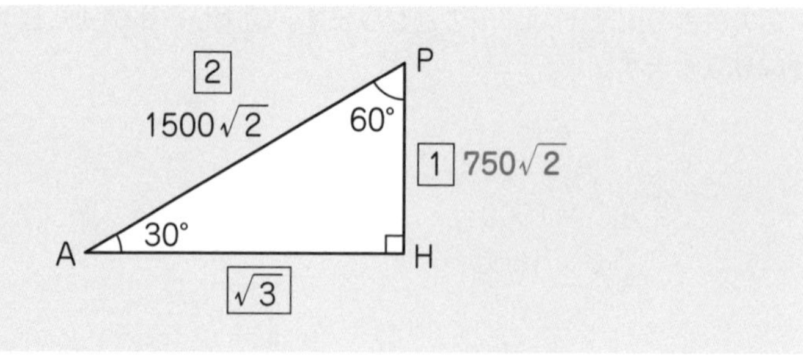

したがって、正解は肢２となります。

正解２

理解できたら類題にtry！

類題　国家一般職 2021　難易度▸★★★

図のように、一辺の長さが１の正方形Aに内接し、30°傾いた正方形を正方形Bとする。また、正方形Bに内接し、45°傾いた長方形の長辺を a、短辺を b とする。a と b の長さの比が２：１であるとき、a の長さはいくらか。

1. $\dfrac{2\sqrt{3}-2\sqrt{2}}{3}$
2. $\dfrac{2\sqrt{3}-2}{3}$
3. $\dfrac{\sqrt{6}-\sqrt{2}}{2}$
4. $\dfrac{2\sqrt{6}-2\sqrt{2}}{3}$
5. $\dfrac{\sqrt{6}+\sqrt{2}}{3}$

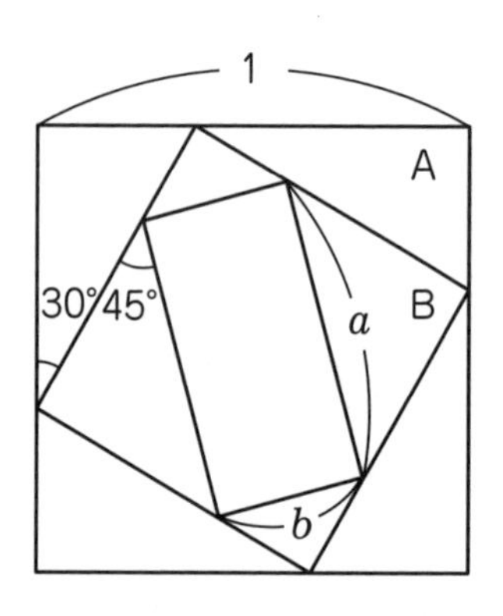

グレーの30°，60°，90°の直角三角形に注目します。最も短い辺の長さをxと置くと、残りの2辺は$\sqrt{3}x$，$2x$と表すことができます。また、グレーの直角三角形同士は合同なので、辺の長さは同じx，$\sqrt{3}x$，$2x$です。

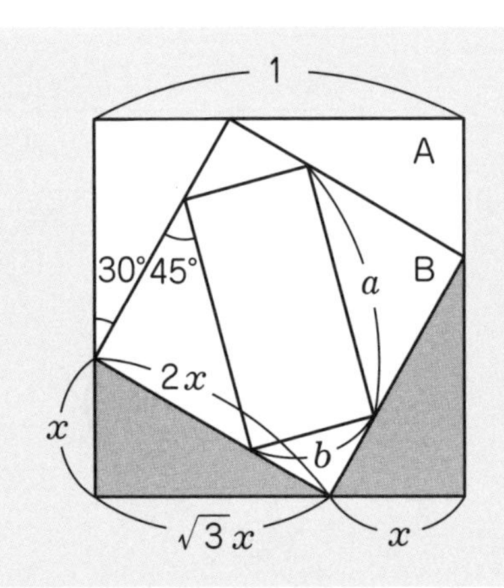

正方形Aの一辺の長さが1なので、$\sqrt{3}x + x = 1$が成り立ちます。

$$
\begin{aligned}
\sqrt{3}x + x &= 1 \\
x &= \frac{1}{\sqrt{3}+1} \\
&= \frac{1}{\sqrt{3}+1} \times \frac{\sqrt{3}-1}{\sqrt{3}-1} \\
&= \frac{\sqrt{3}-1}{3-1} \\
x &= \frac{\sqrt{3}-1}{2} \quad \cdots\cdots\bigstar
\end{aligned}
$$

次に斜線部の45°，45°，90°の直角三角形に注目します。辺の長さの比率は$1:1:\sqrt{2}$で、短い辺の長さをyとすると、$y:a = 1:\sqrt{2}$が成り立ちます。

$$
\begin{aligned}
y : a &= 1 : \sqrt{2} \\
\sqrt{2}y &= a \\
y &= \frac{a}{\sqrt{2}}
\end{aligned}
$$

小さいほうの 45°，45°，90° の直角三角形も同様に考えます。短い辺は $\dfrac{b}{\sqrt{2}}$ と表すことができます。

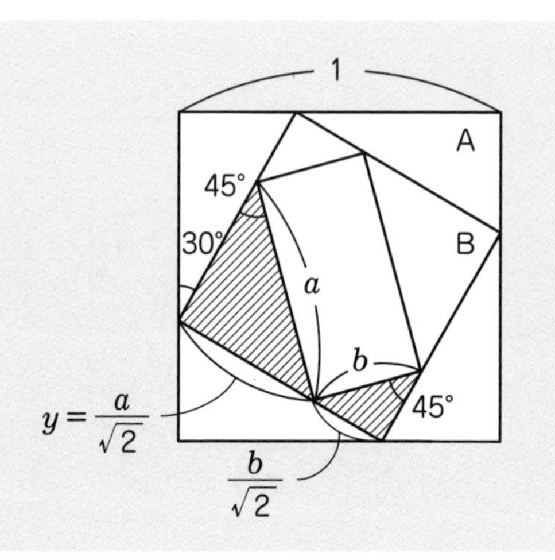

図より、$\dfrac{a}{\sqrt{2}}$ と $\dfrac{b}{\sqrt{2}}$ の和が $2x$ に相当します。

$$\frac{a}{\sqrt{2}}+\frac{b}{\sqrt{2}}=2x$$

条件より $b=\dfrac{a}{2}$、また★より $x=\dfrac{\sqrt{3}-1}{2}$ を代入

$$\frac{a}{\sqrt{2}}+\frac{a}{2\sqrt{2}}=2\times\frac{\sqrt{3}-1}{2}$$

$$\frac{3a}{2\sqrt{2}}=\sqrt{3}-1$$

$$3a=2\sqrt{2}\,(\sqrt{3}-1)$$

$$a=\frac{2\sqrt{6}-2\sqrt{2}}{3}$$

したがって、正解は肢 4 となります。

正解 4

セクション

55 相似比①

重要度 ★★★★★

図形の計量で１番人気の相似比について学習します。相似な図形に気づくこと、相似比の計算の２つがポイントになります。

このセクションのGoal

・相似な図形に気づけるようになる。
・相似比の計算ができるようになる。

公式・基礎知識

【相似比】

大きさは違うけど形が同じ図形同士を相似な図形と言います。２つの相似な図形において、対応する辺の長さの比率を相似比と言います。相似比は他の対応している辺の組にも成り立ちます。

【相似比の例】

〈次図において△ＡＢＣ∽ＤＥＦの場合〉

対応するＡＢ＝4cmとＤＥ＝8cmより、
ＡＢ：ＤＥ＝１：２が相似比となります。

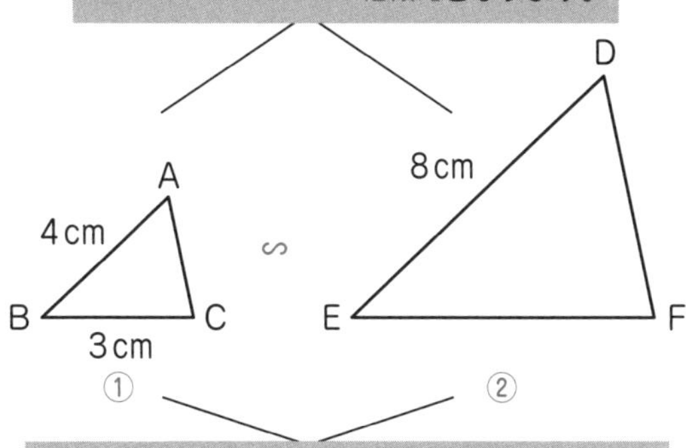

対応する辺の長さの比率は全て1:2となります。
ＢＣ：ＥＦ＝１：２より、ＦＦ＝6cmです。

【相似な三角形について】

２つの三角形が「２組の角がそれぞれ等しい」を満たすとき、その２つの三角形は相似になります。平行線内に図形があると、同位角や錯角といった等しい角度が多く、「2組の角がそれぞれ等しい」の状況になりやすいです。以下に挙げるような図形を見たら真っ先に相似な図形を疑ってみましょう。

次図では、それぞれ△ＡＢＣ∽ＡＢ′Ｃ′が成り立ちます。

三角形の相似条件は３つありますが、公務員試験ではほとんど「2組の角がそれぞれ等しい」しか出ませんので、これだけ覚えておけば大丈夫です。

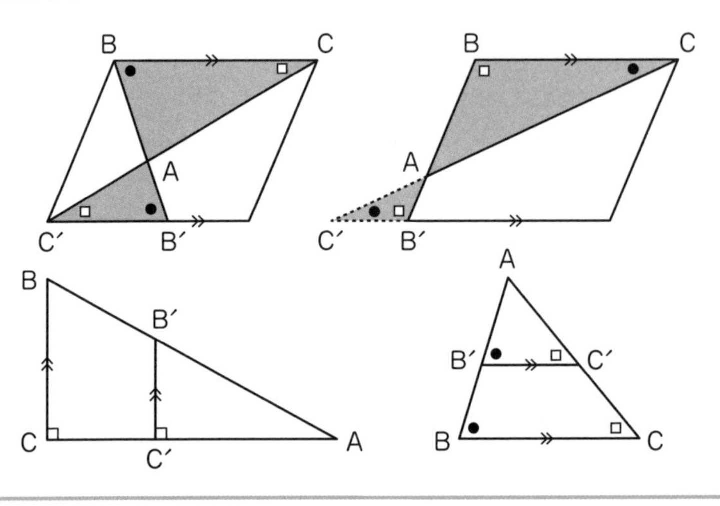

例題 55　裁判所職員 2018　難易度▶★★★

次の図において、四角形ＡＢＣＤはＡＤ∥ＢＣの台形であり、Ｐ，Ｑはそれぞれ辺ＡＢ、対角線ＡＣの中点である。また、ＲはＡＣとＰＤの交点である。ＡＤ＝6cm、ＢＣ＝16cm のとき、ＲＱ：ＱＣの値として正しいものはどれか。

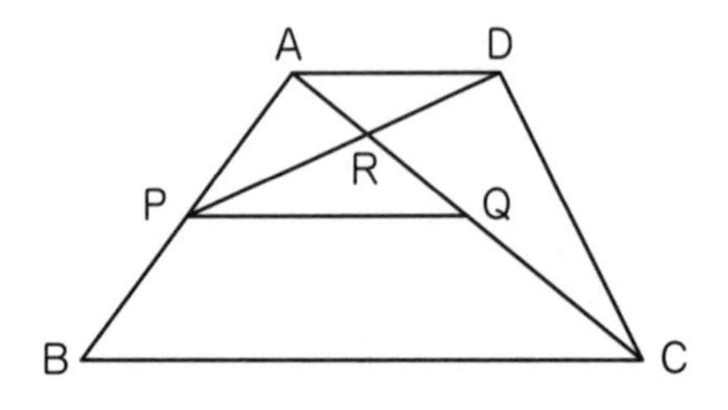

1. 7：8　　2. 3：4　　3. 5：7　　4. 5：8　　5. 4：7

STEP1 △ＡＢＣを検討しよう

△ＡＢＣに注目してください。Ｐ，Ｑはそれぞれ中点ですので、中点連結定理よりＰＱの長さはＢＣの半分の８cm です。

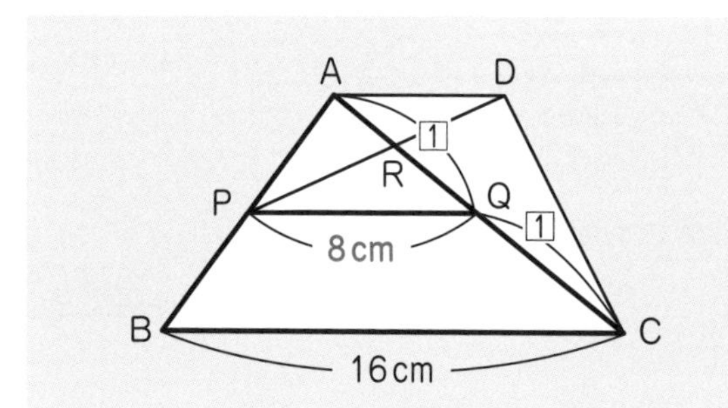

◆中点連結定理
２辺の中点を結んだ線分は、底辺の長さの半分に、かつ、底辺と平行になります。

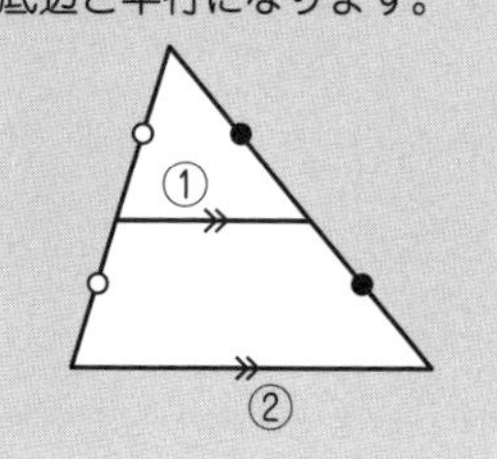

STEP2 台形ＡＤＱＰを検討しよう

ＤＱに補助線を引き、台形ＡＤＱＰを作ります。ＡＤ∥ＰＱより、錯角は等しいです（次図●，▲）。２組の角度がそれぞれ等しいので△ＲＡＤ∽△ＲＱＰとなります（次図グレー部分）。相似比は６cm：８cm＝３：４ですから、ＲＡ：ＲＱ＝３：４となります。

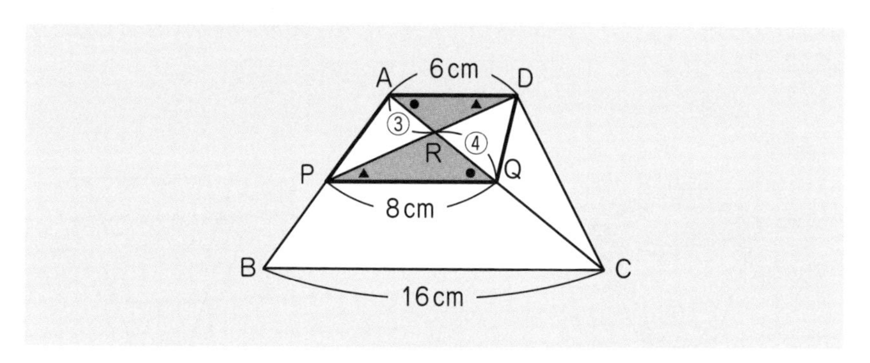

STEP3 長さの比を求めよう

ＡＱに注目してください。STEP1 ではＡＱ＝1と表していますが、STEP2 はＡＱ＝③＋④＝⑦と表しています。1＝⑦ですので STEP１ のＱＣも⑦と表します。

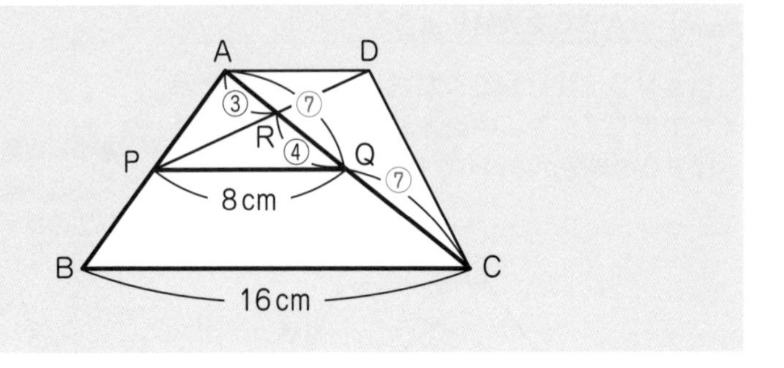

以上より、RQ：QC＝4：7ですので正解は肢5となります。

正解 5

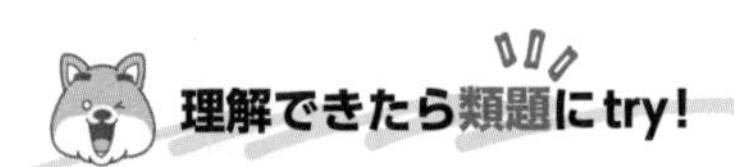

類題①

地方上級 2011　難易度▸★★★

次の図Ⅰのような容器がある。同じ容器を図Ⅱのようにぴったり重ねたとき、図Ⅲの断面図のように、底面の部分に隙間ができる（図Ⅲ $x$mm）。この x の値はいくらか。ただし、底面はきわめて薄いため、厚みは無視できるものとする。

130mm
5mm
120mm
5mm
70mm

図Ⅰ

ぴったり重ねる

図Ⅱ

$x$mm

図Ⅲ

1. 5mm　2. 10mm　3. 15mm　4. 20mm　5. 25mm

STEP1 容器１つに対して考えてみよう

以下のように補助線を引きます。

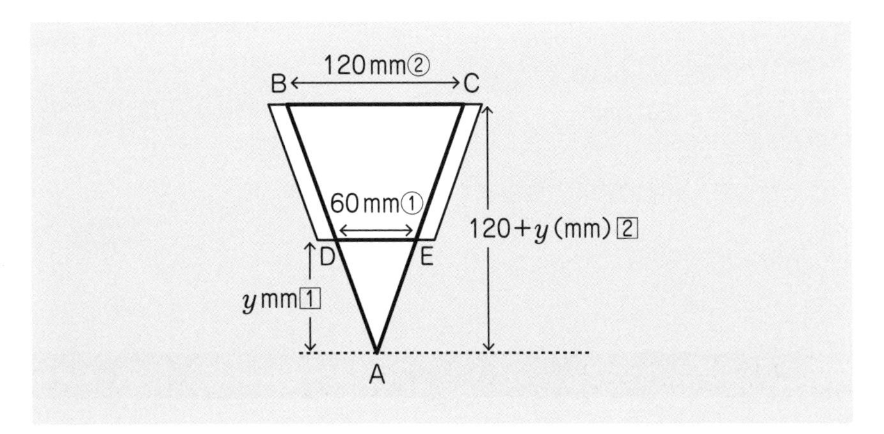

太線部の大きい三角形（△ＡＢＣ）と小さい三角形（△ＡＤＥ）は相似です。なおかつ相似比は大：小＝120：60＝2：1ですから、三角形の高さ（上図より大 $120+y$，小 y）に関しても2：1の比率が成り立ちます。

$$(120+y):y=2:1$$
$$\therefore y=120\ (\text{mm})$$

STEP2 図Ⅲに対して補助線を引いて考えよう

図Ⅲに対して以下のように補助線を引きます。

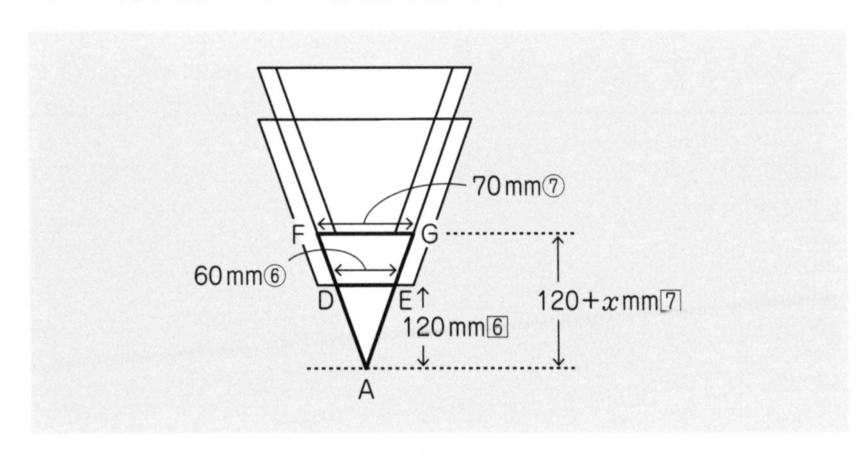

今度は太線部の２つの三角形（△ＡＦＧと△ＡＤＥ）が相似です。相似比は△ＡＦＧ：△ＡＤＥ＝70mm：60mm＝７：６ですから、高さに関して次の比例式が成り立ちます。

$$(120 + x) : 120 = 7 : 6$$
$$\therefore x = 20 \text{ (mm)}$$

したがって、正解は肢４となります。

正解４

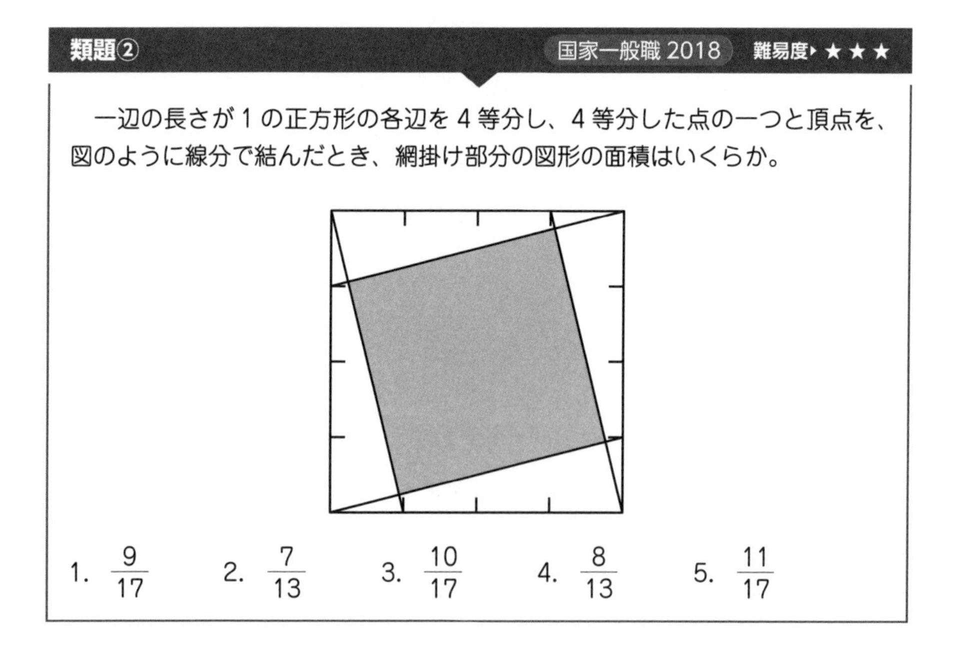

類題②　国家一般職 2018　難易度▸★★★

一辺の長さが１の正方形の各辺を４等分し、４等分した点の一つと頂点を、図のように線分で結んだとき、網掛け部分の図形の面積はいくらか。

1. $\dfrac{9}{17}$　　2. $\dfrac{7}{13}$　　3. $\dfrac{10}{17}$　　4. $\dfrac{8}{13}$　　5. $\dfrac{11}{17}$

次図のようにＡ，Ｂ，Ｃをとります。△ＡＢＣにおいて三平方の定理が成り立ちます。

$$AC^2 = AB^2 + BC^2$$
$$= 1 + \frac{1}{16}$$

（BCは4等分した線分なので $\frac{1}{4}$）

$$\therefore AC = \sqrt{\frac{17}{16}} = \frac{\sqrt{17}}{4}$$

次に、次図の太線2つの三角形に注目します。この2つは合同ですので（3辺の長さがそれぞれ等しい）、●の角度が等しくなります。

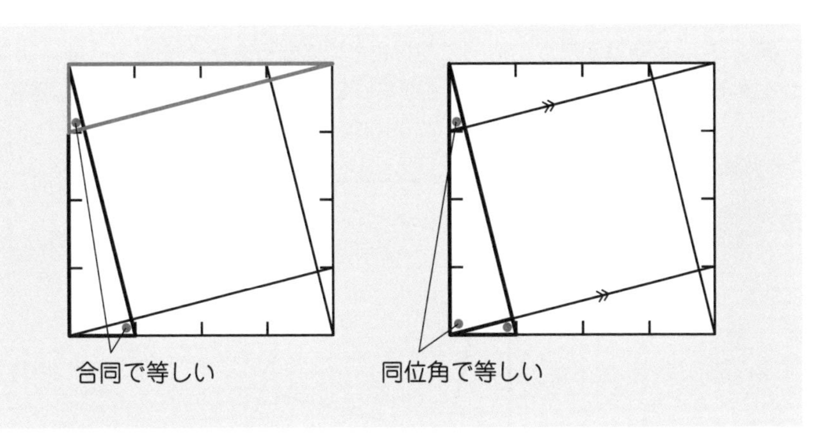

したがって、次図3つの三角形は相似の関係になります（2組の角度がそれぞれ等しい）。

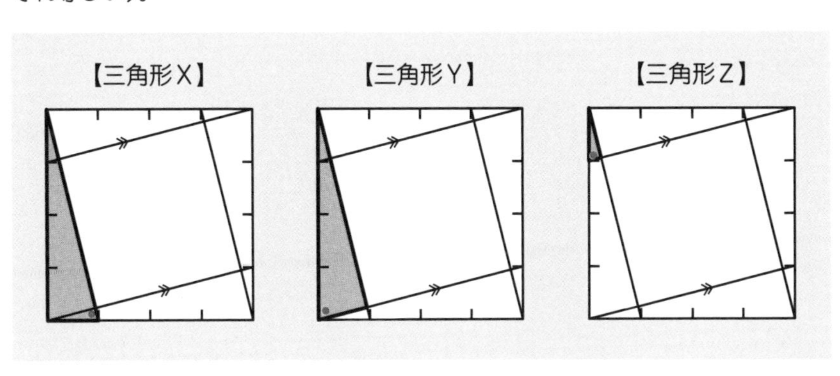

三角形Ｘより、三角形Ｙ，Ｚも直角三角形であることがわかります。

三角形ＹとＺに注目します。相似比は４：１ですから、次図のような辺の比が成り立ちます。

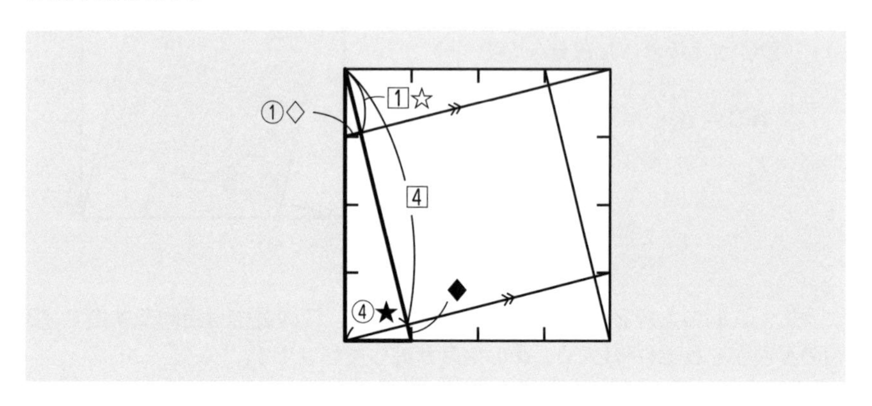

図より、◇と◆は明らかに合同で同じ長さですから◆＝①となります。また、☆と★も同じ長さですから、1＝④が成り立ちます。そこで比を統一します。

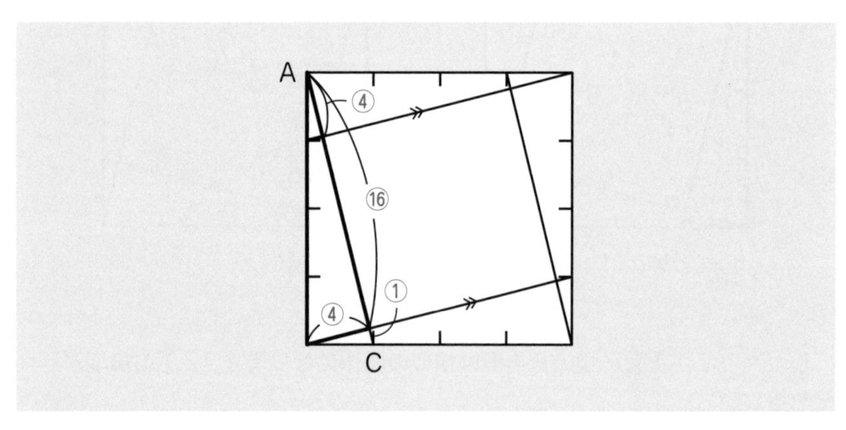

図より、$AC=\frac{\sqrt{17}}{4}=$⑯＋①＝⑰となります。①$=\frac{\sqrt{17}}{4}\times\frac{1}{17}=\frac{\sqrt{17}}{68}$より、④$=4\times\frac{\sqrt{17}}{68}=\frac{\sqrt{17}}{17}$、⑯$=16\times\frac{\sqrt{17}}{68}=\frac{4\sqrt{17}}{17}$ですので、三角形Ｙの面積は、

$$\text{底辺(④)} \times \text{高さ(⑯)} \div 2$$
$$= \frac{\sqrt{17}}{17} \times \frac{4\sqrt{17}}{17} \times \frac{1}{2}$$
$$= \frac{2}{17}$$

となります。正方形から三角形Y 4つ分の面積を引いたものが求める面積ですので、$1 - \frac{2}{17} \times 4 = \frac{9}{17}$ となります。

したがって、正解は肢1となります。

正解 1

セクション

56 相似比②

重要度 ★★★★★

相似な図形の面積比、体積比について学習します。特に面積比の出題頻度が高いです。

このセクションのGoal

・相似な平面図形の面積比を計算できるようになる。
・相似な立体図形の体積比を計算できるようになる。

公式・基礎知識

【相似な図形の面積比・体積比】

・相似な図形の面積比 ⇒ 相似比の２乗
・相似な図形の体積比 ⇒ 相似比の３乗

例題 56

警視庁 2019　難易度▸ ★★★

下の図の長方形ＡＢＣＤの面積は40cm^{2}で、ＢＣ：ＣＦ＝３：１となるように点Ｆをとる。線分ＡＦと辺ＣＤの交点をＥとするとき、台形ＡＢＣＥの面積として、最も妥当なのはどれか。

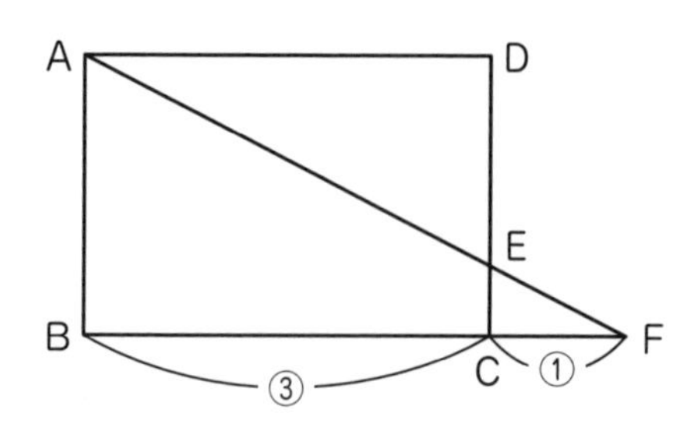

1．23cm^2　2．24cm^2　3．25cm^2　4．26cm^2　5．27cm^2

STEP1 △ＦＥＣと△ＡＥＤを検討しよう

２組の角度がそれぞれ等しいので△ＦＥＣと△ＡＥＤは相似です。ＡＤ＝ＢＣより、ＡＤ＝③ですので、相似比は１：３です。相似な図形の面積比は相似比を２乗したものなので、

面積比△ＦＥＣ：△ＡＥＤ＝$1^2:3^2$＝1：9

が成り立ちます。

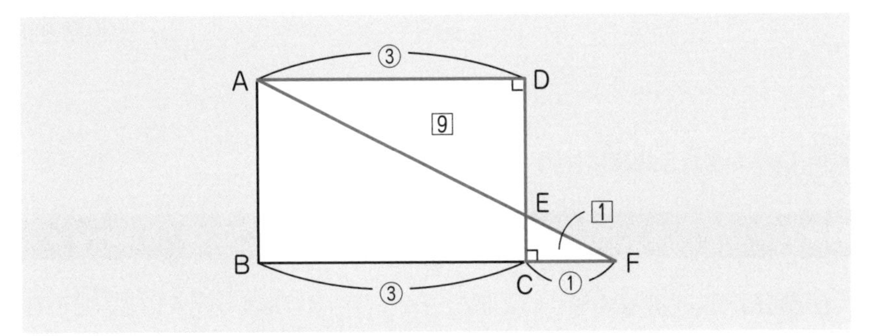

STEP2 △ＦＥＣと△ＦＡＢを検討しよう

２組の角度がそれぞれ等しいので△ＦＥＣと△ＦＡＢは相似です。相似比は１：４なので、面積比は△ＦＥＣ：△ＦＡＢ＝$1^2:4^2$＝1：16となります。したがって、

台形ＡＢＣＥの面積＝16－1＝15

となります。

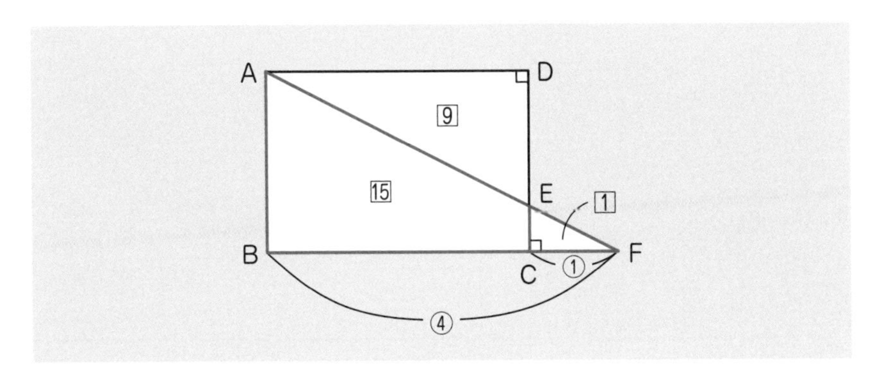

第14章 図形の計量

以上より、長方形の面積 40 cm^2 は⑨＋⑮＝㉔と表すことができます。したがって、

$$
\begin{aligned}
\text{台形ABCE} &= 40 \times \frac{15}{15+9} \\
&= 25\ (cm^2)
\end{aligned}
$$

となります。

したがって、正解は肢 3 となります。

正解 3

理解できたら類題にtry！

類題① 東京都Ⅰ類B 2014 難易度▶★★★

下図のように、直径の等しい 2 個の円A及び円Bがある。円Aには直径の等しい 2 個の円 a が円Aの中心で互いに接しながら内接し、円Bには直径の等しい 4 個の円 b がそれぞれ他の 2 つの円 b に接しながら内接しているとき、1 個の円 a の面積に対する 1 個の円 b の面積の比率として、正しいのはどれか。

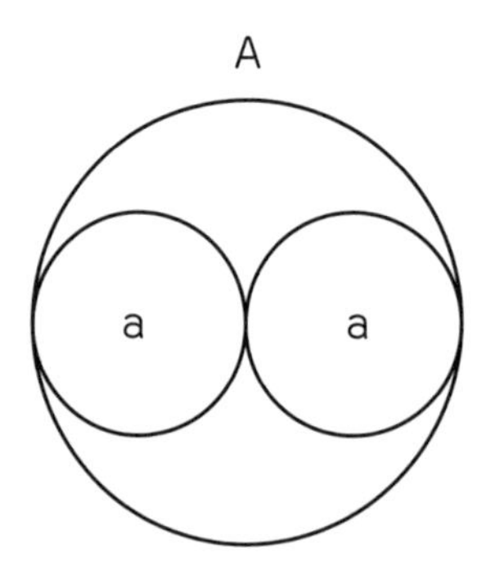

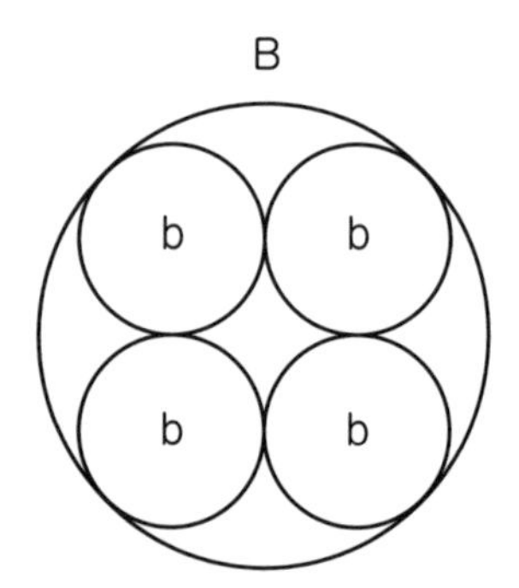

1. $3 - 2\sqrt{2}$
2. $6 - 4\sqrt{2}$
3. $9 - 6\sqrt{2}$
4. $12 - 8\sqrt{2}$
5. $15 - 10\sqrt{2}$

STEP1 解法の方針を練る

円aと円bは相似です。したがって求める面積比は相似比を2乗したものになりますから、ここでは相似比、すなわち半径の比を求めることにします。

そこで大きな円A，Bの直径を4と置きます。すると円aの半径は1となります。

STEP2 円bの半径を求める

円bの半径をrと置きます。

次図のように円bの中心を結んで一辺の長さが$2r$の正方形を作ります。すると、正方形の対角線（次図線分XY）の長さは$2\sqrt{2}r$となります。

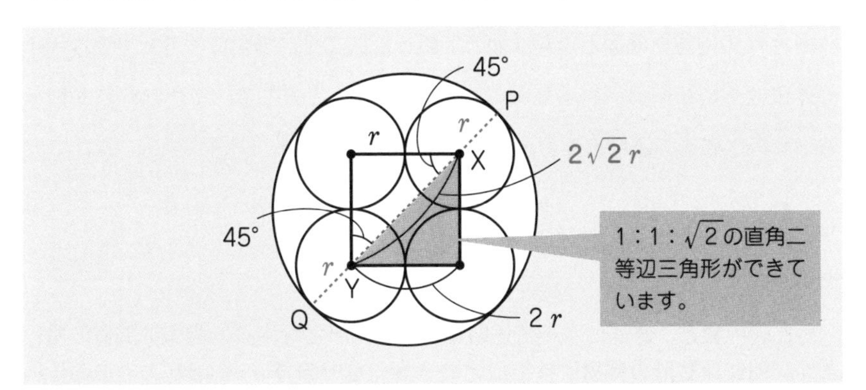

すると上図PQにおいて、大円の直径について$r+2\sqrt{2}r+r=4$が成り立ちます。これを解きましょう。

$$
\begin{aligned}
&r+2\sqrt{2}r+r=4\\
&\Rightarrow 2r(1+\sqrt{2})=4\\
&\Rightarrow r=\frac{2}{1+\sqrt{2}}\\
&\qquad=\frac{2(1-\sqrt{2})}{(1+\sqrt{2})(1-\sqrt{2})}\\
&\qquad=\frac{2-2\sqrt{2}}{1-2}\\
&\therefore r=2\sqrt{2}-2
\end{aligned}
$$

以上より、半径の比（相似比）は$a:b=1:2\sqrt{2}-2$ですので、面積比は、

第14章 図形の計量

$$
\begin{aligned}
a:b &= 1^2:(2\sqrt{2}-2)^2 \\
&= 1:8-8\sqrt{2}+4 \\
&= 1:12-8\sqrt{2}
\end{aligned}
$$

となりますので、正解は肢４となります。

正解４

類題②

国家専門職 2020　難易度▶★★★

高さ h の円錐を底面と水平な面で切断したところ、新たにできた小さな円錐の体積は、切断前の円錐の体積の $\frac{1}{8}$ であった。このとき、小さな円錐を取り除いた後に残る円錐台の高さとして正しいのはどれか。

1. $\frac{1}{4}h$　2. $\frac{1}{2}h$　3. $\frac{5}{8}h$　4. $\frac{3}{4}h$　5. $\frac{7}{8}h$

もとの円錐と、底面に水平に切断してできた小さな円錐は相似の関係にあります。相似な図形の体積比は相似比の３乗になります。「切断前の円錐の体積の $\frac{1}{8}$ であった」より、体積比がわかっているので、逆算して相似比を割り出します。

体積比⇒大：小＝$1:\frac{1}{8}=8:1=2^3:1^3$

より、

相似比⇒大：小＝$2:1$

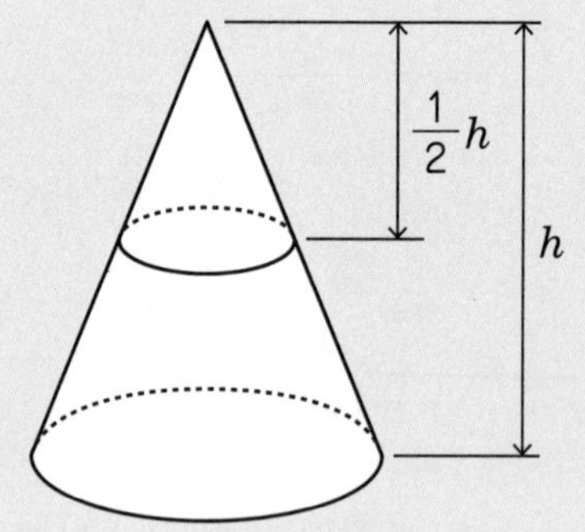

となります。

したがって、小さい円錐の高さは大きい円錐の半分の$\frac{1}{2}h$となりますので、「小さな円錐を取り除いた後に残る円錐台の高さ」は、$h-\frac{1}{2}h=\frac{1}{2}h$となります。

よって、正解は肢2となります。

正解 2

類題③ 国家総合職 2013（改題） 難易度▸★★★

一辺の長さが1の正六面体の容器がある。この容器に、一辺の長さが1の正四面体の容器に水を満たして注ぎ続けると、何杯目で水があふれ始めるか。

ただし、容器の厚さは考えないものとし、必要であれば$\sqrt{2}=1.4$としてよい。

1. 3杯目　2. 4杯目　3. 5杯目　4. 7杯目　5. 9杯目

立方体の体積は1×1×1＝1です。

正四面体の体積を求めます。有名な求め方ですので解説を丸ごと覚えてしまいましょう。

一辺の長さが1の立方体に次のような補助線を引くと一辺の長さが$\sqrt{2}$の正四面体ができます。

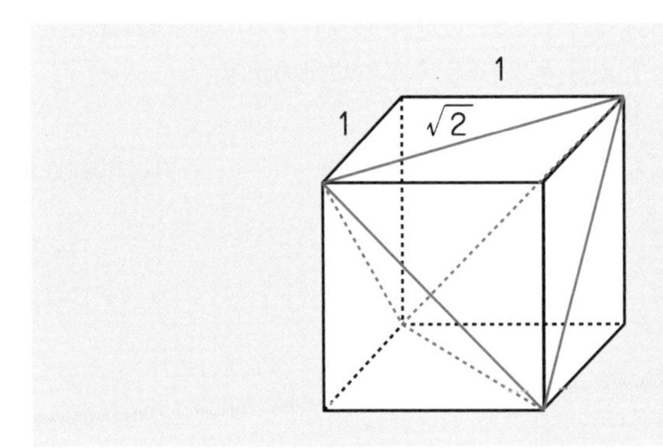

ちょっと見づらいかもしれないけど、4面とも正三角形ですので正四面体です。

この正四面体は、立方体から三角錐を 4 個取り除いたものになります。三角錐の体積は底面積 × 高さ × $\frac{1}{3}$ より、$1 \times 1 \times \frac{1}{2} \times 1 \times \frac{1}{3} = \frac{1}{6}$ ですから、

$$一辺が\sqrt{2}の正四面体の体積 = 1 - 4 \times \frac{1}{6} = \frac{1}{3}$$

となります。この正四面体を便宜上「A」と置きます。

求めたいのは一辺の長さが 1 の正四面体です（便宜上「B」と置きます）。A，B 2 つの正四面体は相似ですから、相似比を 3 乗して体積比を求めます。

円、正多角形、正多面体はそれぞれ同じ形なので相似になります。

$$A : B = (\sqrt{2})^3 : 1^3$$

$$A : B = 2\sqrt{2} : 1$$

$A = \frac{1}{3}$ を代入します。

$$\Rightarrow \frac{1}{3} : B = 2\sqrt{2} : 1$$

$$\Rightarrow 2\sqrt{2}B = \frac{1}{3}$$

$$B = \frac{1}{6\sqrt{2}} \times \frac{\sqrt{2}}{\sqrt{2}}$$

$$\therefore B = \frac{\sqrt{2}}{12}$$

$\sqrt{2} = 1.4$ を代入すれば $B \fallingdotseq 0.117$ となります。これが一辺の長さが 1 の正四面体の体積です。仮に 8 杯注ぐと $0.117 \times 8 = 0.936$ で立方体の体積 1 に届きませんが、9 杯なら $0.117 \times 9 = 1.053$ であふれ始めます。

よって、正解は肢 5 となります。

正解 5

セクション

57 底辺分割の定理

重要度 ★★★★☆

数的処理で面積比を求める問題といえば「相似比２乗」か、今回紹介する「底辺分割の定理」のいずれかです。

このセクションのGoal

・底辺分割の定理を用いて面積比の問題が解けるようになる。

公式・基礎知識

【底辺分割の定理】

次図のように、三角形に対し底辺を $a:b$ に内分したとき、それによってできた２つの三角形の面積 S_a, S_b の面積比は $S_a : S_b = a : b$ となり、底辺の比と等しくなります。

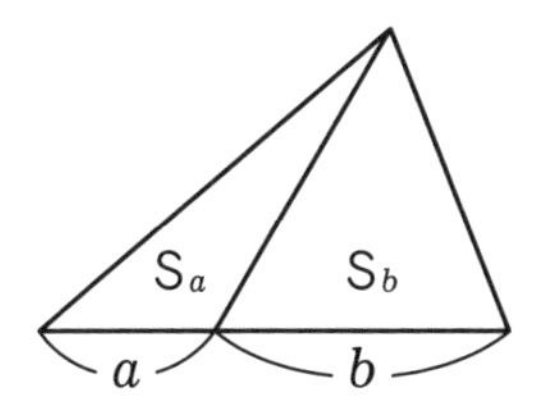

【この定理の原理】
S_a, S_b とも底辺から頂点までの高さが等しいので、面積の大きさは底辺の長さのみによって決まります。

例題 57　東京消防庁Ⅱ類 2008　難易度▸★★★

次の図のような平行四辺形ＡＢＣＤにおいて、辺ＢＣを２：１に分けた点をＥ、ＡＥと対角線ＢＤの交点をＦ、対角線ＡＣとＢＤの交点をＧとおく。平行四辺形ＡＢＣＤの面積を１とした場合、△ＡＦＧの面積の値として正しいのはどれか。

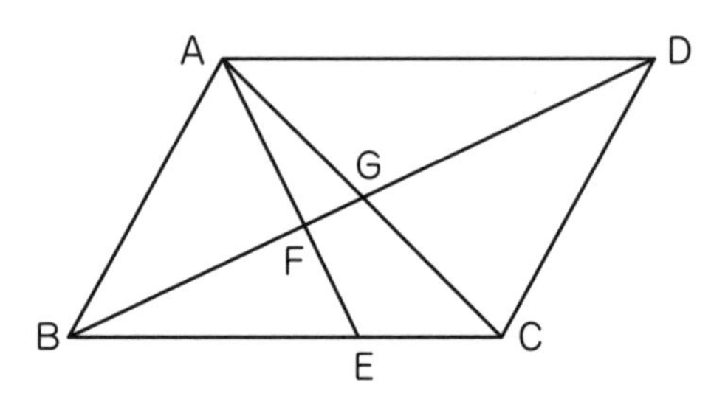

1. $\dfrac{1}{15}$　　2. $\dfrac{1}{18}$　　3. $\dfrac{1}{20}$　　4. $\dfrac{1}{22}$　　5. $\dfrac{1}{24}$

STEP 1 解法の方針を練る

次図グレーの△ＡＢＧの面積は平行四辺形の$\dfrac{1}{4}$の面積です。底辺分割の定理より、ＢＦとＦＧの辺の比がわかれば、さらに△ＡＢＧを分割して△ＡＦＧの面積がわかります。

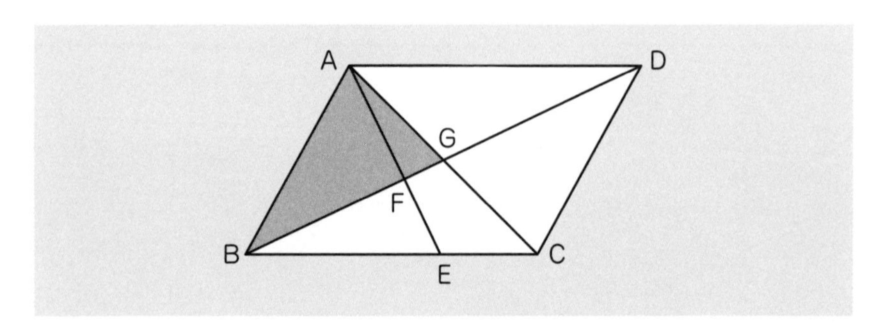

STEP2 BDの長さを設定する

この問題では具体的な長さがないので、BD＝10cmと適当に設定します。

点GはBDの中点なので（平行四辺形の対角線の交点は、対角線の中点）、BG＝5cmとなります。

図形の計量でも「勝手に数値設定テクニック」は使えます。
点Gは中点なので対角線を2等分すること、及び相似比が3：2なので3＋2＝5等分することを見越して2と5の公倍数である10cmと設定しました。

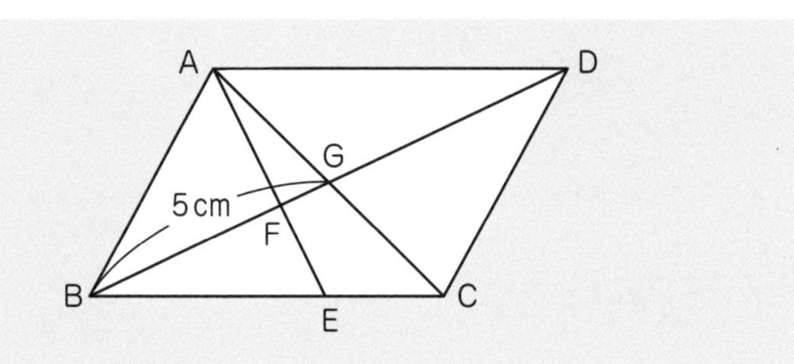

STEP3 BFの長さを求める

△FAD∽△FEBです。「辺BCを2：1に分けた点をE」より、相似比はAD：EB＝3：2となります。したがって、DF：BFも3：2となりますので、BF＝$\frac{2}{2+3}\times 10 = 4$（cm）となります。

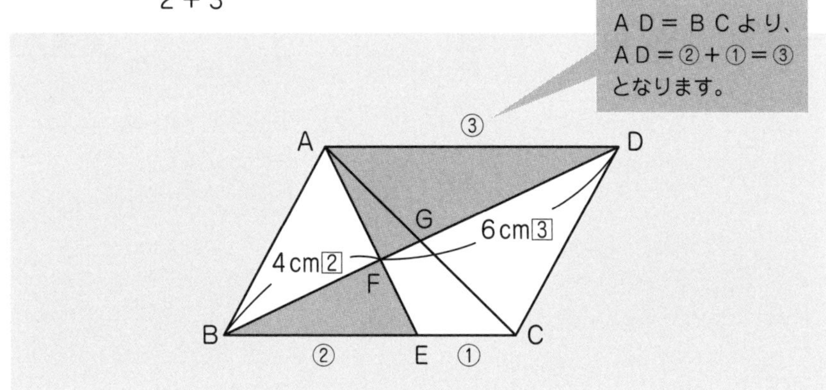

STEP4 面積比を求める

以上より、ＢＦ＝４cm，ＦＧ＝１cm となります。

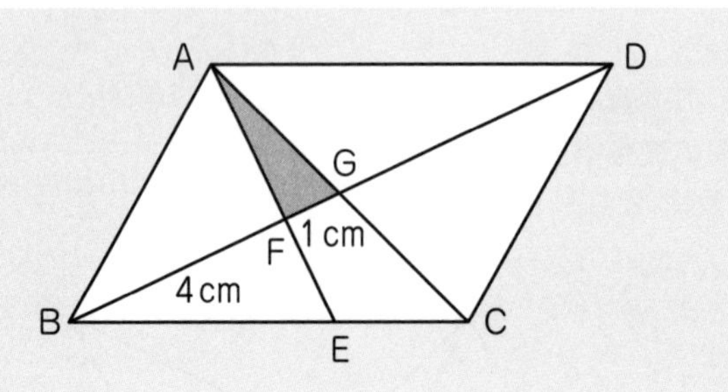

したがって底辺分割の定理より、

$$\triangle AFG = \triangle ABG \times \frac{1}{1+4}$$
$$= \frac{1}{4} \times \frac{1}{5}$$
$$= \frac{1}{20}$$

となります。

したがって、正解は肢３となります。

正解３

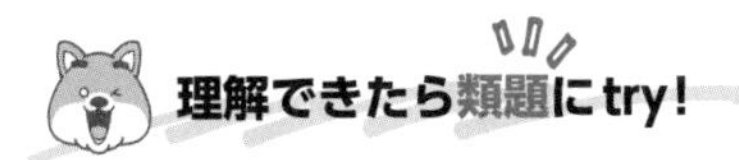

類題 東京都Ⅰ類B 2019 難易度▸★★★

下の図のように、三角形ＡＢＣは、ＡＢ＝ＡＣの二等辺三角形であり、辺ＡＢ上に点Ｄ，Ｆが、辺ＡＣ上に点Ｅ，Ｇが置かれ、線分ＤＥ，ＥＦ，ＦＧ，ＧＢによって五つの三角形に分割されている。この五つの三角形のそれぞれの面積が全て等しいとき、ＡＤの長さとＡＥの長さの比として、正しいのはどれか。

	ＡＤ：ＡＥ
1.	5 ： 7
2.	9 ： 13
3.	15 ： 22
4.	45 ： 62
5.	45 ： 64

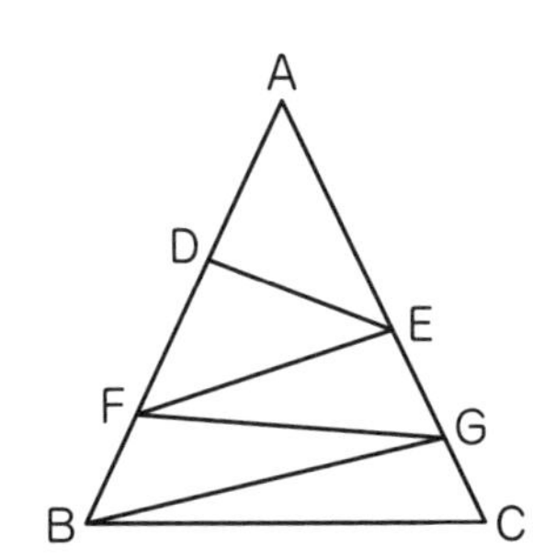

STEP1 ＡＢを分割しよう

△ＥＡＦに注目します。ＡＦを底辺としてＥＤで分断していると考えれば、底辺分割定理よりＡＤとＤＦの辺の比は、三角形の面積比と等しいです。条件より、各三角形の面積は等しいのでＡＤ：ＤＦ＝1：1となります。

次に△ＧＡＢに注目します。底辺をＡＢとして底辺分割定理を考えます。ＡＦ側は三角形３個分、ＦＢ側は三角形１個分なので底辺の比はＡＦ：ＦＢ＝3：1となります。これをＡＦ：ＦＢ＝3：1＝⑥：②とすると、ＡＤ：ＤＦ＝1：1より、ＡＤ：ＤＦ＝③：③と表すことができます。

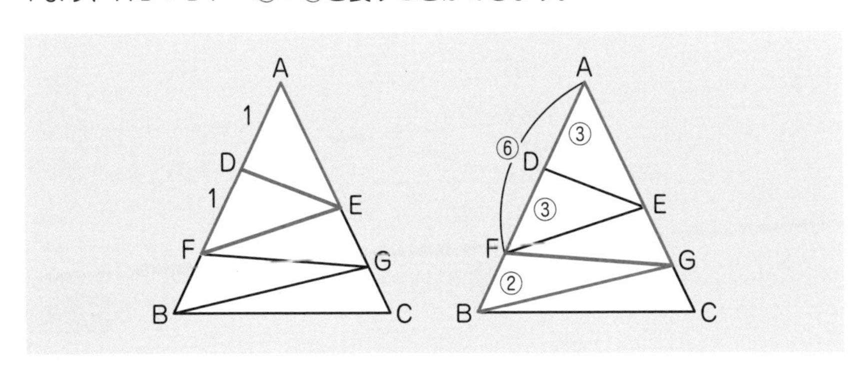

STEP2 ＡＣを分割しよう

△ＦＡＧに注目します。ＡＧを底辺としてＦＥで分断していると考えれば、ＡＥ側は三角形２個分、ＥＧ側は三角形１個分なので、ＡＥ：ＥＧ＝２：１となります。

次に△ＡＢＣに注目します。ＡＣを底辺としてＢＧで分断していると考えれば、ＡＧ側は三角形４個分、ＧＣ側は三角形１個分なのでＡＧ：ＧＣ＝４：１＝⑫：③となります。

ＡＥ：ＥＧ＝２：１より、ＡＥ：ＥＧ＝⑧：④となります。

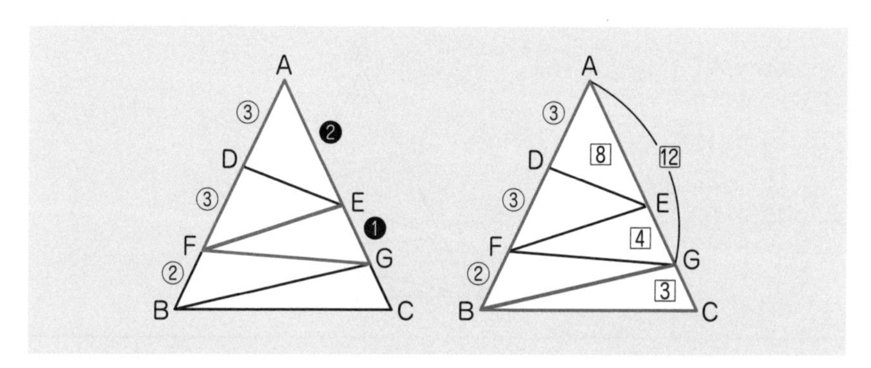

STEP3 ＡＤ：ＡＥを求めよう

ＡＢ＝③＋③＋②＝⑧，ＡＣ＝8＋4＋3＝15と表されます。二等辺三角形より、ＡＢ＝ＡＣ＝⑧＝15ですので、⑧＝15＝120に統一します。

すると、各辺の比は次のように表されます。

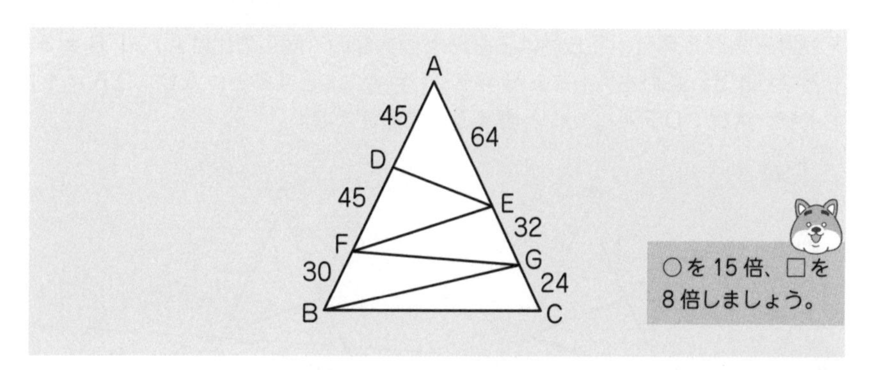

以上より、ＡＤ：ＡＥ＝45：64ですので正解は肢５となります。

正解５

セクション
58 面積

重要度 ★★★★☆

面積を求める問題では、図形を分割・拡張したり、または推理して知っている図形に近づけて求めることになります。また、正三角形の面積を求めることが多いので公式を紹介します。

このセクションのGoal

・面積の問題を推理して解けるようになる。

公式・基礎知識

【正三角形の面積】

公式：一辺の長さが a の正三角形の面積 $= \frac{\sqrt{3}}{4}a^2$

［証明］

図より、面積は $\frac{1}{2} \times a \times h$ と表されます。

ここで、グレーの三角形は30°，60°，90°の直角三角形ですので、$a : h = 2 : \sqrt{3} \Rightarrow h = \frac{\sqrt{3}}{2}a$ が成り立ちます。これを面積の公式に代入すると、

$$\frac{1}{2} \times a \times h$$

$$= \frac{\sqrt{3}}{4}a^2$$

となります。

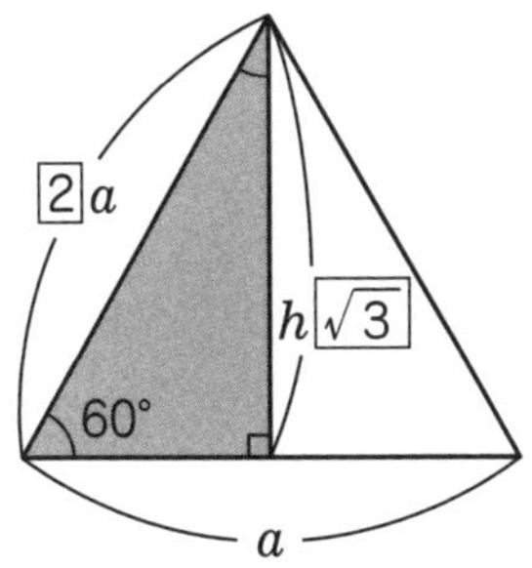

【30°，30°，120°の三角形の面積】

30°，30°，120°の三角形の面積は正三角形の面積と等しいです。

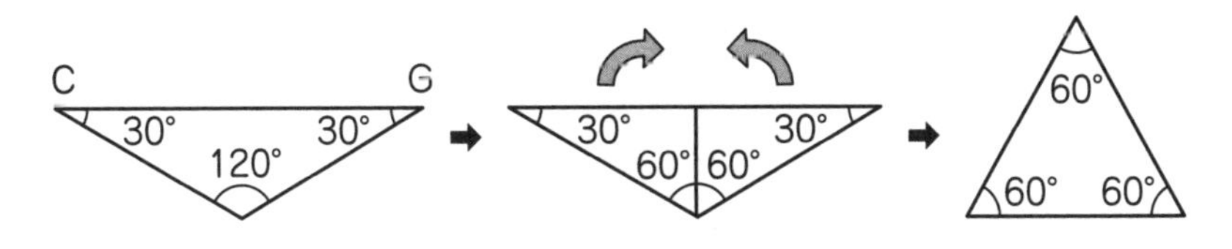

例題 58　特別区Ⅰ類 2009　難易度▶★★★

次の図のように、半径 6cm の 2 つの円がそれぞれの中心を通るように交わっているとき、斜線部分の面積はどれか。ただし、円周率は π とする。

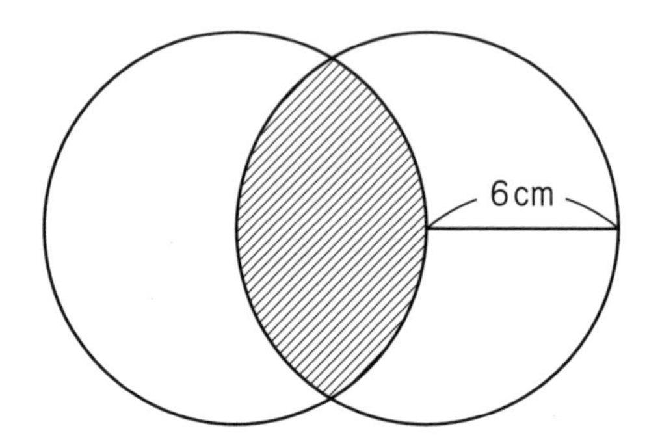

1. 12π
2. 18π
3. $12\pi - 9\sqrt{3}$
4. $24\pi - 18\sqrt{3}$
5. $24\pi + 18\sqrt{3}$

中心から次のような補助線を引きます。これは中心から円周上に引かれた半径ですから、長さは全て同じ 6cm になります。つまり、補助線で囲まれた 2 つの三角形は正三角形であることがわかります。

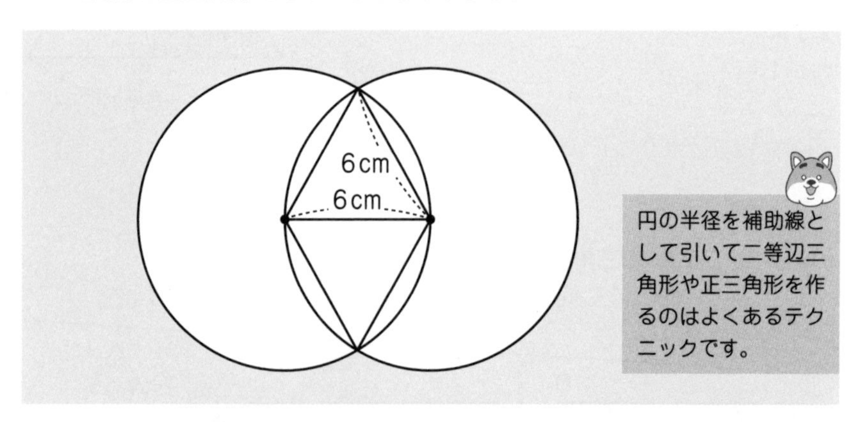

6cm
6cm
円の半径を補助線として引いて二等辺三角形や正三角形を作るのはよくあるテクニックです。

つまり、求める斜線部の面積は、次図の正三角形 2 個分と、扇形から正三角形を引いた図形 4 個分となります。

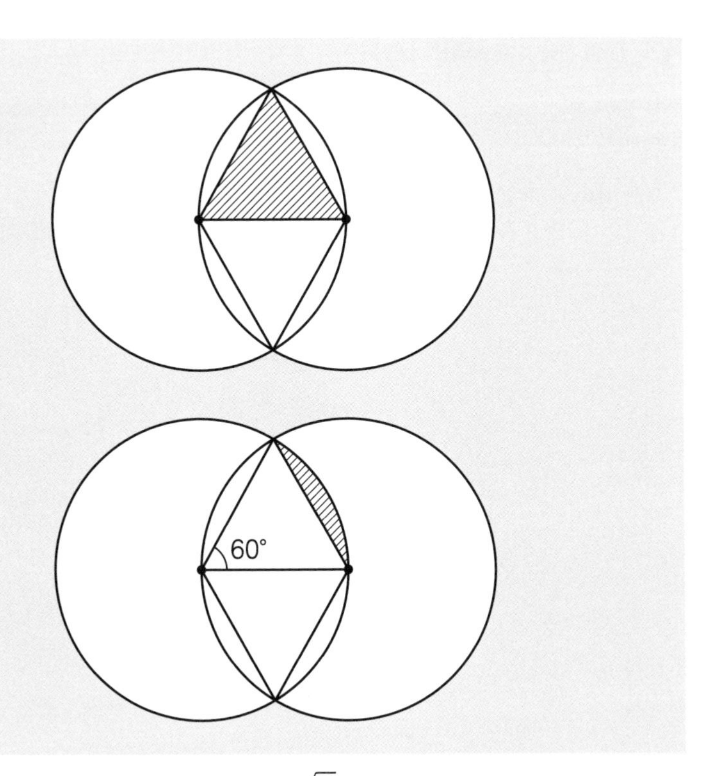

正三角形２個分の面積は、公式より、$\frac{\sqrt{3}}{4} \times 6^2 \times 2 = 18\sqrt{3}$ (cm^2) となります。

扇形から正三角形を引いた図形×４個分の面積は、

$$
\begin{aligned}
&4 \times (\text{半径 }6\text{cm，中心角 }60^\circ\text{ の扇形} - \text{一辺 }6\text{cm の正三角形}) \\
&= 4 \times \left(6^2 \times \pi \times \frac{60^\circ}{360^\circ} - 9\sqrt{3}\right) \\
&= 24\pi - 36\sqrt{3}\ (\text{cm}^2)
\end{aligned}
$$

以上より、求める面積は、

$$
\begin{aligned}
&18\sqrt{3} + (24\pi - 36\sqrt{3}) \\
&= 24\pi - 18\sqrt{3}\ (\text{cm}^2)
\end{aligned}
$$

したがって、正解は肢４となります。

正解 4

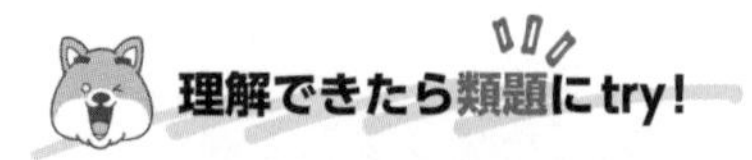

類題① 特別区Ⅰ類 2018 難易度▸★★★

次の図のような、半径1mの半円がある。今、円弧を六等分する点をC，D，E，F，Gとするとき、斜線部の面積はどれか。ただし、円周率はπとする。

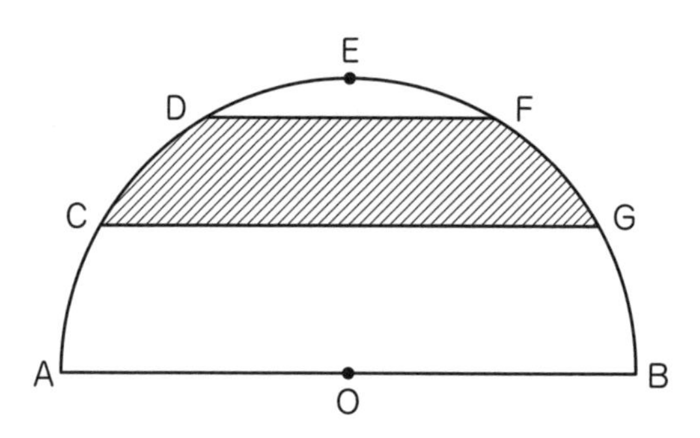

1. $\dfrac{\pi}{2}-\dfrac{\sqrt{3}}{4}$ m^2
2. $\dfrac{\pi}{3}-\dfrac{\sqrt{3}}{4}$ m^2
3. $\dfrac{\pi}{3}$ m^2
4. $\dfrac{\pi}{6}-\dfrac{\sqrt{3}}{4}$ m^2
5. $\dfrac{\pi}{6}$ m^2

斜線部の面積は、扇形ＯＣＧから△ＯＣＧを引いた図形の面積から（図Ⅰ）、扇形ＯＤＦから△ＯＤＦを引いた図形の面積（図Ⅱ）をさらに引くことで得られます。

斜線部の面積＝（扇形ＯＣＧ－△ＯＣＧ）－（扇形ＯＤＦ－△ＯＤＦ）

図Ⅰ（扇形ＯＣＧ－△ＯＣＧ）　図Ⅱ（扇形ＯＤＦ－△ＯＤＦ）

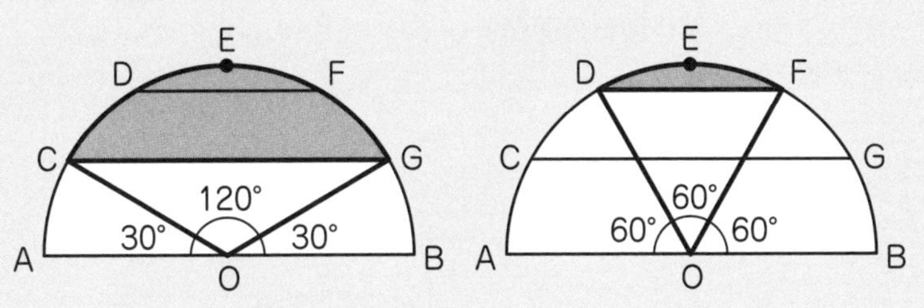

点Ｃ，Ｄ，Ｅ，Ｆ，Ｇは半円を６等分する点ですので、図Ⅰの△ＯＣＧは∠Ｏ＝120°の二等辺三角形です。ここで△ＯＣＧを次のように変形します。

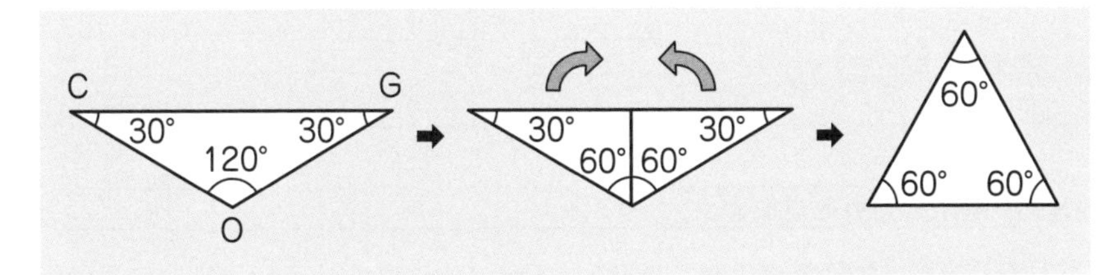

△ＯＣＧは正三角形に変形できます。図Ⅱの△ＯＤＦも正三角形ですから、実は△ＯＣＧと△ＯＤＦの面積は同じです。

斜線部の面積＝（扇形ＯＣＧ－△ＯＣＧ）－（扇形ＯＤＦ－△ＯＤＦ）
＝扇形ＯＣＧ－△ＯＣＧ－扇形ＯＤＦ＋△ＯＤＦ
＝扇形ＯＣＧ－扇形ＯＤＦ

したがって、三角形の面積は考えなくてよく、扇形の面積だけ計算すればいいことがわかります。

斜線部の面積＝扇形ＯＣＧ－扇形ＯＤＦ

$$= 1^2 \times \pi \times \frac{120°}{360°} - 1^2 \times \pi \times \frac{60°}{360°}$$

$$= \frac{\pi}{6}\ (\mathrm{m}^2)$$

したがって、正解は肢５となります。

（正解５）

類題② 東京都Ⅰ類A 2018 難易度▸★★★

下の図のように、半径 $\sqrt{5}$ の半円と、一辺の長さ 3 の正方形が同一平面上で重なっているとき、着色部分の面積として、正しいのはどれか。ただし、円周率は π とする。

1. $\frac{1}{2}+\frac{5}{4}\pi$
2. $1+\frac{5}{4}\pi$
3. $2+\frac{5}{4}\pi$
4. $1+\frac{5}{2}\pi$
5. $2+\frac{5}{2}\pi$

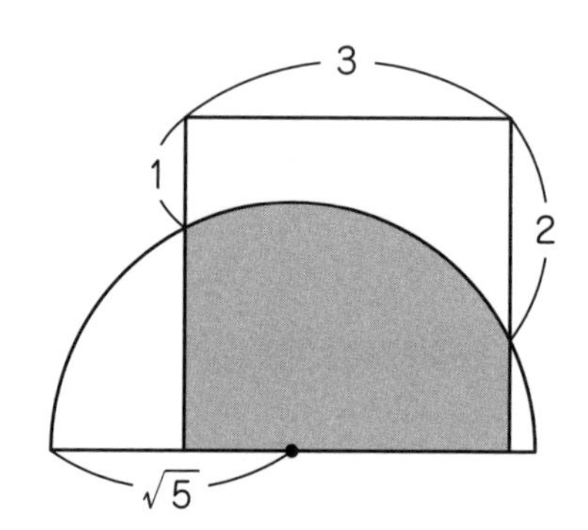

STEP1 解法の方針を立てよう

次図のように補助線を入れ、台形と、扇形から三角形を引いた部分の面積をそれぞれ求めます。

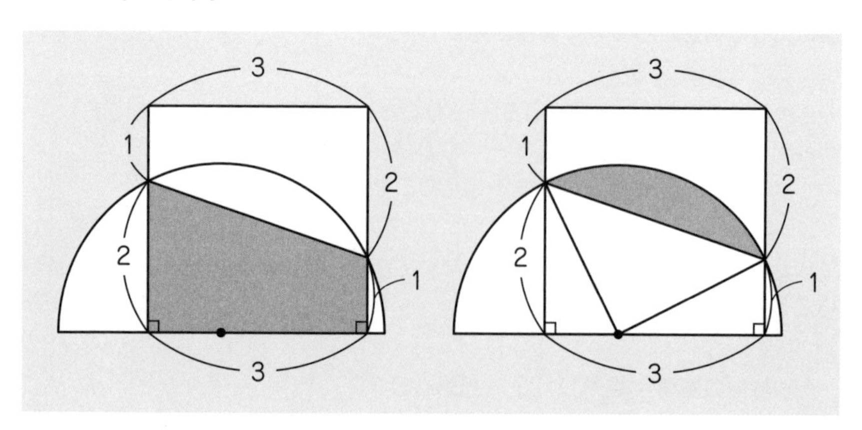

STEP2 台形の面積を求めよう

台形の面積は（上底＋下底）×高さ×$\frac{1}{2}$です。

$$面積 = (1+2) \times 3 \times \frac{1}{2}$$
$$= \frac{9}{2}$$

となります。

STEP3 扇形から三角形を引いた部分の面積を求めよう

扇形の中心角を求めます。ここで次図Ⅰのような補助線を引き直角三角形ＡＢＣを作ります。

三平方の定理より、$AB = \sqrt{1^2 + 3^2} = \sqrt{10}$となります。

次に次図Ⅱ△ＯＡＢに注目してください。ＯＡ，ＯＢは半円の半径なので長さは$\sqrt{5}$です。$AB = \sqrt{10}$ですから、△ＯＡＢは$\sqrt{5} : \sqrt{5} : \sqrt{10} = 1 : 1 : \sqrt{2}$の直角二等辺三角形であることがわかります。

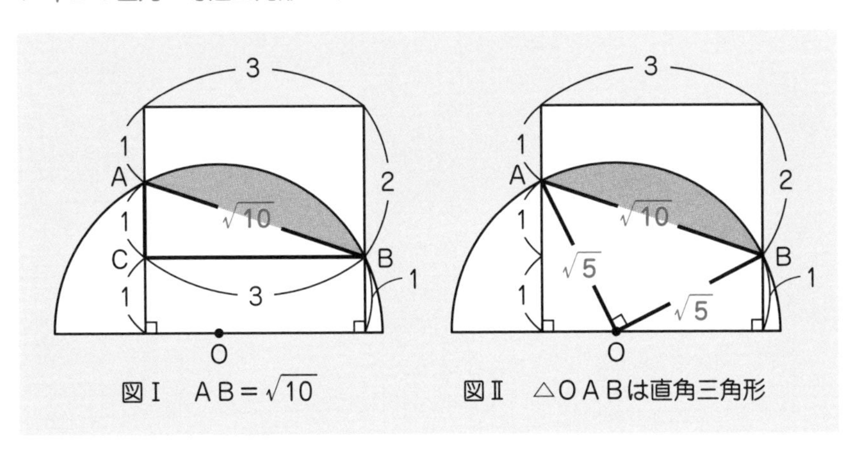

図Ⅰ　$AB = \sqrt{10}$　　図Ⅱ　△ＯＡＢは直角三角形

したがって、扇形ＯＡＢの中心角は 90°となります。

$$\text{グレー部分の面積} = \text{扇形OAB} - \triangle\text{OAB}$$
$$= (\sqrt{5})^2\pi \times \frac{90°}{360°} - \sqrt{5} \times \sqrt{5} \times \frac{1}{2}$$
$$= \frac{5}{4}\pi - \frac{5}{2}$$

したがって、求める面積は $\frac{9}{2} + \frac{5}{4}\pi - \frac{5}{2} = 2 + \frac{5}{4}\pi$ となりますので正解は肢３となります。

正解 3

セクション

59 円の性質

重要度 ★★★★★

円を題材にした問題は頻出です。三角形に比べ性質も多いのが特徴です。このセクションでは頻出の性質に絞って解説をします。

このセクションのGoal

・円の性質を用いて問題が解けるようになる。

公式・基礎知識

【円周角と中心角】

・中心角は円周角の2倍の角度になります（$\angle x = 2 \times \angle a$）。

・円周角は2点（B，C）が固定されていれば、3点目（A，A′）をどこにとっても等しくなります。

・特に中心角が180°であれば、円周角は90°になるので円の内部に斜辺が円の直径に対応している直角三角形ができます。

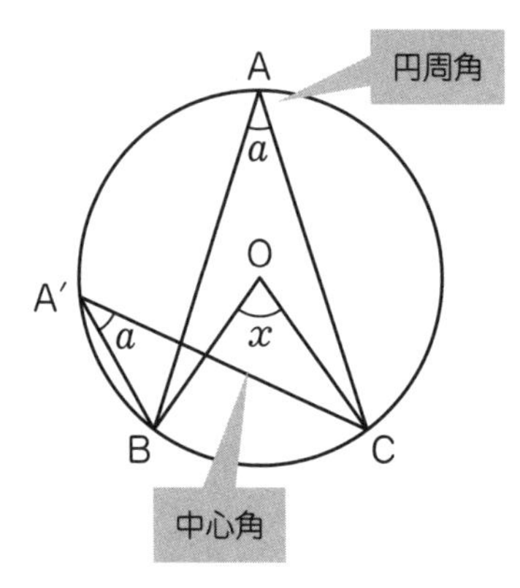

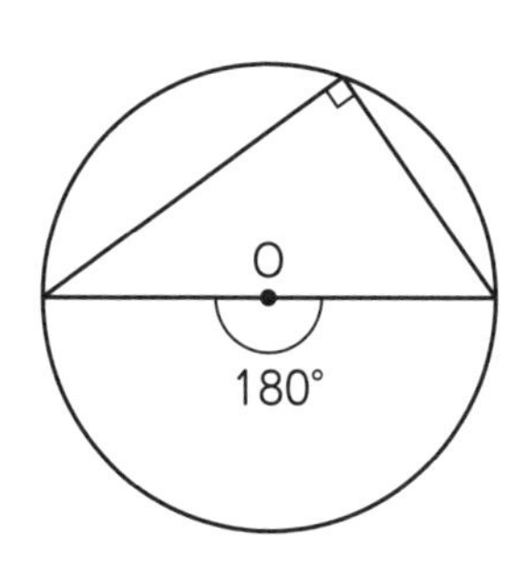

【円と接線の関係】

・ある点から接線を2本引いたとき、交点から接点までの長さは等しくなります。

・中心から接点に引いた線分と、接線のなす角は90°になります。

・接線と弦のなす角（$\angle a$）と弦の両端の点が作る円周角（$\angle x$）は等しくなります（接弦定理）。

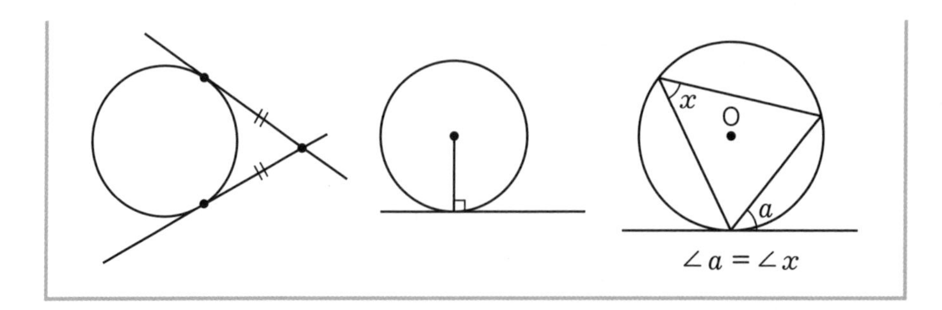

例題 59　東京消防庁 2009　難易度▸★★★

次の図において、ＡＢは円Ｏの直径、ＰＡ，ＰＣは円Ｏの接線で、円Ｏの半径が 6cm、ＰＡ＝8cm のとき、ＢＣの長さとして正しいのはどれか。

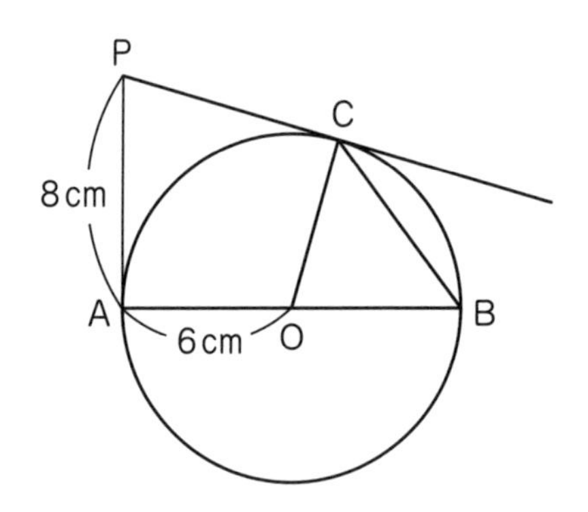

1．6.0cm　　2．6.4cm　　3．6.8cm　　4．7.2cm　　5．7.6cm

ＡＣに補助線を引きます。接弦定理より∠ＡＣＰ＝∠ＡＢＣ（図中●）となります。また、△ＰＡＣは二等辺三角形ですから（接線の性質よりＰＡ＝ＰＣ）、∠ＰＡＣ＝∠ＰＣＡ＝●となります。さらに△ＯＢＣも二等辺三角形ですから（ＯＢ＝ＯＣ＝円の半径）、∠ＯＢＣ＝∠ＯＣＢ＝●となります。

したがって、△ＰＡＣと△ＯＢＣは「2 組の角度がそれぞれ等しい」という相似条件を満たしているので、△ＰＡＣ∽△ＯＢＣとわかります。

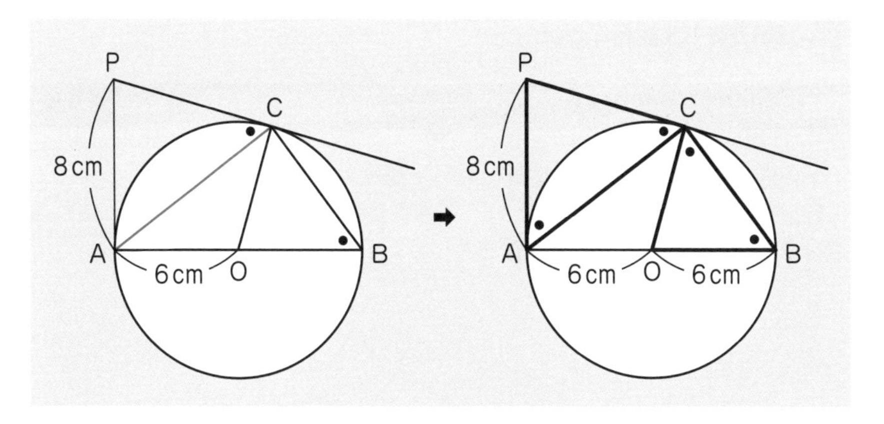

相似比は△ＰＡＣ：△ＯＢＣ＝8cm：6cm＝4：3ですので、ＡＣ：ＢＣ＝4：3です。ここでＡＣ：ＢＣ＝$4x$（cm）：$3x$（cm）と置きます。

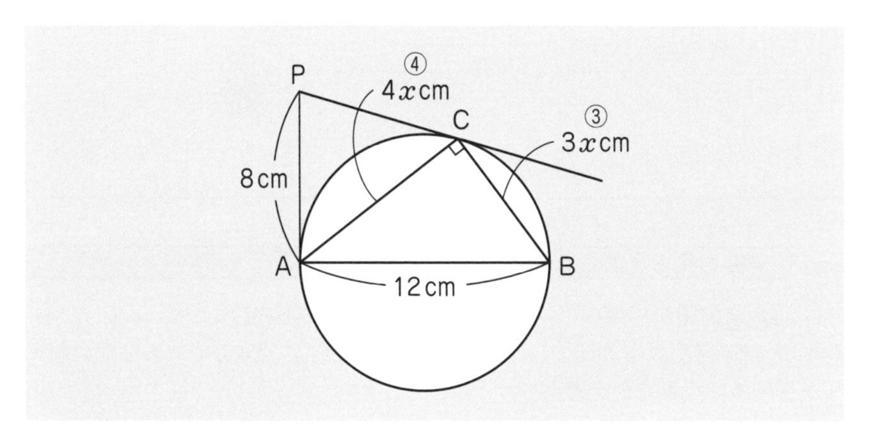

円周角と中心角の性質より、△ＡＢＣは直角三角形です。したがって、三平方の定理が成り立ちます。

$$(3x)^2 + (4x)^2 = 12^2$$
$$25x^2 = 144$$
$$x^2 = \frac{144}{25}$$
$$\therefore x = \frac{12}{5} = 2.4$$

したがって、ＢＣ＝$3x$＝3 × 2.4＝7.2（cm）となりますので正解は肢4となります。

正解 4

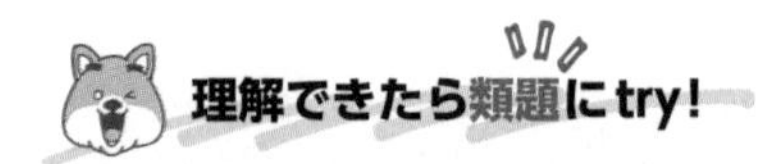

類題 東京都Ⅰ類A 2019 難易度▸★★★

下の図のように、長さ10の線分ABを直径とする半円がある。この半円上に線分BC＝6となる点Cをとり、∠ABCの二等分線がこの半円と交わる点をDとするとき、線分ADの長さとして、正しいのはどれか。

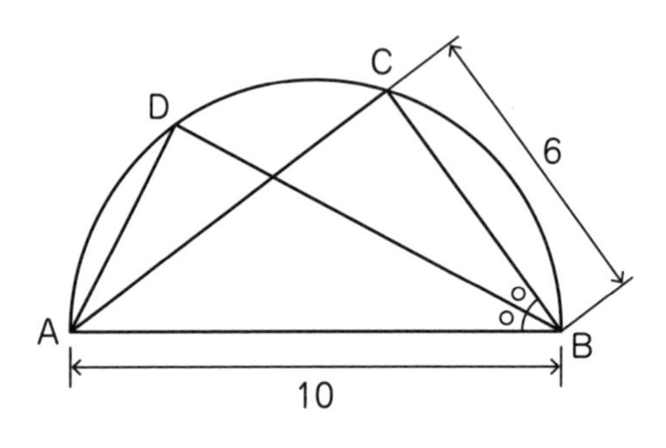

1. $\sqrt{5}$　　2. 3　　3. 4　　4. $2\sqrt{5}$　　5. 5

STEP1 ACの長さを求めよう

中心角と円周角の関係（円周角は中心角の半分の角度）より、∠C＝90°（中心角は半円だから180°、∠Cはその半分の90°）ですので△ABCは直角三角形です。三平方の定理より、

$$AC^2 + BC^2 = AB^2$$
$$AC^2 + 36 = 100$$
$$AC^2 = 64$$
$$\therefore AC = 8$$

となります。

STEP2 AE，CEの長さを求めよう

AC，BDの交点をEと置きます。三角形の角の二等分線の性質より、

$$AE : CE = BA : BC = 10 : 6 = 5 : 3$$

が成り立ちます。したがって、ＡＣ＝８より
ＡＥ＝5，ＣＥ＝３となります。

◆三角形の角の二等分線
角の二等分線が分断した底辺の比と、横の辺の比は等しくなります。

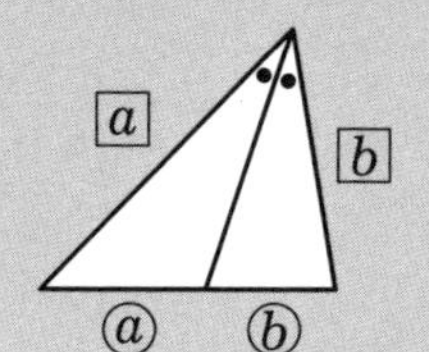

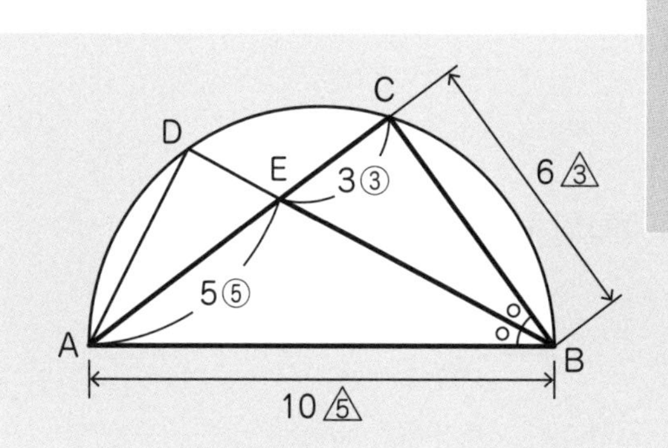

STEP3 ＢＥの長さを求めよう

∠Ｃ＝90°より、△ＢＣＥは直角三角形です。三平方の定理より、

$$BE^2 = BC^2 + CE^2$$
$$BE^2 = 6^2 + 3^2$$
$$\therefore BE = 3\sqrt{5}$$

となります。

STEP4 ＡＤの長さを求めよう

△ＡＤＥと△ＢＣＥにおいて、∠Ｃ＝∠Ｄ（ともに直角），∠ＡＥＤ＝∠ＢＥＣ（対頂角）より、△ＡＤＥ∽△ＢＣＥとなります。

相似比はＡＥ：ＢＥ＝$5 : 3\sqrt{5}$です。相似比は他の対応する辺の比にも成り立つので、

$$AD : BC = 5 : 3\sqrt{5}$$

$$3\sqrt{5} \times AD = 5 \times 6 \text{（BC=6を代入）}$$

$$AD = \frac{5 \times 6}{3\sqrt{5}}$$

$$AD = \frac{5 \times 2 \times \sqrt{5}}{\sqrt{5} \times \sqrt{5}}$$

$$\therefore AD = 2\sqrt{5}$$

となります。したがって、正解は肢４です。

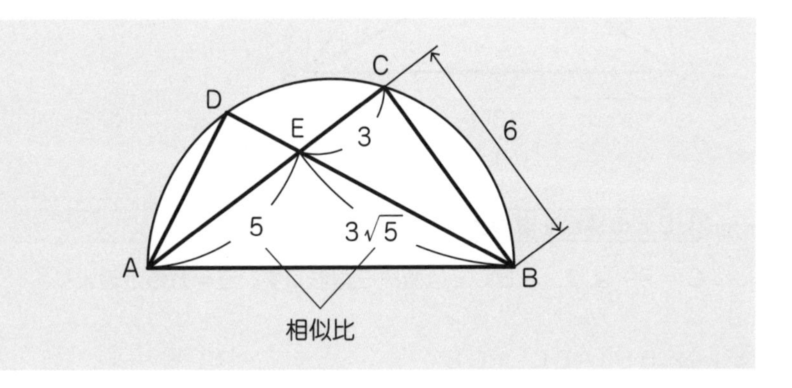

正解４

セクション
60 立体図形の計量

重要度
★★★★★

立体図形の計量は出題形式の幅が広いですが、このセクションでは最もポピュラーな「平面図形に落とし込むタイプ」の問題を紹介します。立体図形といえども問われるのは長さや面積といった平面の要素である場合が多いです。そのようなときは立体で考えるのではなく、平面図形で考えればいいのです。

このセクションのGoal

- 立体を展開して平面図形に落とし込むことができるようになる。
- 立体を切断して平面図形に落とし込むことができるようになる。

公式・基礎知識

【立体図形の基本的な解法】

- 立体の表面が知りたい ⇒ 立体を展開する
- 立体の内部が知りたい ⇒ 立体を切断する

例題 60

裁判所職員（高卒程度）2019　難易度▶ ★★★

図のような１辺が6cmの立方体がある。Ａから辺ＣＧ上の三等分点Ｐ（ＣＰ：ＰＧ＝２：１）に至るいろいろなコースにおける最短距離を考える。

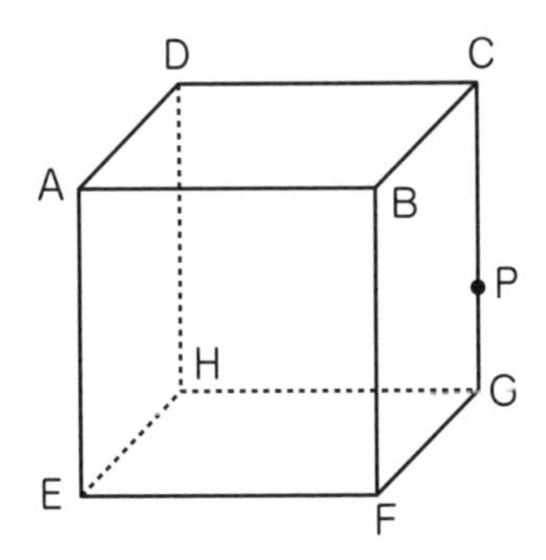

コース①：立方体の辺のみを通るコース
コース②：立方体の表面を通るコース
コース③：立方体の内部を自由に通るコース
コース④：立方体の内部は自由に通れるが、底面ＥＦＧＨ上の１点を必ず通るコース

　このとき、正しく言えるものは次のうちどれか。

1. コース①の最短距離は 14cm である。
2. コース②の最短距離は 12cm より大きい。
3. コース③の最短距離は 9cm より小さい。
4. コース④の最短距離は 11cm より小さい。
5. コース②とコース④の最短距離は等しい。

コース①：立方体の辺のみを通るコース

　一例として、図に示す通り、Ａ→Ｂ→Ｃ→Ｐを通ると最短になります。距離は６＋６＋４＝16（cm）となります。したがって、肢１「コース①の最短距離は 14cm である」は誤りです。

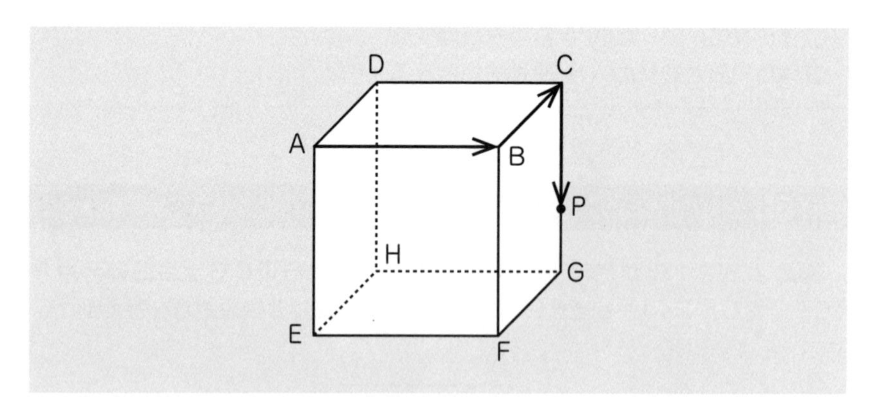

コース②：立方体の表面を通るコース

　次図に示す通り２面を展開します。ＡからＰに引いた線分が最短距離になります。

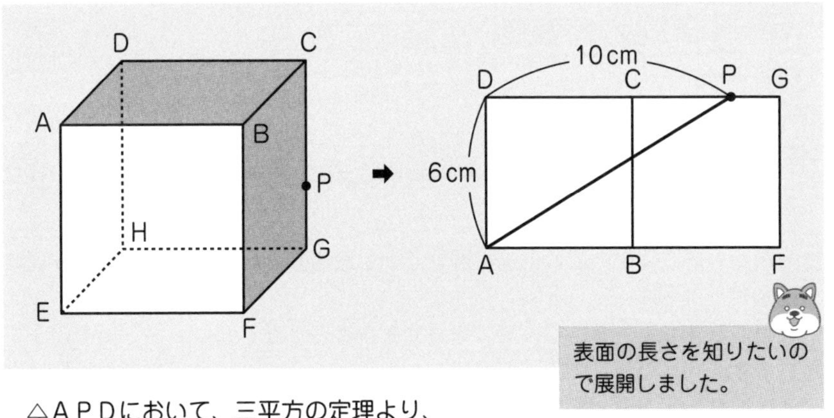

△ＡＰＤにおいて、三平方の定理より、

$$
\begin{aligned}
AP &= \sqrt{6^2 + 10^2} \\
&= \sqrt{136}\ (\text{cm})
\end{aligned}
$$

となります。肢２「コース②の最短距離は12cmより大きい」ですが、$12 = \sqrt{144}$であることを考えると$\sqrt{136}$（cm）は12cmより小さいので誤りです。

コース③：立方体の内部を自由に通るコース

次図に示す通り、A，C，E，Gを通る平面で切断します。ＡからＰに引いた線分が最短距離になります。

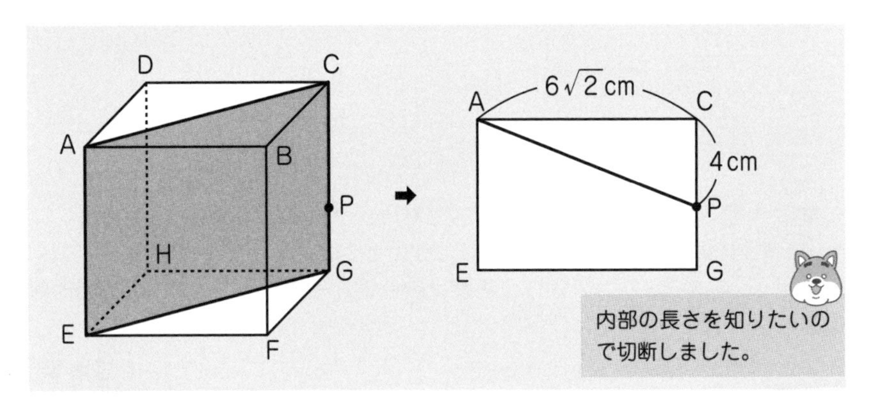

ＡＣは正方形の対角線なのでＡＣ＝$6\sqrt{2}$cmとなります。△ＡＣＰにおいて三平方の定理より、

$$AP = \sqrt{(6\sqrt{2})^2 + 4^2}$$
$$= \sqrt{88} \text{ (cm)}$$

となります。肢3「コース③の最短距離は9cmより小さい」ですが、$9 = \sqrt{81}$より、$\sqrt{88}$（cm）は9cmより大きいので誤りです。

コース④：立方体の内部は自由に通れるが、底面ＥＦＧＨ上の１点を必ず通るコース

次図に示す通り、A，C，E，Gを通る平面で切断します。ＥＧ上の点をQとします。A，Q，Pの距離が最短となる線は、ＥＧを軸に長方形を対称移動させたとき、A，Q，P′を一直線に結んでできる線分と等しいです。

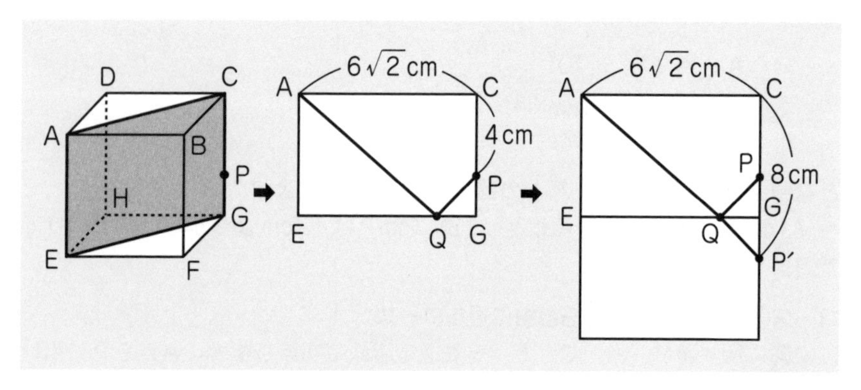

△ACP′において、三平方の定理より、

$$AP' = \sqrt{(6\sqrt{2})^2 + 8^2}$$
$$= \sqrt{136} \text{ (cm)}$$

となります。肢4「コース④の最短距離は11cmより小さい」ですが、$11 = \sqrt{121}$より$\sqrt{136}$（cm）は11cmより大きいので誤りです。

②＝④＝$\sqrt{136}$（cm）より、正解は肢5「コース②とコース④の最短距離は等しい」となります。

正解 5

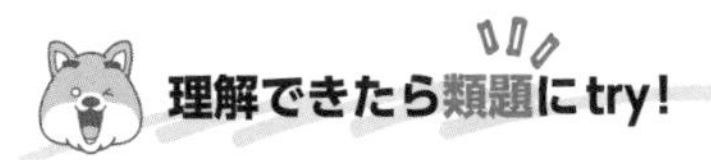

類題① 東京都Ⅰ類A 2023 難易度▶★★★

下の図のように、∠ABC＝90°の直角三角形ABCを、辺ABを軸として1回転させてできた円すいの表面積として正しいのはどれか。ただし、辺ACの長さを16cm、辺ACの中点を点D、点Dを通り底面に平行な平面と円すいが交わってできる円の中心を点E、点Eを中心とする円の周の長さを4πcmとする。

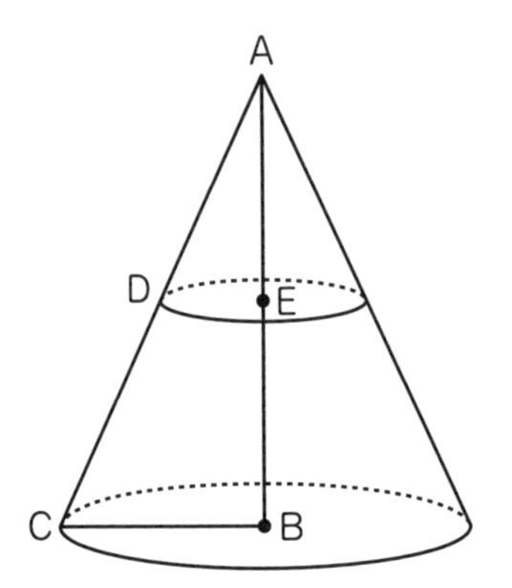

1. $16\pi \text{cm}^2$
2. $64\pi \text{cm}^2$
3. $80\pi \text{cm}^2$
4. $83\pi \text{cm}^2$
5. $128\pi \text{cm}^2$

STEP1 解法の方針を立てよう

表面積を求めるので円すいを展開します。展開図は次図のようになります。ここで、情報量が多いEを底面の中心とした円すい（以下「小さい円すい」）の表面積を求めます。大きい円すいと小さい円すいは形が同じ相似です。相似比は大：小＝16cm：8cm＝2：1ですから、表面積の比は相似比を2乗した大：小＝4：1となります。したがって、小さい円すいの表面積を4倍すれば答えが求められます。

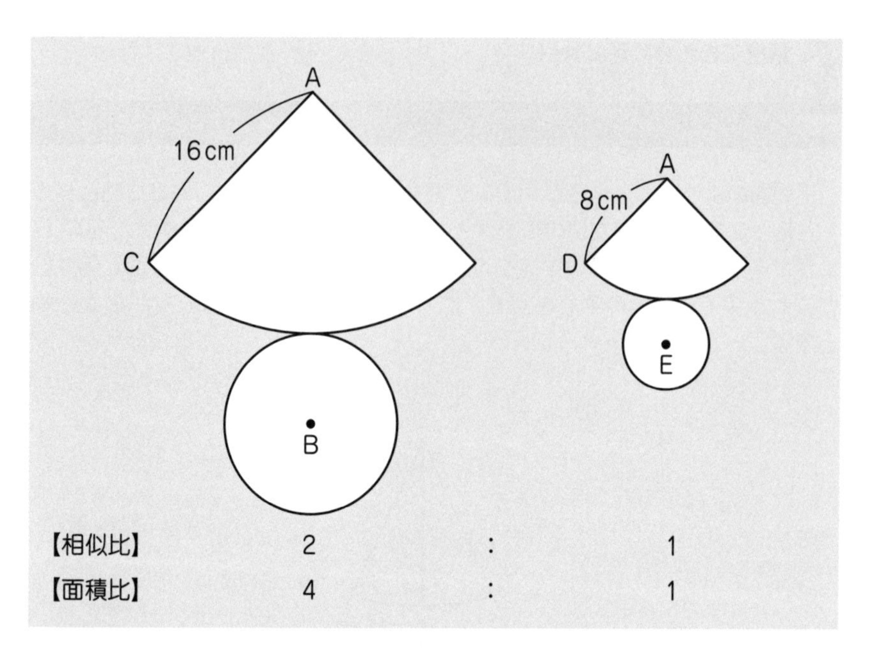

表面積は底面の円と側面を展開した扇形の和になります。まずは底面の円の面積を求めます。

STEP 2 小さい円すいの表面積を求めよう①～底面の円～

条件「点Eを中心とする円の周の長さを 4π cmとする」より、円周 $= 2\pi \times$ 半径ですから、

$$2\pi \times \text{半径} = 4\pi$$
$$\therefore \text{半径} = 2 \text{ (cm)}$$

となります。したがって、円の面積は半径$^2 \times \pi$より、4π (cm^2) です。

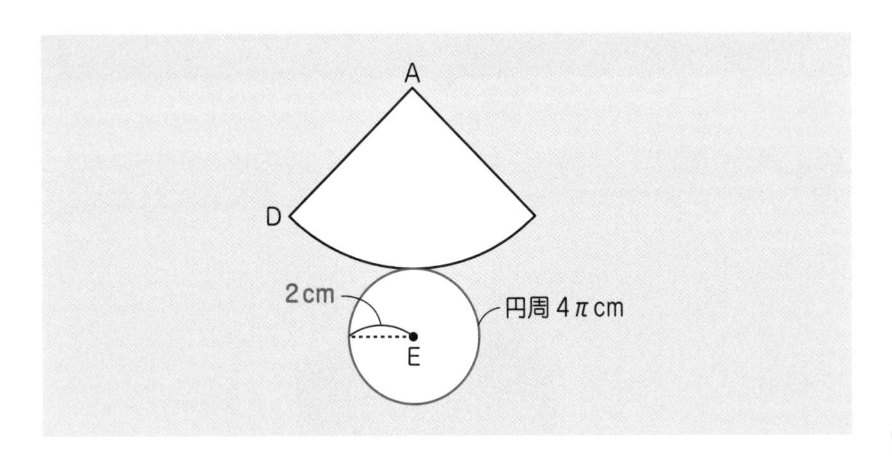

STEP 3 小さい円すいの表面積を求めよう②～側面を展開した扇形～

扇形の面積は半径$^2\pi \times \dfrac{中心角}{360°}$です。中心角（次図$\theta$）を求めましょう。

扇形の周の長さは$2\pi \times 半径 \times \dfrac{中心角}{360°}$で表すことができます。また、扇形の周は底面の円周$4\pi$（cm）と一致します。したがって、

$$2\pi \times 半径 \times \frac{中心角}{360°} = 4\pi$$

$$2\pi \times 8 \times \frac{中心角}{360°} = 4\pi$$

$$\therefore 中心角 = 90°$$

となります。以上より、

扇形の面積

$$= 8^2\pi \times \frac{90°}{360°}$$

$$= 16\pi \ (\mathrm{cm}^2)$$

A
8 cm
θ
D
E
円周 4π cm と同じ長さ

です。

したがって、小さい円すいの表面積は$4\pi + 16\pi = 20\pi$（cm^2）ですので、大きい円すいの表面積は4倍した80π（cm^2）となります。

よって、正解は肢3となります。

正解 3

類題② 東京都Ⅰ類A 2009 難易度▸★★★

下図は、底面の直径が36cmの円柱の中に、2つの同じ大きさの球A，Bを入れ、真上から見たものである。この状態において、円柱の底面から球Aの上端までの高さが32cmであるとき、球Aの半径として、正しいのはどれか。

1. 10cm
2. 11cm
3. 12cm
4. 13cm
5. 14cm

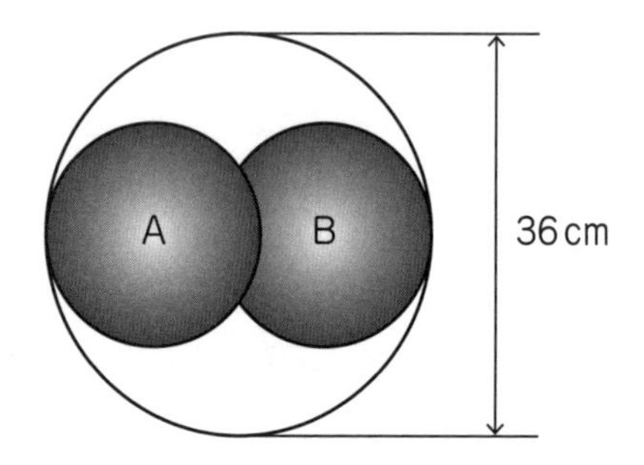

次図の太線部で底面に垂直に切断したとき、断面図は下の図のようになります。

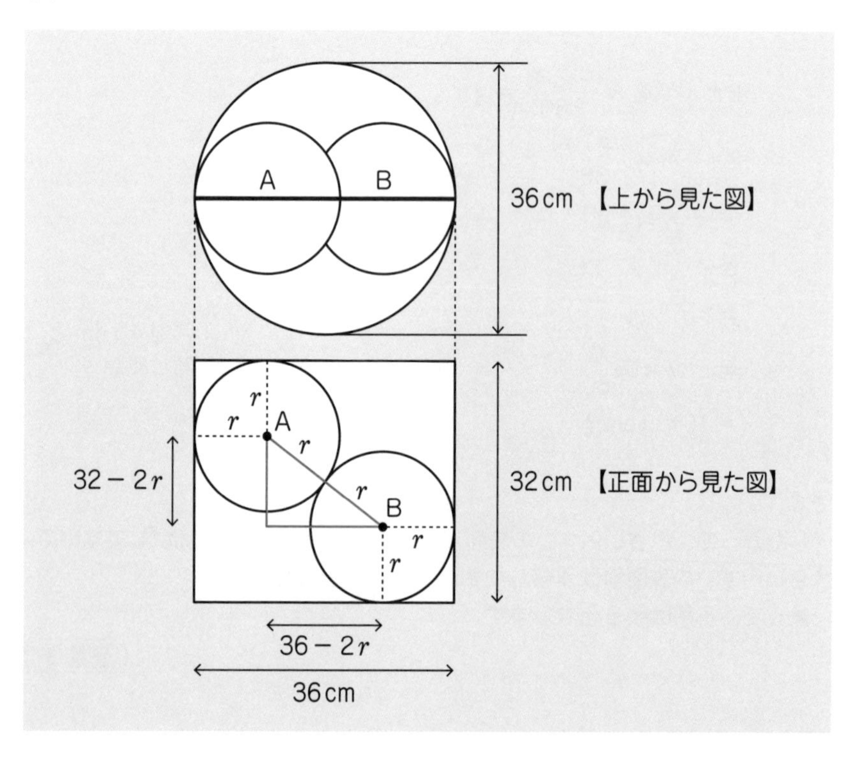

A，Bの中心を結んだ線分を斜辺とする直角三角形を描くことができます。三平方の定理より、

$$(2r)^2 = (32 - 2r)^2 + (36 - 2r)^2$$

が成り立ちます。

$$\begin{aligned}
&4r^2 = \{2(16 - r)\}^2 + \{2(18 - r)\}^2 \\
&4r^2 = 4(16 - r)^2 + 4(18 - r)^2 \\
&r^2 = (16 - r)^2 + (18 - r)^2 \\
&r^2 = 256 - 32r + r^2 + 324 - 36r + r^2 \\
&r^2 - 68r + 580 = 0 \\
&(r - 10)(r - 58) = 0
\end{aligned}$$

$r = 10$，58となりますが、58cmはあり得ないので、$r = 10$（cm）となります。

よって、正解は肢1となります。

正解 1

Staff

編集
小山明子

ブックデザイン・カバーデザイン
越郷拓也

イラスト
YAGI

編集アシスト
田中葵　中川有希

エクシア出版の正誤情報は、
こちらに掲載しております。
https://exia-pub.co.jp/
未確認の誤植を発見された場合は、
下記までご一報ください。
info@exia-pub.co.jp
ご協力お願いいたします。

著者プロフィール

柴﨑直孝

2004年より大手予備校にて公務員試験対策の講義（数的処理・自然科学）を担当。受験生目線に立った「誰でも使える解法」と「現実的な戦略」を熱血指導でわかりやすく教え人気を博す。2013年に関東学園大学経済学部専任講師に着任、2018年より准教授。

ここから始める!
柴﨑直孝の「数的推理」合格圏

2024年2月20日　初版第1刷発行

著　者：柴﨑直孝

発行者：畑中敦子

発行所：株式会社 エクシア出版

〒101-0054　東京都千代田区神田錦町2-1-5

印刷・製本：モリモト印刷株式会社

ISBN 978-4-910884-15-8　C1030